金融机构培训系列教材

问题贷款识别与防范

（第三版）

顾晓安 著

立信会计出版社
LIXIN ACCOUNTING PUBLISHING HOUSE

图书在版编目(CIP)数据

问题贷款识别与防范 / 顾晓安著. —3 版. —上海：
立信会计出版社,2016.1
金融机构培训系列教材
ISBN 978 - 7 - 5429 - 4791 - 8

Ⅰ.①问…　Ⅱ.①顾…　Ⅲ.①商业银行—贷款管
理—技术培训—教材　Ⅳ.①F830.5

中国版本图书馆 CIP 数据核字(2016)第 010728.号

策划编辑　　戎其玉
责任编辑　　赵志梅
封面设计　　周崇文

问题贷款识别与防范(第三版)

出版发行	立信会计出版社		
地　　址	上海市中山西路 2230 号	邮政编码	200235
电　　话	(021)64411389	传　　真	(021)64411325
网　　址	www.lixinaph.com	电子邮箱	lxaph@sh163.net
网上书店	www.shlx.net	电　　话	(021)64411071
经　　销	各地新华书店		
印　　刷	常熟市梅李印刷有限公司		
开　　本	787 毫米×960 毫米	1/16	
印　　张	23.5	插　　页	1
字　　数	253 千字		
版　　次	2016 年 1 月第 3 版		
印　　次	2016 年 1 月第 1 次		
印　　数	1—3 100		
书　　号	ISBN 978 - 7 - 5429 - 4791 - 8/F		
定　　价	45.00 元		

如有印订差错,请与本社联系调换

第三版前言

自 2012 年 3 月本书第二版出版至 2015 年 9 月的 3 年半时间内,我国全部金融机构的各项人民币贷款余额已从 57.25 万亿元上升到 92.13 万亿元,增幅高达 60.93%。然而,在此期间我国的 GDP 增速却从 8.1% 下降至 6.9%,呈现出新增信贷投放持续高速增长,但是经济增长乏力、增速逐步放缓的背离现象,可以说我国的经济发展正在经受改革开放 30 多年以来最为严峻的考验。

随着我国经济进入新常态阶段,金融系统的信贷风险也呈现出持续上升甚至爆发性增长的罕见态势。根据中国银监会发布的监管数据,我国境内商业银行的不良贷款余额和不良贷款率分别从 2012 年第一季度的 4 382 亿元和 0.9% 上升到 2015 年第三季度的 11 863 亿元和 1.59%,3 年半的累计增幅分别达到 170.72% 和 76.66%,明显呈现出快速"双升"的局面。可以预见,未来 3～5 年,信贷风险和问题贷款将成为威胁我国银行业生存与发展,甚至是影响我国整个金融体系稳定性的最主要风险因素之一,必须站在战略高度加以认识和应对。

针对问题贷款持续上升的现状,本书第三版在第二版的基础上,着重修改了问题贷款出现后的管理内容和具体应对策略。同时补充完善了信贷全流程各环节的风险信号特征与识别方法。

本书可以作为各类商业银行、合作银行、农村信用社、村镇银行和贷款公司的高层经营管理、信贷管理、风险管理、审计稽核、信贷业务等相关人员的业务参考资料和培训教材，关注银行信贷风险管理的本科生和研究生也可以此书作为参考。

问题贷款识别与防范

本书第三版的逻辑体系、整体框架和写作思路由顾晓安制定，顾晓安著。

立信会计出版社副总编戎其玉老师和责任编辑赵志梅老师在本书第三版修订中给予了有力支持，谨向她们致以诚挚的谢意。

本书第三版著述和修改过程中参阅了国内外相关的文献资料，在此向这些作者表示谢意。限于著者水平，第三版仍难免会有疏漏和不妥之处，真诚地希望读者能不吝指正，并拨冗将意见和建议发往电子邮箱：guxiaoan@126.com，或者 guxiaoan@sina.com，著者一定会虚心接受，并在再版时加以修订。

顾晓安

2016 年 1 月

目　录

第一部分　认　识　篇

第二部分　实　务　篇

问题贷款识别与防范

第一部分

认 识 篇

　　风险是与贷款如影相随的"伴侣"，也是导致问题贷款产生的"始作俑者"。

　　通俗地说，问题贷款（problem loan）就是存在较大损失可能性，无法收回或者无法全部收回的借出资金。

　　自从人类社会出现"借出资金"的行为开始，与问题贷款类似的概念就随之产生了。

　　在自给自足的自然经济下，生产力极度不发达，资金借贷行为相对较少，问题贷款基本是和"赖账"、"欠债不还"等个人行为联系在一起，不会对整个社会的稳定造成太大的威胁。

　　近代，特别是当金融业发展起来之后，问题贷款逐渐成为影响社会生产和经济活动正常进行的顽疾。随着生产力的大幅度提升，大量资本得到积累，资本的趋利性使得资本家非常乐意借出闲置资本以获取资本收益或贷入资金以满足扩大生产及其他需要，这样，借贷资金链成为整个社会生产和经济活动不可缺少的一部分。近代商业银行的出现，使大量的资金汇集到了银行，借贷双方的主体和行为更加复杂，牵涉的范围更广，这使得问题贷款更加成为一个社会性的顽疾。

　　到了现代，由于信息技术和计算机技术的迅猛发展，地球由一个广袤的世界变成了一个小小的村落，"村民"之间的联系越来越紧密，一笔出现问题的贷款可能与为数众多的企业、银行、基金公司、保险公司甚至政府等相关，所造成的社会危害会成倍地放大。

　　而目前我国问题贷款的现状和潜在威胁令人担忧，这加大了我们对其进行深入探讨和研究的必要性和紧迫性。

第 1 章

贷款与风险

引言：与风险共舞的"机器"

一般认为，现代商业银行是一部"风险机器"。作为服务性行业，银行所提供的金融产品和服务，本质上就是通过承担各种风险来获取风险报酬。风险几乎与银行的经营活动"相伴相生"，如此一来，与风险共舞便成了银行业的"常态"。

现阶段，贷款是我国银行业最主要的风险业务，在整个银行业的收入和利润结构中占比很高，银行业"与贷款风险共舞"，直至最终"驾驭风险"是面临的一项长期任务。

贷款风险具有多维度性。按照巴塞尔委员会的观点，市场风险、信用风险、操作风险、战略风险、国家风险、法律风险等都会引发贷款风险，产生问题贷款，造成银行损失甚至引发银行危机。因此，迫切需要在银行业建立贷款风险管理的架构，识别、判断贷款风险的成因、危害和传导路径，掌握防范贷款风险的方法。

1.1 银行与风险

简单说,商品经济和贸易发展到一定阶段产生了最初的金融需求,沿着"货币兑换商—货币保管业务—货币经营商—产生贷款业务(赚取存贷利差)—银行"的路径,诞生了现代商业银行。

在贷款业务中,银行资金通过"制造"或者"放大"风险参与了社会价值的创造活动,并因此获取了风险报酬而使银行的资金增值,最终增加全社会的价值。

> 可见,银行的成长发展历程中伴随着风险。认识风险、与风险共舞、直至最终驾驭风险是银行的目标。

1.1.1 银行经营与风险

按照一般的观点,银行是经营货币金融的特殊企业,涉及资金筹措、资金清算、资金汇兑、票据、贷款投放等方面的业务,体现出中介服务的功能。由于银行自身所特有的远高于一般行业的高负债、低资本金比例的性质,使银行先天就具有很高的财务杠杆和风险。

在我国银行目前最主要的贷款业务中,银行承担了客户可能违约的风险从事经营活动,这就说明:

> 银行是在经营风险的过程中获取利润,以经营风险作为盈利的根本手段。

实际上,不仅仅是贷款业务,银行在提供上述涉及货币的资金清算、资金汇兑、票据等服务过程中也都承担了一定

的风险,可以说银行的价值创造是通过对风险的有效管理实现的。所以,很多西方国家的银行家都认为银行的核心竞争力就是风险管理能力。

1.1.2　银行风险的主要类型

银行业务的本质决定了它需要承担各种类型的风险,银行是否愿意承担风险、能否有效地管理风险直接决定了其经营的成败。

> 根据银行的业务特征及各类风险的成因,巴塞尔委员会将商业银行所面临的风险划分为市场风险、信用风险、操作风险、流动性风险、国家风险、声誉风险、法律风险和战略风险八大类。

1) 市场风险(market risk)

市场风险是指由于银行所持有的金融资产价格和商品价格波动而导致商业银行表内、表外头寸遭受损失的风险,一般可具体分为利率风险、股票风险、汇率风险和商品风险四种。

由于商业银行的资产主要是金融资产,利率波动会直接导致其资产价值的变化,影响银行的稳健经营。随着我国利率市场化的不断推进,对大多数银行而言,利率风险是最重要的市场风险之一,并已成为商业银行市场风险管理的重要内容。

2) 信用风险(credit risk)

信用风险是指银行的债务人或交易对手未能履行合同所规定的义务或履约能力(信用质量)发生变化,导致金融产品价值波动,从而给债权人或金融产品持有人造成经济损失的风险。信用风险包括结算风险和违约风险等主要形式。

结算风险是一种特殊的信用风险,是指交易双方在结算过程中,一方支付了合同资金而另一方发生违约的风险。

传统观点认为,信用风险是指债务人未能如期足额偿还债务造成实际违约而给银行带来的风险,又被称为违约风险。然而,随着金融环境变化和对信用风险认识的深入,当交易对手的履约能力(信用质量)发生变化但尚未实际违约之前时,也会存在潜在的损失。例如,从投资组合的角度出发,投资组合不仅会因为交易对手的直接违约而发生损失,而且,外部评级机构对交易对手信用评级的下降也可能会给投资组合带来损失。

对我国大多数商业银行尤其是中小银行来说,贷款是最大、最明显的信用风险来源。

> 但事实上,信用风险既存在于传统的贷款、债券投资等表内业务中,也存在于包括承兑、同业交易、贸易融资、外汇交易、股权、金融期货、互换、期权、承诺和担保以及交易的结算等贷款之外的其他表外业务和衍生产品交易中。

信用风险对基础金融产品和衍生产品所产生的影响差异很大,对基础金融产品(如贷款、债券或股票)而言,信用风险造成的损失最多是银行债权的全部账面价值;对衍生产品而言,交易对手违约造成的损失一般小于衍生产品的名义价值,但由于衍生产品的名义价值通常十分巨大,因此,银行潜在的风险损失不容小觑。

> 信用风险来自银行的客户或交易对手,具有明显的非系统性风险特征,是导致问题贷款产生的最主要风险因素,通常占50%以上。

3)操作风险(operational risk)

操作风险是指由于人为错误、技术缺陷或不利的外部事件所造成损失的风险,根据《巴塞尔新资本协议》,操作风险可以分为由人员因素、内部流程、系统缺陷和外部事件所引发的四类风险,具体表现形式如表1-1所示。

表1-1

操作风险事件及表现形式

操作风险事件	操作风险表现形式
人员因素	内部欺诈
	失职违规
	知识技能匮乏
	核心员工流失
	违反用工法
内部流程	财务/会计错误
	文件/合同缺陷
	产品设计缺陷
	错误监控/报告
	结算/支付错误
	交易/定价错误
系统缺陷	数据/信息质量
	违反系统安全规定
	系统设计/开发的战略风险
	系统的稳定性、兼容性、适宜性
外部事件	外部欺诈
	洗钱
	政治风险
	监管规定
	业务外包
	自然灾害
	恐怖威胁

第1章 贷款与风险

表1-1所列示的操作风险表现形式涉及具体业务活动和操作,商业银行管理者需要从引发操作风险的具体因素着手,采取有效的管理措施。

> 操作风险具有普遍性、非盈利性和不可避免性。与市场风险主要存在于交易类业务和信用风险主要存在于授信业务不同,操作风险普遍存在于商业银行业务和管理的各个领域。此外,操作风险还可能引发市场风险和信用风险。

例如,交易过程中,结算系统发生故障导致结算失败,不但造成交易成本上升,而且可能引发信用风险。因此,操作风险的管理策略是在管理成本一定的情况下尽可能降低,同时关注各类风险之间的内在联系。

信贷业务中的操作风险是产生问题贷款的重要风险因素之一,按照银监会贷款管理新规"三个办法一个指引"的要求,贷款实施"全流程管理",为此,银行需要分别制定《个人贷款》、《流动资金贷款》、《固定资产贷款》的管理细则和操作规程,并在受理与调查、风险评估与审批、合同签订、贷后管理等全流程各环节中防范和降低操作风险的发生频率。

4)流动性风险(liquidity risk)

流动性风险是指商业银行无力为负债的减少和/或资产的增加提供融资而造成损失或破产的风险。当商业银行流动性不足时,如果它无法以合理的成本迅速增加负债或变现资产获取足够的资金弥补流动性不足的话,就会影响其盈利水平,极端情况下会导致商业银行资不抵债。

商业银行作为存款人和借款人的中介,随时持有的、用于支付需要的流动资产只占负债总额的很小部分,我国商业银行的大部分资产都是信贷资产。如果商业银行的大量债

权人同时要求兑现债权,商业银行就可能面临流动性危机,例如,一旦出现大量存款人(债权人)的挤兑行为,对银行就是致命的危险。

流动性风险包括资产流动性风险和负债流动性风险。资产流动性风险是指资产到期不能如期足额收回,进而无法满足到期负债的偿还和新的合理贷款及其他融资需要,从而给商业银行带来损失的风险。例如,由于产生了大量问题贷款而使到期贷款不能足额收回就会形成资产流动性风险。

负债流动性风险是指商业银行所筹集的资金特别是存款资金,由于内外环境的变化而发生不规则波动,对流动性产生冲击,迫使商业银行被动地进行资产负债结构调整,造成流动性风险损失。这种情况下还可能会迫使银行提前进入清算,使得账面上的潜在损失转化为实际损失,甚至导致银行破产。

> 与信用风险、市场风险和操作风险相比,流动性风险形成的原因更加复杂和广泛,通常被视为是多维度的综合性风险。市场、信用和操作等风险领域的管理缺陷同样会导致单个商业银行的流动性不足,甚至引发风险扩散,造成整个金融系统出现流动性困难。

因此,流动性风险管理除了应当做好流动性安排之外,还应当有效管理其他各类主要风险。可以说,流动性风险管理水平体现了商业银行的整体风险管理水平和经营状况的稳健性。

5)国家风险(country risk)

国家风险是指经济主体在与非本国居民进行国际经贸与金融往来时,由于别国经济、政治和社会等方面的变化而遭受损失的风险。国家风险通常是由债务人所在国家的行

为引起的,它超出了债权人的控制范围。2008 年全球金融危机爆发以后,特别是 2011 年以来很多国家发生的主权债务危机使国家风险呈现出上升趋势。

国家风险可分为政治风险、社会风险和经济风险三类。政治风险、社会风险和经济风险分别是指商业银行受特定国家的政治动荡、贫困加剧和生存状况恶化、经济衰退等原因限制,无法正常收回在该国的金融资产而遭受损失的风险。

国家风险有两个基本特征:

> 一是国家风险发生在国际经济金融活动中,不存在于同一个国家范围内的经济金融活动之中;二是在国际经济金融活动中,不论是政府、商业银行、企业还是个人,都可能遭受国家风险所带来的损失。

案例 1 - 1[①]

特里谢:欧洲主权债务危机或蔓延至银行业

全景网 2011 年 6 月 23 日讯:时任欧洲央行行长让·克洛德·特里谢在法兰克福参加欧洲系统风险委员会会议后警告,针对欧元区金融稳定的风险信号已经亮起红灯,因欧洲主权债务危机正面临蔓延至银行业的风险。

特里谢表示,欧洲系统风险委员会认为欧元区主权债务问题与欧洲银行业间的联系是对欧盟金融稳定的最大威胁。同时特里谢表示,欧盟某些成员国脆弱的公共财政和银行业

---

① 赖嘉宁,全景网,2011 年 6 月 23 日。http://www.p5w.net/kuaixun/201106/t3676398.htm。

之间的相互影响可能将风险蔓延至整个欧盟甚至欧盟以外的地区。

分析:欧元区部分国家遭遇的主权债务危机已经使欧洲银行业陷入信贷紧缩和流动性困境,随着欧元区银行评级的下调将恶化银行未来的融资环境,由国家风险引发的银行业风险正呈现出上升趋势。

案例 1 - 2[①]

利比亚有关银行提出保函延期要求,
相关中资银行称风险可控

北京时间 2011 年 3 月 20 日凌晨,利比亚战争爆发,部分中资银行可能面临风险。

商务部 2011 年 4 月 6 日消息,截至目前,利比亚 2 家银行共向中国进出口银行、中国银行、中国建设银行提出 11 笔保函延期要求,总金额 4.97 亿美元,涉及中国 7 家企业的 8 个项目。其中,利比亚撒哈拉银行就 7 笔保函、利比亚共和国银行就 1 笔保函提出"不延期即付款"的要求,其余 3 笔仅提出延期要求。

2011 年 3 月,利比亚危机爆发后,承担工程建设的中铁集团、葛洲坝集团等一批中资企业纷纷停工。商务部数据显示,这些中资企业在利比亚在建大型项目共计 50 个,涉及合同金额达 188 亿元。

目前,商务部正在并将继续与国务院国资委、银监会和

---

① 卢铮,《中国证券报》,2011 年 4 月 6 日。http://finance.stockstar.com/MS2011040600000024.shtml。

最高人民法院配合，指导中国有关银行和企业妥善回应利比亚有关银行的上述延期要求。

对于近期利比亚局势给客户和银行带来的潜在业务风险，时任中国银行新闻发言人赵蓉日前表示，中国银行对此一直高度关注并采取必要的风险防范措施。目前，相关业务未出现实际损失，风险可控。

所谓"保函"是指作为第三方的银行，为企业开立的书面信用担保凭证，当企业未能履行协议时，担保人替企业赔付或退还资金。

有银行业内人士分析，利比亚相关银行提出"不延期即付款"要求，即要求中方银行把保函的担保期限延长，如银行不履行延期则需赔付。所涉及的保函可能是中方银行为中国企业在境外开建工程开立的"履约保函"。如果保函到期，对方不来索赔，银行就可免责。现在，利比亚有关银行提出"不延期即付款"的条款要求，就意味着进行担保的中资银行要进一步承担保函的风险。

保函贷款是买方信贷的一种，也是中资企业对外承包工程中常用的信贷形式。利比亚有关银行为当地企业向中资银行出具保函，中资银行根据保函贷款给当地企业，这些贷款用来购买中国工程承包企业的设备及支付工程款项等。当地企业用出口的石油等偿付贷款。但利比亚国内金融状况动荡，使中资银行的保函贷款面临一定的延期和违约风险。

分析：这是典型的由国家风险中的政治风险和社会风险所造成的银行信贷风险。银行在境外提供担保或承诺时必须充分考虑所在国的政治、社会和经济的稳定性，尽量规避相关风险可能造成的损失。

随着我国经济的不断发展和国力强盛,越来越多的国内大中型股份制银行在境外开展授信业务,国家风险也成为这些银行必须关注的重要风险,由此可能产生的问题贷款需要做充分的预判。

6) 声誉风险(reputation risk)

银行是依靠声誉和信誉立足于社会和市场的行业。通过持续努力、长期信任建立起来的声誉是商业银行所有的利益持有者宝贵的无形资产。

声誉风险是指由于意外事件,商业银行的政策调整、市场表现或日常经营活动所产生的负面结果,可能对商业银行的这种无形资产造成损失的风险。

商业银行通常将声誉风险看做是对其经济价值最大的威胁,因为商业银行的业务性质要求它能够维持存款人、贷款人和整个市场的信心,这种信心一旦失去,商业银行的业务及其所能创造的经济价值都将失去。例如,存在大量问题贷款的银行通常声誉不佳,最终会使存款人和整个市场丧失对银行的信心。

商业银行所面临的所有风险和不确定因素几乎都可能影响其声誉。

> 管理声誉风险的最好办法就是强化全面风险管理意识和增进全员风险意识,改善公司治理,并预先做好应对声誉危机的准备,确保其他各项风险被正确识别和排序,并得到有效管理。

7) 法律风险(legal risk)

商业银行在日常经营和业务活动中会与客户及内部员工达成各种经济合同关系。然而,由于银行自身的业务操作无法满足或者违反法律规定导致不能履行合同、发生争

议/诉讼及其他法律纠纷而造成经济损失,就会产生法律风险。

从狭义上看,法律风险主要来自银行所签署的各类合同、承诺等法律文件的合法性、有效性和可执行性;从广义上看,与法律风险相关的还有合规风险和监管风险;从具体业务上看,法律风险涉及信贷业务、会计业务、代理业务、电子银行业务、非信贷资产业务、内部员工管理等。

8) 战略风险(strategic risk)

战略风险是指商业银行在追求短期商业目的和长期发展目标的过程中,由于不适当的未来发展规划和战略决策可能给商业银行造成损失或不利影响的风险。

> 美国货币监理署(OCC)认为,战略风险是指经营决策错误,或决策执行不当,或对行业变化束手无策,而对商业银行的收益或资本产生现实和长远的不利影响。

例如,对于一个明显已经开始陷入衰退或者国家明令限制发展的行业投放大量的贷款就有可能导致问题贷款的爆发,产生战略风险。

战略风险来自四个方面:

> - 商业银行战略目标缺乏整体兼容性;
> - 为实现这些目标而制定的经营战略存在缺陷;
> - 为实现目标所需要的资源匮乏;
> - 以及整个战略实施过程的质量难以保证。

同声誉风险相似,战略风险也是一种多维度的风险,需要运用结构化的风险识别和分析方法,才能深入理解并有效控制战略风险。

1.2 什么是银行贷款

商业银行是经营货币和信用业务的特殊企业,传统商业银行主要凭借银行信用以一定成本吸收客户的存款,然后以贷款方式将大部分资金投放给有融资需求的客户,通过存贷利差来赚取利润。因此,也可以将银行比作资金的"蓄水池"。

尽管近年来我国商业银行的中间业务得到迅速发展,但在商业银行的各类业务中,信贷业务仍然是银行最基本的业务;在银行各类资产中,信贷资产所占的比重无疑也是最大的,贷款的利息收入是我国商业银行主要的收入和利润来源。银行发放贷款可以有效地满足各类经济主体的需求,促进社会经济的顺利发展。

1.2.1 银行贷款的含义

一般来说,银行贷款是贷款人(商业银行)与借款人(客户)签订借款合同,允许借款人在合同规定的有效期以及规定的最高授信额度之内,按照一定比例使用银行资金的借贷业务。

贷款有一定的期限,客户必须在规定的期限内按照约定的方式归还本息。

信贷业务的当事人主要包括贷款人与借款人。其中,贷款人是指在中国境内依法设立的经营贷款业务的各类银行和非银行金融机构;借款人是指从经营贷款业务的商业银行取得贷款的法人、其他经济组织、个体工商户和自然人。

1.2.2 银行贷款的本质

> 银行贷款的本质在于其偿还性,也就是说,客户向银行贷款是有条件的,以偿还为前提,同时需要支付一定的费用作为补偿。

各国商业银行已将信贷资金的安全性、流动性、盈利性视为"经营三原则"。信贷资产风险与信贷资金的盈利性有直接联系,实现盈利必然要以减少和规避贷款风险为前提。

1.3 银行贷款风险

所谓风险,一般是指各种不确定性因素引起损失的可能性。贷款发放以后,可能由于种种原因使银行无法按期收回贷款本息,造成银行贷款资金受损的风险就是通常所说的贷款风险。

> 贷款风险可能源于银行的外部环境,如宏观经济、金融和法律环境的变化;可能源于借款人所在市场、经营状况和道德等的变化;也可能源于银行自身的战略、操作和声誉等原因。

贷款风险是客观存在的,分析贷款风险的目的就在于如何将这种损失的可能性降到最低,以保障商业银行信贷资产的安全。

银行应当尽量避免信贷风险,然而,信贷资产的绝对安全是不存在的,银行无法保证它的所有信贷资产都能按期收回本息,因此,在投放贷款时首先要考虑资金的安全性。如果资金安全失去保证,不仅预期的利息收入实现不了,甚至连本金也可能收不回来,大量贷款资金的沉淀,就会使银行资金严重短缺,产生流动性风险,甚至成为银行倒闭的直接原因。所以,减少风险,增大资金安全性对于银行来说是至关重要的。

一般而言,按期收回贷款本息的可靠程度越高,资金的安全性也越高;反之,可靠程度越低,资金的安全性就越差。为了提高信贷资金的安全性,银行必须尽量选择那些安全性较高的投入方向,尽量避开风险比较大且银行不可控的投入方向。例如,银行运用科学的方法,根据自身的风险管理水平合理筛选资金投放的区域,行业和借款人就能最大限度地提高贷款资金的安全性,降低贷款风险。

当然,事物总是一分为二的。随着银行对风险认识的不断深入,现代商业银行并非一味地追求降低贷款的风险,而是在提高自身的风险控制和驾驭水平基础上去承担一定的信贷风险以获取收益。因此,寻求风险与收益的均衡和匹配是银行贷款风险管理的目标。

1.3.1 银行贷款面临的风险[①]

从贷款管理的角度看,贷款投放后银行可能遭受和面临的风险有违约风险、敞口风险和清收风险。

1)违约风险(default risk)

贷款违约风险是发生违约事件的可能性。通常,违约是指出现下列情形之一,衡量违约风险就是对可用于估算其可能性的代表物进行评价:

(1)没有履行合同约定的支付义务的付款违约。它是指

---

① 潘英丽,吉余峰:《金融机构管理》,立信会计出版社 2002 年版。

一笔预定的支付业务没有在到期日履行支付义务。

（2）违反了合同的约定事项。违反了一项或多项合同的约定事项属于"技术性"违约,如借款人违反了合同约定的"承诺条款"或超过了合同约定的财务比率的临界值等行为。尽管一些技术违约并不一定立刻威胁到债权人的生存,但它表明银行的信贷资产质量可能出现问题。技术性违约往往会启动约定的谈判程序,因此可以赋予银行控制这类风险的主动性。借款人违反有些约定事项还可能导致银行要求立即偿还所有未偿还的贷款。

（3）经济违约。违约事件可以是单纯经济上的,不与任何具体的事件相联系。经济违约是指借款人的资产的经济价值降到低于未偿还债务的价值时的状态。资产的经济价值指预期未来价值贴现到现在的价值,随市场环境的变化而变动。假如借款人的资产的市场价值降至低于负债的价值,就意味着借款人到期无法偿还负债。

2）敞口风险（exposure risk）

> 敞口风险是未来风险金额的不确定性所产生的风险。

银行承诺的信用额度可以让借款人在银行规定的限额内,根据需要随时支用这些额度的全部或部分。例如,信用卡透支的余额就是在约定的限额内随客户意愿而变化的。敞口会否出现取决于银行不能控制的客户行为、其他特定事件等。

3）清收风险（recovery risk）

贷款发生违约以后的清收额难以预计,它取决于违约的类型、是否存在担保或抵押品及其类型、违约发生时的背景等多种因素。

第一,抵押品风险。

银行收取抵押品是减少信贷风险的常用手段。抵押品具有一定的变现价值,能够让抵押权人容易地接管和处置抵押品。

抵押品风险有两种:

(1) 银行获得、接管和处置抵押品的成本存在着不确定性。

(2) 抵押品的价值取决于同类物品一级、二级市场上的行情和抵押品的性质等,存在不确定性。

> 使用抵押品来减少信贷风险,本质上是把信贷风险转化为清收风险加上资产价值风险。

第二,第三方担保风险。

第三方担保是指第三方向银行提供的担保,它是银行的或有资产。表面上看,第三方担保是把借款人的信贷风险转化为担保人的担保风险。但这不是简单的风险转移。

> 第三方担保的风险是借款人和担保人同时违约的风险,因此相应的违约概率是联合违约概率。一般来说,这个联合违约概率的大小除了取决于借款人和担保人各自的违约风险外,还取决于借款人和担保人违约之间的相互独立性。

更准确地说,第三方担保是把借款人的违约风险转化为借款人和担保人共同违约的风险。例如,若借款人的违约和担保人的违约是相互独立的,违约的联合概率就是借款人和担保人各自违约概率的乘积。如果借款人和担保人分别有1%和1%的违约概率,那么它们的联合违约概率就变成0.01%,很接近于零了。

1.3.2 银行贷款风险的特征①

1)贷款风险的客观性

风险存在于客观事物变化过程中,不以人的意志为转移。由于经济环境和借款人行为的不确定性因素以及存在信息不对称的情况,决定了银行贷款风险具有客观性特征。

2)贷款风险的不确定性

社会经济环境的复杂多变造成经济活动有很大的不确定性,加之人们认知能力的有限,贷款风险的发生与否,贷款风险发生于何时、何地、何种程度都具有一定的不确定性,这就要求银行能够事先识别风险,采取有效的预防措施,健全和完善信贷风险管理体制与管理机制。

3)贷款风险的可控性

贷款风险是客观存在的,在一定条件下,风险能被人们认识、识别并把握其存在和发生的规律,运用一定的技术手段,对形成和发生风险的各种征兆进行预测监控,在一定程度上和一定范围内控制风险的发生、发展或降低、分散与转嫁可能发生的风险损失。因此,银行可以通过对风险进行定量和定性的分析、评价从而采取风险控制手段,减少风险损失。

1.3.3 正常贷款演变为问题贷款

实际上,真正的贷款风险损失从贷款发放后开始产生。一笔正常贷款演变成问题贷款甚至成为坏账的过程中,往往

---

① 史一萍,吴珂:《论商业银行贷款风险管理策略》,《理论导报》2004 年第 10 期。梁晓韫:《商业银行信贷风险管理研究》,西南财经大学硕士论文。

会经历以下几个阶段①,如图 1 - 1 所示。

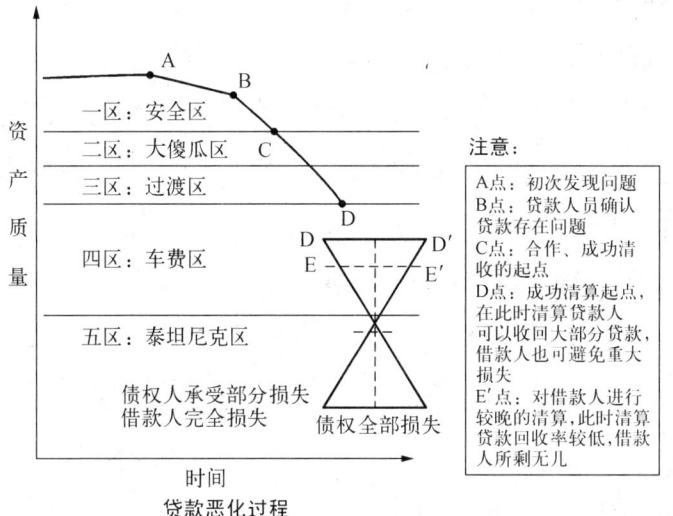

资料来源: Economic Development Institute of the World Bank。

图 1 - 1　正常贷款演变为问题贷款的过程

1）安全区（the safety zone）

该区表示借款人开始出现问题,这些问题可能已经表现出来,也可能是潜在的,贷款状况变坏的确切时间常常难以确定,但追溯过去,常常可以把它压缩在数月内。信贷人员通常不能标出贷款变坏的确切时间,除非是由于欺诈或其他的自然灾害等意外事件所导致的贷款恶化。此时借款人虽然开始出现问题(潜在或现实的),但只要信贷人员及时发现问题并采取措施,贷款会重新回到满意的状态。信贷人员可以通过分析借款人的财务和非财务信号来及时发现问题。

2）大傻瓜区（the fool zone）

当信贷人员发现贷款存在问题,但是借款人不配合银行

① 邱俊如,金广荣:《商业银行授信业务》,中国金融出版社 2009 年版。
李强,夏祥芳:《商业银行问题贷款管理》,海天出版社 2000 年版。

采取适当的措施化解问题,信贷人员往往要求借款人归还贷款并终止银企关系,这时,借款人经常通过向另外一家银行融资来归还贷款,这家银行通常被称为"大傻瓜"。"傻瓜"银行的出现是解决问题的关键,因为借款人在此时尚有一定的吸引力。否则一旦借款人的这种吸引力消失,借款人就很难再找到一家"傻瓜"银行来解脱自己。

3)过渡区(the transition zone)

如果借款人很难找到一家潜在的"傻瓜"银行,借款人逐渐认识到自己的问题而被迫与银行合作。此时,银行选择的措施是否正确对问题贷款的解决至关重要。有可能一个完善的挽救计划使贷款的挽救获得成功,也有可能因挽救失败而使企业面临清算。银行采取挽救计划往往要付出一定代价,有时银行被迫向借款人追加贷款,此时,银行应进行充分论证才能谨慎作出决策。同时,信贷人员应加强协作,管理层应加强政策支持,这是挽救计划取得成功的关键。

如果银行除选择清算手段之外没有其他手段可以解决问题时,贷款就进入第四区,即车费区。

4)车费区(the carfare zone)

该区也叫"清算收账区",通常清算行为完成,并且银行与债权人都收回贷款,只给借款人留下少许"车马费"。银行应建立一套一旦达不到目标就采取应急措施的机制。值得注意的是,企业多利用这个时机逃废债务,银行信贷管理人员应高度警惕。

5)泰坦尼克区(the titanic zone)

这个区域也称为"无清偿区",在这个区域的借款人,必然丧失其所有权益,而银行将丧失部分或全部贷款。此时一般采取专家处理方式,由专门的部门来处理。

1.4 贷款风险管理

风险管理问题历来是各国商业银行在经营过程中高度重视的一个问题,而对信贷风险的管理则是商业银行最早强调的风险管理,由于信贷风险管理的薄弱而带来银行信贷资产损失的案例比比皆是。

同时,各国金融监管当局对本国商业银行信贷质量的监管也十分重视,因为商业银行信贷质量的高低,不仅会影响商业银行自身的生存和发展,从宏观角度来看,也会对整个国家金融体系的运营产生重大影响。2008 年,美国爆发的次贷危机充分证实了这一点。

1.4.1 贷款风险管理架构

信贷风险管理是商业银行全面风险管理的重要组成部分,商业银行的风险管理架构中涵盖了信贷风险管理。

由于银行经营的内外部环境存在差异,商业银行的风险管理架构难以形成严格统一的规范或者模式。从《巴塞尔新资本协议》和国内外银行业的实践看,风险管理架构必须与银行的整体经营管理架构相适应。

1)风险管理架构

> 风险管理架构一般包括董事会、监事会、高级管理层、风险管理部门等。

第一,董事会。

在整个风险管理体系中,董事会是银行的最高决策层,对风险管理承担最终责任,负责制定本行的风险管理战略与

23

政策,并监督全行的风险管理。董事会下设风险管理委员会和审计委员会。

风险管理委员会一般承担如下职责:

(1) 负责根据银行的总体战略,审核与修订风险管理战略、风险管理政策和内部控制制度、控制流程,并对实施情况及效果进行监督评价。

(2) 监督评价风险管理部门的设置、组织方式工作流程和效果,并提出改进意见。

(3) 监督评价高级管理人员在市场风险、信用风险、操作风险等方面的风险控制情况。

(4) 提出完善本行风险管理和内部控制的意见。

(5) 对本行风险状况进行定期评估。

(6) 经董事会授权,审议和审批重大风险管理事项或交易项目。

审计委员会负责审查及独立评价风险管理、内部控制及公司治理的有效性。

第二,监事会。

监事会对股东大会负责,承担内部监督等监察工作。在风险管理领域,监事会主要加强与董事会及风险管理委员会、审计委员会和有关职能部室,如风险管理部门、审计部门等的联系,全面了解风险管理的状况,跟踪监督董事会和高级管理层为完善风险控制所做的工作,检查和调研日常经营活动和管理活动中是否存在违反风险管理政策的行为。

第三,高级管理层。

高级管理层主要负责执行风险管理政策,制定风险管理的程序和操作规程,及时了解风险水平及其管理状况,确保银行具有足够的资源、组织架构和信息系统,以便及时有效

地识别、计量、监测和控制各项业务,特别是信贷业务所承担的各类风险。

高级管理层是银行风险管理的践行者和推动者,是银行实现有效风险管理的基石。没有高级管理层的支持和承诺,即使具备了完整的风险管理计量模型和信息系统也无法实现风险管理的目标。

第四,风险管理部门。

风险管理部门是商业银行的核心管理部门之一,担负着银行日常实施全面风险管理的主要职责。其管理职能的完备性和组织结构的合理性标志着银行金融管理现代化的水平。

风险管理部门是一个配备了具备职业精神和丰富专业技能的人员,独立于银行各业务部门的部门。高级管理层的鼎力支持是风险管理部门尽职履职的保证。

> 风险管理部门的管理职能范围和组织结构的设置等需要兼顾银行的业务类型、运营规模、信息系统的状况、风险管理人员的素质等因素,寻求最适合的风险管理部门结构和职能范围。

风险管理部门的主要职责是负责组织、协调、推进风险管理政策在全行的有效实施,具体职责包括但不限于:

一是监控各类限额。

在银行的风险管理实践中,限额管理是控制风险的重要手段和方法,包含两个层面的内容:

(1)从银行管理层面上,限额的制定体现了董事会对风险损失的容忍程度,反映了银行的风险资本抵御和消化损失的能力,是一种资本限额。

(2)从信贷业务层面上,银行分散信贷风险的通常做法就是按照行业、区域、客户和资产组合等多维度实行授信限

额管理。通过授信限额管理来控制信贷业务活动的风险,确保所发生的风险能被事先设定的风险资本加以覆盖。可以说,信贷业务层面的授信限额是管理层面的资本限额的具体落实。

各类业务的限额一旦被设定,风险管理部门就必须密切监测限额的使用状况是否符合限额标准,实际使用量有无超过设定的标准,识别存在的主要风险点。在发生超过限额的违规情况时,风险管理部门需要及时报告风险管理委员会,采取处罚措施或者提高风险限额标准。

二是在财务部门配合下进行金融产品价格评估并核准风险定价。

信贷部门发放贷款时,需要风险管理部门对贷款进行利率风险定价;对于交易账户中交易的产品特别是复杂的金融衍生产品,需要风险管理部门进行定价。

2) 贷款风险管理架构[①]

信贷风险管理组织架构是商业银行组织架构的重要组成部分,是决定银行核心竞争力的重要因素,必须服从于银行整体战略目标。

> 信贷风险管理组织架构变革的方向是将银行整体风险管理框架体系内部划分成三个独立的部分,即业务风险管理线、职能风险管理线和内部审计线。

第一,业务风险管理线。

业务线一般分为零售业务线和非零售业务线。零售业务线主要是面向个人客户的信贷业务;非零售业务线主要是面向

---

① 魏国雄:《信贷风险管理》,中国金融出版社 2008 年版。

公司、机构或同业客户的信贷业务。业务风险管理线负责客户信用等级评定、授信额度审核、信贷业务审批、信贷资产质量分类认定和不良资产处置方案制定等工作。所有业务风险管理线实行总行垂直管理,并可以向下延伸至分(支)行。

第二,职能风险管理线。

职能风险管理线负责制定全行的风险管理政策和标准,协调全行风险管理活动,并对业务风险管理线进行指导,但不参与具体业务的决策;负责对区域、行业、产品和客户的风险监控,具体职责包括信贷政策、行业(区域)政策制定,风险模型及流程设计,风险分析报告和不良资产管理政策制定等。

第三,内部审计线。

内部审计线负责对所有业务线、业务风险管理线、职能风险管理线等部门及人员的合规性进行监督和尽职检查。

1.4.2 贷款风险管理策略①

如前所述,各种风险因素引发了贷款风险并造成贷款损失,这些风险因素有些可以控制,有些则无法控制。

> 可以控制的风险因素涉及银行的信贷政策偏差、贷款结构失衡和贷款决策失误以及贷后管理漏洞等。

> 无法控制的风险因素主要是经济环境发生逆转,经济与金融政策、经营环境、借款人经营状况的变化以及灾难性事件的发生等。

---

① 中国银行业从业人员资格认证办公室:风险管理,中国银行业从业人员资格认证考试辅导教材 2011。

第1章 贷款与风险

因此，加强贷款的风险管理必须正确理解贷款风险的完整内涵，剖析贷款风险的成因，尽量避免风险损失、将贷款风险控制在可容忍的范围之内。

从商业银行贷款风险管理政策层面上的管理技术和措施的角度看，可以将贷款风险管理策略分为风险规避、风险分散、风险转移、风险对冲和风险补偿。

1）风险规避（risk aversion）

风险规避是指商业银行拒绝或退出某一信贷业务或市场，以避免承担该信贷业务或市场具有的风险。简单来说就是：不做某类或某一市场的贷款业务，不承担风险。

在现代商业银行贷款风险管理实践中，风险规避主要通过经济资本配置来实现。首先将商业银行全部贷款业务面临的风险进行量化，然后依据董事会所确定的信贷风险战略和风险偏好确定经济资本分配，最终表现为授信额度和交易限额等各种信贷业务限制条件。

> 对于不擅长因而不愿承担的风险，商业银行可以设立非常低的风险容忍度，对该类信贷风险配置非常少的经济资本，迫使信贷业务部门降低对该信贷业务的风险暴露，甚至完全退出该信贷业务领域。

事物总是一分为二的，没有风险自然就没有了收益。银行实施风险规避策略尽管可以规避风险，但同时自然也失去了在这一信贷业务领域获得收益的机会和可能，是一种消极的风险管理策略，不宜成为商业银行发展的主导风险管理策略。

2）风险分散（risk diversification）

理论上，风险分散策略是指通过多样化的投资来分散和

降低风险的方法。"不要将所有的鸡蛋放在一个篮子里"的古老投资格言形象地说明了这一方法。

> 马柯维茨的资产组合管理理论认为,只要两种资产收益率的相关系数不为1(即不完全属于正相关),分散投资于两种资产就具有降低风险的作用。

而对于由相互独立的多种资产组成的资产组合,只要构成组合的资产的个数足够多,其非系统性风险(即个别资产的风险)就可以通过这种分散化的投资完全消除。

风险分散策略对商业银行信贷风险管理具有重要意义。

> 根据多样化投资分散风险的原理,商业银行的信贷业务应是全面的、多元化的,不应集中于同一行业、同一业务、同一性质甚至同一个借款人。

商业银行可以通过资产组合管理或与其他商业银行组成银团贷款的方式,使自己的授信对象多样化以及单户授信额度下降,从而分散和降低信贷风险。

一般而言,商业银行实行多样化授信后,各个借款人的违约风险可以被视为相互独立,不会集中在一起同时爆发违约情形(除了共同的宏观经济因素影响,如经济危机等引发的系统性风险),因此,信贷资源的多元化配置可以大大降低商业银行面临的整体风险。

> 需要注意的是,风险分散策略是有成本的,其成本主要是多样化授信后,借款人数量增加以及单户授信额度可能下降所导致的授信成本和贷款管理成本的上升,但与所承担的潜在风险损失相比,这种成本支出也许非常有意义。

第1章 贷款与风险

通过多样化授信分散风险的风险管理策略经过长期的实践证明是行之有效的,但其前提条件是要有足够多的相互独立的授信对象。

3)风险转移(risk deflection)

风险转移是指通过购买某种金融产品或采取其他合法的经济措施将风险转移给其他经济主体的一种风险管理策略。

> 风险分散策略对于降低非系统性风险最为直接和有效,而对由共同因素引起的系统性风险却无能为力。

风险转移可分为保险转移和非保险转移。

(1)保险转移是指为商业银行投保,以交纳保险费为代价,将风险转移给承保人。当银行发生风险损失时,承保人按照保险合同的约定责任给予被保险人经济补偿。如出口信贷大都有出口信用保险机构提供的出口信用保险,是金融风险保险中较有代表性的品种。国际信贷中的国家风险特别是其中的政治风险也可以由保险人承保。

(2)非保险转移。担保和备用信用证等也能将信用风险转移给除保险人之外的第三方。例如,商业银行在发放贷款时,可以要求借款人提供第三方信用担保作为还款保证,即发放保证贷款。若借款人在贷款到期时不能偿还全部贷款本息,则由担保人代为清偿。保证贷款的安全性比信用贷款高。但是,当借款人不能履行债务时,一旦保证人也不能或不愿履行保证责任,对贷款人来说贷款风险没有转移出去,所以保证贷款的安全性一般比抵押贷款和质押贷款低。

4)风险对冲(risk hedging)

风险对冲策略是指通过投资或购买与标的资产

(underlying asset)收益波动负相关的某种资产或衍生产品,来冲销标的资产潜在的风险损失的一种风险管理方法。

风险对冲是管理市场风险(利率风险、汇率风险、股票风险和商品风险)非常有效的办法。由于近年来信用衍生产品的不断创新和发展,风险对冲也被广泛用来管理信用风险。信用风险是造成问题贷款最主要的风险因素,因此,风险对冲也是防范问题贷款的有效策略。

> 与风险分散策略不同,风险对冲既可以管理系统性风险和非系统性风险,还可以根据投资者的风险承受能力和偏好,通过对冲比率的调节将风险降低到预期水平。

对冲比率的确定较为复杂,直接关系风险管理的效果和成本,是风险对冲策略成败的关键。

商业银行的风险对冲可以分为自我对冲和市场对冲两种情况:

(1) 自我对冲是指商业银行利用资产负债表或某些具有收益负相关性质的业务组合本身所具有的对冲特性进行风险对冲。

(2) 市场对冲是指对于无法通过资产负债表和相关业务调整进行自我对冲的风险,通过衍生产品市场进行对冲。

5) 风险补偿(risk compensation)

风险补偿策略主要是指商业银行在所从事的业务活动造成实质性损失之前,对所承担的风险进行价格补偿。

对于那些无法通过风险规避、风险分散、风险转移、风险对冲进行有效管理,而且又无法规避不得不承担的风险,商业银行可以采取在交易价格上附加更高的风险溢价,即通过提高风险回报的方式,获得承担风险的价格补偿。银行可以

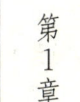

第1章 贷款与风险

问题贷款识别与防范

预先在金融资产的定价中充分考虑风险因素,通过价格调整来获取合理的风险回报。

例如,商业银行在贷款定价中,对于那些信用等级较高,而且与银行保持长期合作关系的优质客户,可以给予优惠贷款利率;而对于信用等级较低的客户,银行可以在基准利率的基础上调高贷款利率。

> 对商业银行而言,风险管理的一个重要内容就是对所承担的风险进行合理定价:定价过低将使自身所承担的风险难以获得足够的风险补偿;定价过高又会使自身的业务失去竞争力,面临业务萎缩、客户流失的困境并阻碍长期发展。

思 考

◇ 怎样理解银行是"经营风险的机器"?

◇ 银行经营中面临的八大风险对问题贷款的产生有何影响?

◇ 正常贷款演变为问题贷款经历了哪些阶段?

第 2 章

认识问题贷款

引言：问题贷款"孰是孰非"

银行界有一个广为流传的故事：一位商业银行的信贷业务人员，在 30 年的职业生涯中，经手的业务中从未发生过问题贷款，但当银行总裁得知这一情况后，却立即将他解雇了。

这位信贷人员有如此完美的记录，总裁为什么还要将他解雇呢？很多人也许会发出这样的疑问。然而，总裁认为，如此完美的记录肯定是以拒绝了难以计数的良好贷款申请为代价的。由于这位信贷人员的存在，银行错过了大量的业务，从而损失了应得的利润。

问题贷款确实会给银行带来很大损失，所以银行一直致力于问题贷款的控制和管理，但也不能因噎废食，过于谨慎地发放贷款。对于银行来说，贷款就像是会生"金蛋"的母鸡，没有母鸡银行也就得不到"金蛋"。

那么究竟什么是问题贷款呢？在这一章里，我们将给出问题贷款的含义、特征及界定方法，并对我国银行问题贷款的现状和处理模式作简单介绍，使您对问题贷款形成一个基本而感性的认识。

2.1 什么是问题贷款

2.1.1 问题贷款的含义

一般而言,问题贷款是指偿还有困难的贷款。目前,有关问题贷款的研究很多,不同的专家有不同的意见和看法。归纳起来,对问题贷款的认识大致有以下三种观点:

(1)问题贷款是指未能按照原贷款协议按时偿还本金或利息,或未能按规定的方式偿还的贷款。

(2)问题贷款是指借款人一次或多次未能按计划还款,或贷款抵押品的价值已严重下降的贷款。

(3)问题贷款是指偿还有困难的贷款,特别是那些即使借款人或相关债务人有预期的还款来源,但还款来源不足以偿还债务,或者已经违约而不能按时偿还,可能发生损失的贷款。

上述第一种观点仅仅注重了借款人的履约特征;第二种观点也只是从借款人履约表现或抵押品价值下降两个方面来对问题贷款进行描述;第三种观点是从借款人及相关债务人的履约表现或可能的履约表现,即从贷款已经存在和可能存在的问题两个方面来对问题贷款存在的问题进行定义性概括。

2.1.2 问题贷款的特征

从上述众多专家的看法及侧重点分析,我们可以总结出问题贷款的一般特征:

问题贷款的借款人一般已经无法履约,或者因为保证不充分所以很可能无法完全履约,或者存在着不能履约的可能性。

这个特征的描述,使得问题贷款的概念覆盖了所有存在无法履约可能性的贷款业务。这样,在实际工作中,对于已经不能按时或按规定还款的贷款,即风险已经完全暴露的贷款固然应该严格管理,对于存在潜在风险或风险尚未完全暴露的贷款同样也应该严格管理。因为它们潜在的风险可能真的会造成损失,等发生了损失再去关注可能已经为时晚矣。

对已经出现问题的贷款采取果断措施,可以在很大程度上减少损失;对存在风险的贷款密切关注,可以减少损失发生的可能性。对问题贷款采取的应对措施越早,银行的损失越小。这里,我们对"问题"的分析主要是为了引起大家对未来可能出现问题的贷款的关注与重视。

案例 2 - 1[①]

广东置地前董事长被控违法贷款

广东置地投资有限公司成立于 2005 年,于 2007 年 8 月 16 日在伦敦证交所 AIM 市场公开上市。当时,广东置地发行 5 500 万股份,每股价格约为 0.9 美元,融资额达 4 950 万美元。同时,该公司高管将按发行价出售 610 万股份。据统计,广东置地的市值为 3.68 亿美元。

然而,2009 年 8 月,该公司的前任董事长在法庭出庭受审。中国广州市的检察机关指控,广东置地(Canton Properties)前董事长王胜从政府控股的交通银行(Bank of Communications)获

---

① FT中文网,2009 年 8 月 6 日。

得 48 亿元人民币(合 7.02 亿美元)的违法贷款。检察机关称,王胜是这些违法贷款的主要收款人,这些贷款是在交通银行一名高管的帮助下获得的,且从未让公司染指。

就在有关部门于 2007 年年末对此案展开调查后不久,交通银行广州分行前行长刘昌明便逃离出境。案件审理没有公开进行,且涉案金额高达 98 亿元人民币,是之前中国最大规模银行骗贷案涉案金额的 3 倍。虽然有一半贷款已经追回,但仍有近 46 亿元人民币被交通银行列为不良贷款。

分析:这 46 亿元的资金就是明显的问题贷款,其特点很明确:这些贷款的借款人已经出庭受审,这些贷款在公司股东毫不知情的情况下,通过广东置地的子公司获得,而股东被告知公司没有任何未偿付的银行贷款。借款人没有其他与项目相关的资产,借款人根本无法履约,这些贷款自然就变成问题贷款。

2.1.3　问题贷款的预防控制是贷后管理的核心

中国银行业监督管理委员会(简称中国银监会)于 2009 年 7 月先后公布了《项目融资业务指引》、《固定资产贷款管理暂行办法》、《流动资金贷款管理暂行办法》及《个人贷款管理暂行办法》,将全部贷款业务纳入其中,从而强化贷款管理,减少授信风险。新的办法主要针对商业银行所暴露的信贷风险,尤其是贷后管理问题。面对银监会监管要求、方式的转变及进一步细化,如何在新政下针对新的经济形势,做好贷款的贷后管理工作,已成为我国商业银行必须解决的紧迫问题。

贷后管理包括资金流向监管、贷后监督检查、风险信号预警等,而问题贷款的预防控制与贷后管理是密不可分的,问题贷款的预防控制属于贷后管理的核心。例如,将风险预警信号按其对贷款安全性的影响程度划分等级进行管理,按照客户在银行贷款的风险程度和贷款余额的大小划分风险预警管理等级和处理权限,针对预警等级制定相应的风险处置方案。当客户经营管理发生重大变化、重大事件,可能给银行贷款带来损失或影响到期贷款本息归还的,要立即指定专人上门调查核实,及时向上级银行报告,并采取控制账户资金、执行第二还款来源等紧急措施。这些举措将对预防问题贷款的发生和减少问题贷款的损失起到了有效的作用。

案例 2 - 2[①]

上海农凯——命悬周正毅

上海农凯发展集团有限公司是上海一家控股公司,它的主人是 2001 年福布斯全球富豪排行榜中榜上有名的上海富豪周正毅。农凯集团旗下公司众多,包括大盈股份、海鸟发展等上市公司,其经营业绩一直较为稳定,其巨额贷款一般也被银行认为是安全的。但是自从该集团董事长周正毅被香港廉政公署调查并被上海警方监控后,市场对农凯集团的信心发生了一些变化。虽然该企业的经营并没有出现太大的变故,但是其贷款已经成为问题贷款。它的巨额银行贷款已经出现了无法偿还的可能性。在当时看来,如果周正毅金融犯罪的罪名成立,农凯集团的资产就有可能被用来补偿受害企业的损失,自然会导致其贷款无法偿还。

---

① 《周正毅事件:国家审计署进驻农凯,媒体探究费周折》,《中国证券报》2003 年 6 月 4 日。

2.2 如何界定问题贷款

银行的信贷分析人员、管理人员或监管当局的检查人员一般根据贷款的风险程度对贷款进行分类。他们综合运用所能得到的各种信息和一定的技术手段对贷款进行风险分类很有必要。好的分类方法可以使银行正确认识贷款的内在风险，了解影响贷款偿还的本质因素。一旦出现问题贷款，银行可以立即有针对性地进行处理，为其迅速采取进一步行动赢得宝贵的时间，从而降低了银行的损失。

2.2.1 贷款风险五级分类法

2003 年以前，我国把银行信贷资产分为正常贷款、逾期贷款、呆滞贷款和呆账贷款四类。这种贷款分类方法主要是盯住时间，而且是在问题发生之后才给予归类，与国际通用规则不符。中国银监会在 2003 年 9 月召开的国有独资商业银行、股份制商业银行行长工作会议上提出，从 2004 年起，国有独资商业银行、股份制商业银行将按照国际标准，取消贷款四级分类制度，全面推行五级分类制度。

2007 年，银监会发布《贷款风险分类指引》，规定商业银行贷款五级分类是贷款风险分类的最低要求，各商业银行可根据自身实际制定贷款分类制度，细化分类方法，但不得低于五级分类的要求，并与五级分类方法具有明确的对应和转换关系。目前，已有多家银行实行了贷款风险多级分类。例如，中国银行实行的是 52221 的十二级分类，中国工商银行实行的是 43221 的十二级分类，交通银行实行的是 52111 的十级分类等。此处只讨论五级分类制度。

《贷款风险分类指引》(银监发[2007]54号,2007年7月3日)规定,按风险程度,将贷款划分为五类,即正常类、关注类、次级类、可疑类和损失类。

五级分类各档次分别定义如下:

> ● 正常类:借款人能够履行合同,没有足够理由怀疑贷款本息不能按时足额偿还;
>
> ● 关注类:尽管借款人目前有能力偿还贷款本息,但是存在一些可能对偿还产生不利影响的因素;
>
> ● 次级类:借款人的还款能力出现明显的问题,完全依靠其正常经营收入无法足额偿还本息,即使执行担保,也可能会造成一定损失;
>
> ● 可疑类:借款人无法足额偿还本息,即使执行担保,也肯定要造成较大损失;
>
> ● 损失类:在采取所有可能的措施或一切必要的法律程序之后,本息仍然无法收回,或只能收回极少部分。

其中,次级类、可疑类和损失类贷款合称为不良贷款。

商业银行对贷款进行分类,应主要考虑以下因素:

(1) 借款人的还款能力。

(2) 借款人的还款记录。

(3) 借款人的还款意愿。.

(4) 贷款项目的盈利能力。

(5) 贷款的担保。

(6) 贷款偿还的法律责任。

(7) 银行的信贷管理状况。

> 对贷款进行分类时,要以评估借款人的还款能力为核心,把借款人的正常营业收入作为贷款的主要还款来源,贷款的担保作为次要还款来源。

第2章 认识问题贷款

借款人的还款能力包括借款人现金流量、财务状况、影响还款能力的非财务因素等。不能用客户的信用评级代替对贷款的分类，信用评级只能作为贷款分类的参考因素。

对零售贷款如自然人和小企业贷款主要采取脱期法，依据贷款逾期时间长短直接划分风险类别。对农户、农村微型企业贷款可同时结合信用等级、担保情况等进行风险分类。同一笔贷款不得进行拆分分类。

下列贷款应至少归为关注类：

- 本金和利息虽尚未逾期，但借款人有利用兼并、重组、分立等形式恶意逃废银行债务的嫌疑。
- 借新还旧，或者需通过其他融资方式偿还。
- 改变贷款用途。
- 本金或者利息逾期。
- 同一借款人对本行或其他银行的部分债务已经不良。
- 违反国家有关法律和法规发放的贷款。

下列贷款应至少归为次级类：

- 逾期（含展期后）超过一定期限、其应收利息不再计入当期损益。
- 借款人利用合并、分立等形式恶意逃废银行债务，本金或者利息已经逾期。
- 需要重组的贷款应至少归为次级类。

重组贷款是指银行由于借款人财务状况恶化，或无力还款而对借款合同还款条款作出调整的贷款。重组后的贷款如果仍然逾期，或借款人仍然无力归还贷款，应至少归为可疑类。重组贷款的分类档次在至少 6 个月的观察期内不得调高,观察期结束后,应严格按照《贷款风险分类指引》的规定进行分类。

商业银行在贷款分类中应当做到:

> ● 制定和修订信贷资产风险分类的管理政策、操作实施细则或业务操作流程。
>
> ● 开发和运用信贷资产风险分类操作实施系统和信息管理系统。
>
> ● 保证信贷资产分类人员具备必要的分类知识和业务素质。
>
> ● 建立完整的信贷档案,保证分类资料信息准确、连续、完整。
>
> ● 建立有效的信贷组织管理体制,形成相互监督制约的内部控制机制,保证贷款分类的独立、连续、可靠。

> 商业银行高级管理层要对贷款分类制度的执行、贷款分类的结果承担责任。

商业银行应至少每季度对全部贷款进行一次分类。如果影响借款人财务状况或贷款偿还因素发生重大变化,应及时调整对贷款的分类。对不良贷款应严密监控,加大分析和分类的频率,根据贷款的风险状况采取相应的管理措施。

逾期天数是分类的重要参考指标。商业银行应加强对贷款的期限管理。商业银行内部审计部门应对信贷资产分类政策、程序和执行情况进行检查和评估,将结果向上级行或董事会作出书面汇报,并报送中国银行业监督管理委员会或其派出机构。检查、评估的频率每年不得少于一次。

对贷款以外的各类资产,包括表外项目中的直接信用替代项目,也应根据资产的净值、债务人的偿还能力、债务人的信用评级情况和担保情况划分为正常、关注、次级、可疑、损

问题贷款识别与防范

失五类，其中后三类合称为不良资产。分类时，要以资产价值的安全程度为核心，具体可参照贷款风险分类的标准和要求。

商业银行应在贷款分类的基础上，根据有关规定及时足额计提贷款损失准备，核销贷款损失。商业银行应依据有关信息披露的规定，披露贷款分类方法、程序、结果及贷款损失计提、贷款损失核销等信息。

五级分类法是国际金融业对银行贷款质量的公认的划分标准，这种方法是建立在动态监测的基础上的。它通过对借款人现金流量、财务状况、抵押品价值等各方面的连续监测和分析，及时、准确地判断贷款的实际状况，而不再仅仅依据贷款的还款期限来判断贷款质量，实时反映商业银行的盈亏状况，从而提高银行抵御风险的能力。

2.2.2 贷款风险分类的具体实践

2.2.2.1 中国建设银行贷款十二级分类①

中国建设银行要求正常贷款至少分为 6～9 级、不良贷款至少分为 2 级的贷款细分要求。多级分类的划分应与五级分类成对应关系。正常类划分为 4 级（正常一级、正常二级、正常三级和正常四级），关注类划分为 3 级（关注一级、关注二级和关注三级），次级类划分为 2 级（次级一级和次级二级），可疑类划分为 2 级（可疑一级和可疑二级），损失类仍为 1 级。而各级别的定义则以原标准的各项指标为基础而重新定义。

参考内容主要包括借款人偿债能力、盈利能力、资金的

---

① 孟钊兰，邵洪选：《建行十二级贷款分类情况的调查与研究》，《经济研究导刊》2008 年第 8 期。

流动性、行业前景、海外融资能力、贷款记录、信用记录和信用评级等。例如,具有如下特征的可归为正常四级:借款人偿债能力和盈利能力较强,经营净现金流稳定且完全能够满足债务需要;处于行业中游地位,具有一定的市场竞争优势;行业优势不明显,但财务状况稳定,负债适中;借款人在本行一直能够正常还本付息,不存在任何影响贷款本息及时、足额偿还的不利因素;借款人在本行信用评级为 BBB 级。

2.2.2.2 中国农业银行贷款十二级分类[①]

中国农业银行于 2009 年开始全面推广法人客户信贷资产十二级分类管理,取代传统的五级分类法。

股改后该行信贷资产主要集中在正常和关注类,占全部信贷资产的 96%,优质资产达 98%。为保证优质信贷资产占比,严控信贷资产风险,中国农业银行在原有信贷资产五个级别的基础上再次细分,将正常类细分为四个级别,关注类细分为三个级别,次级类和可疑类各分为两个级别,损失类维持原来一个级别不变,共细分为十二级。

此次中国农业银行实施信贷资产十二级分类不仅对五级分类级次进行了细化,而且从原来以定性为主的划分标准转向以定量为主,从部门分离运作到明确分工、相互配合的工作流程,从以手工操作为主转向以电子化操作为主,同时将信贷资产划分与贷后管理融为一体。

2.3 我国银行问题贷款的现状

2.3.1 我国银行资产的分布情况

根据银监会日前公布的《2011 年银行业金融机构资产负

---

① 中国农业银行,2009 年 5 月 19 日。

债情况表(境内)》,截至 2011 年 12 月末,我国银行业金融机构总资产为 111.5 万亿元,同比增长 18.3%;总负债为 104.3 万亿元,同比增长 18.0%。

根据数据,从机构类型来看,截至 2011 年 12 月末,大型商业银行总资产为 52 万亿元,同比增长 13.4%,占银行业金融机构比例为 46.6%;总负债为 48.7 万亿元,同比增长 13.1%,占银行业金融机构比例为 46.6%。

股份制商业银行总资产为 18.3 万亿元,同比增长 23.3%,占银行业金融机构比例为 16.4%;总负债为 17.2 万亿元,同比增长 22.8%,占银行业金融机构比例为 16.5%。

城市商业银行总资产为 9.98 万亿元,同比增长 27.1%,占银行业金融机构比例为 9%;总负债为 9.3 万亿元,同比增长 26.5%,占银行业金融机构比例为 8.9%。

其他类金融机构总资产为 31.2 万亿元,同比增长 21.6%,占银行业金融机构比例为 28%;总负债为 29.1 万亿元,同比增长 21.3%,占银行业金融机构比例为 27.9%。

银行业金融机构 2011 年季末主要指标如表 2-1 所示。

表 2-1

银行业金融机构 2011 年季末主要指标①

单位: 亿元

时　　间	2010 年	2011 年			
项　　目	第四季度	第一季度	第二季度	第三季度	第四季度
总资产	953 053	1 011 576	1 056 691	1 074 133	1 132 873
比上年同期增长率	19.90%	18.90%	19.90%	17.20%	18.90%
总负债	894 731	949 648	993 185	1 006 487	1 060 779
比上年同期增长率	19.20%	18.20%	19.30%	16.70%	18.60%

---

① CBRC(中国银行业监督管理委员会,下同)2011。

2.3.2　我国银行问题贷款的状况

　　银监会公布的商业银行主要监管指标情况显示,截至2011 年第四季度末,商业银行不良贷款余额为 4 279 亿元,较第三季度末上升了 201 亿元,较第一季度末下降了 54 亿元。同时,不良贷款率也较第三季度末上升 0.1 个百分点,较第一季度末下降 0.1 个百分点,达到 1%。数据显示,这是银行业金融机构 2008 年第三季度以来,首次出现季度性的不良贷款反弹。同时,为应对不良贷款可能出现的风险,商业银行 2011 年第四季度进一步加大了拨备的提取力度。银监会统计,商业银行 2011 年年末的贷款损失准备达到 11 898 亿元,较 2010 年第四季度的 9 438 亿元增加 2 460 亿元,拨备覆盖率增加至 278.1%。

　　从不良贷款的结构来看,2011 年第四季度不良贷款余额 4 279 亿元中,次级类贷款 1 725 亿元,可疑类贷款 1 883 亿元,损失类贷款 670 亿元。在不良贷款率中,次级类贷款率0.4%,可疑类贷款率 0.4%,损失类贷款率 0.2%。

　　第四季度商业银行不良贷款分机构指标中,大型商业银行不良贷款余额 2 996 亿元,较第一季度减少 104 亿元,不良贷款率 1.1%,较第一季度下降 0.1 个百分点;股份制商业银行不良贷款余额 563 亿元,较第一季度增加 11 亿元,不良款率 0.6%,较第一季度下降 0.1 个百分点;城市商业银行不良贷款余额 339 亿元,较第一季度增加 6 亿元,不良贷款率0.8%,较第一季度下降 0.1 个百分点;农村商业银行不良贷款余额 341 亿元,较第一季度增加 42 亿元,不良贷款率1.6%,较第一季度下降 0.2 个百分点;外资银行不良贷款余额 40 亿元,较第一季度下降 9 亿元,不良贷款率 0.4%,较第一季度下降 0.1 个百分点。

我国商业银行 2011 年不良贷款情况如表 2-2 所示。

表 2-2

我国商业银行 2011 年不良贷款情况表①

时　间	2010 年		2011 年							
	第四季度		第一季度		第二季度		第三季度		第四季度	
项　目	不良贷款余额	不良贷款率	不良贷款余额	不良贷款率	不良贷款余额	不良贷款率	不良贷款余额	不良贷款率	不良贷款余额	不良贷款率
不良贷款余额	4 336	1.10%	4 333	1.10%	4 229	1.00%	4 078	0.90%	4 279	1.00%
其中:次级类贷款	1 619	0.40%	1 665	0.40%	1 663	0.40%	1 536	0.40%	1 725	0.40%
可疑类贷款	2 052	0.50%	2 004	0.50%	1 910	0.50%	1 867	0.40%	1 883	0.40%
损失类贷款	664	0.20%	663	0.20%	656	0.20%	675	0.20%	670	0.20%
不良贷款分机构指标										
商业银行	4 336	1.10%	4 333	1.10%	4 229	1.00%	4 078	0.90%	4 279	1.00%
大型商业银行	3 125	1.30%	3 100	1.20%	3 030	1.10%	2 879	1.10%	2 996	1.10%
股份制商业银行	566	0.70%	552	0.70%	530	0.60%	531	0.60%	563	0.60%
城市商业银行	326	0.90%	333	0.90%	326	0.80%	330	0.80%	339	0.80%
农村商业银行	271	1.90%	299	1.80%	299	1.70%	297	1.60%	341	1.60%
外资银行	49	0.50%	49	0.50%	44	0.50%	40	0.40%	40	0.40%

其中,机构范围如表 2-3 所示。

表 2-3

机构范围解释

机构范围	大型商业银行	包括中国工商银行、中国农业银行、中国银行、中国建设银行、交通银行
	股份制商业银行	包括中信银行、中国光大银行、华夏银行、广东发展银行、深圳发展银行、招商银行、上海浦东发展银行、兴业银行、中国民生银行、恒丰银行、浙商银行、渤海银行
	商业银行	包括大型商业银行、股份制商业银行、城市商业银行、农村商业银行和外资银行

① CBRC,2011 年。

案例 2 - 3[①]

惠誉警告中资行基建贷款风险
已超地方融资平台

惠誉评级中国金融机构评级主管朱夏莲昨日在北京论坛上指出,过去两年中国信贷扩张意味着未来贷款逾期率将上升,其中大量新增的基础设施风险敞口超过了地方政府融资平台。此外惠誉评分警示中国银行业未来出现系统风险可能性较大。

朱夏莲称,过去两年中资银行大量新增的基础设施贷款风险敞口,超出发放给地方政府融资平台公司的贷款,而如果地方政府出现偿付问题,这将可能超出其对银行的债务范围,如涉及其对项目承包商、分包商等的债务,因此整个交通运输业和基础设施贷款组合或将受到影响。地方政府未来潜在信用风险包括所有地方政府债务,而不仅仅是发放给地方政府融资平台的贷款。

贷款逾期率或将上升

据报道,逾期贷款抬头现象有所增加。已披露 2011 年半年报的 14 家上市银行逾期贷款总额已达 3 859.68 亿元,较年初增长约 6.35%。其中 8 家增幅超过 10%。工、建、中、农四大行中,中国银行逾期贷款余额较年初增长幅度最大为 10.13%,工行逾期贷款余额最大为 1 081.50 亿元,较年初增长 5.72%,建行的逾期贷款余额增幅为 10.09%,农行的逾期

---

① 《香港商报》,2011 年 8 月 31 日。http: //finance. ce. cn/rolling/201108/31/ t20110831_16630599. shtml。

贷款余额由年初的 757.44 亿元下降至 728.44 亿元。

分析:经过 2009 年和 2010 年的巨量贷款发放,我国银行体系出现问题贷款大幅上升的系统性风险已经加大。基础设施贷款和地方融资平台贷款的风险敞口存在巨大的偿债风险隐患,在缺乏足够偿债收入的情况下,出现违约是大概率事件。而且,这些贷款的期限普遍较长,导致银行的资产与负债期限错配严重失衡,使银行同时面临巨大的流动性风险,处置不当极易引发危机。

2.3.3 我国银行问题贷款的处理模式

我国政府在 1999 年参照了美国和瑞典的模式成立了四家资产管理公司分别处置四家国有银行的不良资产,在 10 年内处置完毕。这四家资产管理公司的主要任务有:收购不良资产;通过债券置换不良资产来对负债企业的经营管理进行干预;回收可回收的资产。

资产管理公司拥有 749 亿美元的资本(49 亿美元来自财政部,700 亿美元来自央行),其中 49 亿美元用于机构运行,另外以 700 亿美元贷款和发行 10 年期国债的方式置换银行的不良资产(1 680 亿美元)。资金管理公司的运行模式如图 2-1 所示。

我国政府在 2004 年夏天进行了第二次不良资产置换。2004 年 6~7 月,中国信达资产管理公司(负责中国建设银行的不良资产)从中国建设银行和中国银行接收了 339 亿美元的不良资产。

据银监会估计,2004 年 6 月由资产管理公司处置的不良资产不超过 680 亿美元(占债务总额的 45.7%),现金回收率为 19.9%(已处置的 680 亿美元债权的回收率)。不同资产管理公司的现金回收率有很大差异如图 2-2 所示。

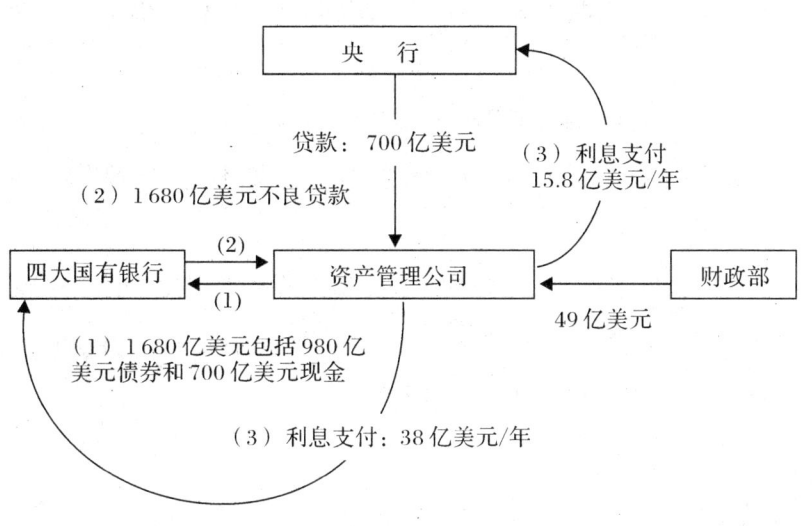

图 2-1 资产管理公司运行模式

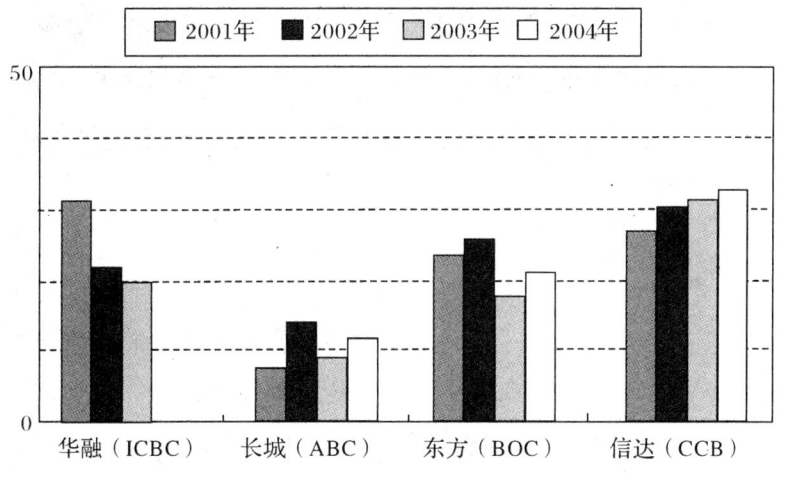

图 2-2 资产管理公司现金回收率(％)①

到 2003 年年底,国家共向国有银行注入了近 1 680 亿美元的资金,但截止到 2004 年 6 月月底,只收回了 130 亿美元现金,不到不良资产的 8％。

由上可见,问题贷款一旦产生,就会给银行造成巨大的

---

① CBRC,AMC(金融资产管理公司,下同)。

损失,而且处理不良资产的代价很大、效率较低。所以银行至少需要在两个方面有所提高:

(1) 尽量减少问题贷款的产生。

(2) 对已经产生的问题贷款采取积极有效的措施去解决。

2007 年年初,四家公司基本完成不良资产处置问题,开始转型探索。目前,四家公司的业务已涉及证券、保险、信托、租赁、基金、信托等诸多领域。

> **案例 2 - 4**[①]

中国不良贷款或将于 2013 年集中爆发

不良贷款由降转升"拐点"将至 化解风险刻不容缓
——《2011:中国金融不良资产市场调查报告》解读

2011 年 9 月 18 日,中国东方资产管理公司发布的《2011:中国金融不良资产市场调查报告》显示,多数商业银行受访者认为,近两年来的新增信贷生成不良贷款的概率增大,不良贷款会在 2013 年或以后集中爆发。

为应对 2008 年爆发的国际金融危机、促进经济复苏,央行实施了宽松的货币政策,2009 年和 2010 年商业银行新增人民币贷款分别达到 9.6 万亿元和 7.95 万亿元,合计达到 17.55 万亿元。

调查报告表明,有 58.82% 的商业银行受访者认为 2009—2010 年的巨量新增信贷,生成不良贷款的概率会小幅提高。72.54% 的商业银行受访者认为,近两年的巨量新增信

---

① 卓尚进:《不良贷款由降转升"拐点"将至 化解风险刻不容缓》,《金融时报》。http://www.financialnews.com.cn/yh/txt/2011 - 09/21/content_394637.htm.

贷生成的不良贷款会集中爆发。

地方融资平台不良贷款率有可能达15％

调查报告对将来集中产生不良贷款的来源和构成情况进行了调查统计。2013年或以后，不良贷款可能主要集中出现在地方融资平台、钢铁、新能源、高铁建设等领域。

84.35％的商业银行受访者认为，地方融资平台贷款会集中出现不良贷款。其中，56.86％的商业银行受访者认为集中出现不良贷款的时间在2013年或以后。进一步的调查结果表明，平台贷款的不良贷款率有可能达15％，不良贷款规模有可能超1万亿元。

分析：金融风险的危害大小不仅取决于巨量新增信贷生成不良贷款概率的高低，还取决于生成时点上的集中程度。如果集中出现，则有可能酿成重大风险，如果分散出现，其风险则容易化解。我国商业银行多年来不良贷款持续"双降"的趋势或许可能即将停止，并可能在2012年迎来由下降转变为一定幅度上升的"拐点"，对此银行业金融机构及有关各方应当高度警惕潜在的金融风险，并采取有效对策化解风险。

2.4　我国贷款管理的相关法规

2.4.1　《贷款通则》

中国人民银行于1996年6月28日发布《贷款通则》。该通则是规范商业银行借贷行为的指南性规章。

《贷款通则》共12章80条，分别对贷款发放的基本原则、贷款种类、贷款期限、利率、借款人、贷款人在贷款活动中的权利和义务，贷款程序、不良贷款监督管理责任制、贷款债

第2章　认识问题贷款

权保全和清偿管理、贷款管理特别规定、罚款等作了规定。

《贷款通则》统一规定了借款人的条件，要求对借款人的信用进行评级。要求借款人申请贷款应当具备按期还本付息的能力，企业申请短期贷款，企业法人的新增流动资产一般不得小于新增流动负债；申请中长期贷款，新建项目企业法人的所有者权益一般不得低于项目所需总投资的25％，旨在逐步改变我国企业主要靠银行贷款经营运转的状况。

《贷款通则》规范了贷款程序和信贷管理。对贷款展期作了明确规定，兼顾了我国目前企业资金主要来源于银行贷款以及铺底流动资金被企业长期占用的实际情况，为企业的生产经营提供比较稳定的信贷来源，使企业申请贷款展期、银行办理贷款展期在期限掌握和操作上有章可循，进一步规范贷款管理。

《贷款通则》规范了银行贷款的保全和清偿行为。对企业在实行承包、租赁、股份制改造、联营、合并、有偿转让、破产等转制变革中有关贷款债务的保全和清偿问题作了明确细致的、有针对性和可操作性较强的规定，从而为处理和落实企业改制中银行贷款的偿还问题提供了法律依据。

《贷款通则》同时还建立了贷款主办行制度，保护了商业银行信贷自主权，确立了新型的银企关系，制定了商业银行及其工作人员的行为约束规范等。

2004年，中国人民银行和中国银行业监督管理委员会联合发布了修订后的《贷款通则》。这次《贷款通则》的修订主要涉及以下几个方面：

一是管理机关由原来的中国人民银行，变为中国人民银行和银监会。

二是适用范围扩大到了几乎所有经营贷款业务的金融

机构。

三是更注重风险管理而不是对金融机构的具体经营方式。

四是对一些具体规定作了相应调整。

然而,随着时间的推移,《贷款通则》很多规则条款不仅与商业银行目前的实际操作不符,也与近年来监管当局颁布的各类风险指引相冲突。一方面商业银行没有一个合理可操作的业务规范;另一方面也阻碍了商业银行按照市场规则加强风险内控的动力。而这也是"三个办法一个指引"发布的原因。

2.4.2　贷款管理新规"三个办法一个指引"

中国银监会 2010 年 2 月 20 日正式发布了《流动资金贷款管理暂行办法》、《个人贷款管理暂行办法》。这两个办法与之前已经施行的《固定资产贷款管理暂行办法》和《项目融资业务指引》(并称"三个办法一个指引",以下统称贷款新规),初步构建和完善了我国银行业金融机构的贷款业务法规框架,将作为我国银行业贷款风险监管的长期制度安排。

《固定资产贷款管理暂行办法》共分八章四十三条,包括总则、受理与调查、风险评价与审批、合同签订、发放与支付、贷后管理、法律责任、附则等几个部分,该办法主要从贷款业务流程规范的角度提出监管要求,是对现行贷款类监管法规的系统性完善。

《项目融资业务指引》共二十二条,包括明确项目融资定义,明确识别、评估、管理项目建设期和经营期两类风险的要求,明确和增加保证贷款人相关权益的措施,进一步加强贷款资金支付的管理要求。通过把银行业金融机构在项目融

资业务实践中积累的经验做法与国际上的先进经验和良好做法加以结合，并以监管法规的形式将其制度化，更好地防范项目融资业务风险。

《流动资金贷款管理暂行办法》共分八章四十二条，包括总则、受理与调查、风险评价与审批、合同签订、发放和支付、贷后管理、法律责任和附则等，主要从贷款业务流程规范的角度对银行业金融机构提出监管要求，是对现行流动资金贷款监管法规的系统性修订和完善。

《个人贷款管理暂行办法》共分八章四十七条，包括总则、受理与调查、风险评价与审批、协议与发放、支付管理、贷后管理、法律责任和附则等，主要从贷款业务流程规范的角度提出监管要求，是对现行个人贷款类监管法规的系统性完善，以促进商业银行提高个人金融服务质量，同时，审慎控制相关金融风险。

2.4.3 《贷款通则》与"三个办法一个指引"的联系

《贷款通则》是规范商业银行借贷行为的指南性规章，而"三个办法一个指引"则把各类贷款的流程个性化、精细化了。

《贷款通则》在特定的历史条件下所发挥出来的作用和重要意义是显而易见的。但由于社会的复杂性以及客观环境的影响，《贷款通则》执行中也存在一些现实问题。这主要表现在：贷款债权保全措施不彻底，对金融机构擅自发放非生产、经营和生活贷款的行为没有作出明确约束，贷款相关责任认定不明确，不良贷款的认定应有明确的职责分工并作出相应的处罚规定，贷款质量确认方法有待于进一步完善，《贷款通则》对企业改制管理的局限性等。

>   "三个办法一个指引"的核心是通过"用途管理"和"支付管理"的协同控制来严防贷款被挪用，并体现出两个特点：其一就是按照受益人直接收款的原则实行贷款"受托支付"；其二就是将施行"实贷实付"。

  银行进行贷款支付时，将不再一次性将贷款资金划转给客户，而是在授信总额确定的情况下，根据客户现实的信贷需求，分批分期进行贷款支付。换言之，"实贷实付"对流向企业的信贷资金强化了监控。

  关于"三个办法一个指引"的有关内容会在本书的后面章节阐述。

思 考

  ◇ 如何定义商业银行的问题贷款？

  ◇ 商业银行问题贷款的危害性体现在哪些方面？

  ◇ 我国目前的问题贷款状况如何？有哪些亟待解决的问题？

第2章 认识问题贷款

第 3 章

问题贷款的产生

引言：寻根溯源，探本求质

在了解了什么是问题贷款后，下一个问题自然是"问题贷款为什么会产生呢?"可列举的原因不一而足，经济政策环境的改变、债务人的经营情况、银行的内部管理，道德问题……其中任何一种或多种因素的综合作用都有可能导致问题贷款的产生。

为了能够比较清楚地阐明"问题贷款的产生"，本章借鉴新《巴塞尔资本协议》的银行风险分析和管理的框架，主要从市场风险、信用风险和操作风险这三个角度，来对问题贷款的产生根源进行较为全面、系统和深入的分析。

3.1　市场风险——引发问题贷款的外部环境

如果说20世纪80年代以前,银行业面对的最大敌人还是信用风险的话,到了80年代以后,以美国为代表的银行业则经历了一场利率管制逐渐放松、存款利率不断攀升、金融竞争加剧、利率风险和流动性风险不断凸显的危机,大批银行在此轮危机中倒闭。在这种情形下,人们意识到市场风险似乎比信用风险更为猛烈、危害程度更高。

市场风险以其特有的复杂性和高风险性,日益引起有关各方的关注。尤其是20世纪90年代以来,伴随着经济全球化、金融市场一体化、竞争加剧及金融管制的放松,金融创新及衍生金融产品获得了空前的发展,而金融衍生产品的不断出现,不仅使市场风险具有更大的隐蔽性和危害性,度量更加困难,而且大幅加剧了市场的波动性,更易引发系统性风险。2008年全球金融危机大爆发后,市场风险管理已成为各国商业银行风险管理中最核心的环节之一。

引发市场风险的原因很多,包括利率、汇率、股价、各类指数的变动等,这些因素都来自市场,它们联系紧密、互相影响,既可能组合、传导,也可能相互转化、抵消。

例如,美国股市大跌可能导致欧洲市场的连锁反应;欧元利率上升导致债市下跌的同时,汇价可能上涨等等。市场的瞬息万变决定了市场风险的瞬息万变。

从市场风险的角度来理解问题贷款的形成原因就是:

　　银行和其客户都处在宏观经济这个大市场环境里,宏观经济的各种变化特别是政府宏观经济政策变化很可能会引发问题贷款,这包括政府的财政政策、货币政策和外汇政策。

3.1.1　经济运行周期与问题贷款

　　美国经济学家熊彼特的技术创新周期理论认为,受技术进步周期性的影响,任何一个经济社会的经济发展都会呈现出周期性,在经济繁荣和经济萧条之间循环波动。银行的问题贷款也存在周期性波动的规律。

　　在经济萧条时期,借款人的获利能力普遍下降,预期的收入往往不能实现,现金流量减少,容易出现财务困难,可能会导致问题贷款的产生;而在经济繁荣时期,则可能性较小。

案例 3-1①

美国一天倒闭9家银行创纪录
不良贷款削弱实体

　　2009 年 10 月 30 日,美国联邦货币监理局宣布,包括加利福尼亚国民银行在内的 9 家私人银行当天倒闭,并由美国联邦储蓄保险公司接管。2009 年的前 11 个月,美国倒闭银行达到 115 家。英国媒体评述说,一天之内 9 家银行倒闭,创下自金融危机爆发以来单日银行倒闭最多纪录,显示源自

---

① 《东方早报》2009 年 11 月 1 日。

次贷危机的不良贷款问题仍在继续削弱美国银行业实体部分。10 月 30 日当天,纽约股市三大股指跌幅均达 2.5%。

加州国民银行是 9 家倒闭银行中规模最大的一家,拥有 78 亿美元资产和 62 亿美元存款,是洛杉矶当地第四大商业银行,也是今年以来全美第四大倒闭银行。

2008 年金融危机爆发后就有 25 家银行关门,而 2009 年前 11 个月全美已有 115 家银行倒闭,还将可能有更多银行倒闭。这将是 1992 年以来美国倒闭银行最多的一年。

分析:从 2008 年次贷危机爆发以来,全球经济处于经济周期的下降期,企业利润随之降低,银行发放的贷款成为问题贷款的风险以及银行的不良贷款率大幅攀升,这导致大量的银行倒闭。正如渣打银行资深经济学家 Stephen 与 Green 认为的那样,经济周期走向下降阶段,通常会导致银行问题贷款的上升。

3.1.2　财政、货币政策与问题贷款

当政府采取宽松的财政、货币政策时,银行信贷规模膨胀,企业易于获得银行贷款;而当政府采取紧缩的财政、货币政策时,有些企业的产品滞销,导致对应的银行贷款无力偿还。紧缩过度可能引起总有效需求不足,大批企业出现违约的现象,从而导致银行问题贷款激增。

当经济增长缺乏动力,出现停滞和衰退迹象时,各国政府普遍采用的是减税、低利率和宽松信贷规模的刺激经济政策。

值得注意的是,当实体经济正常运行吸纳不了如此庞大的信贷资金时,以实体经济名义申请的信贷资金便会改变用途流入"虚拟经济"和"泡沫经济"领域,这些贷款将游离于银行风险监管体系之外而可能引发问题贷款。

案例 3-2[①]

天量信贷榜单发布:
我国 2009 年新增贷款 9.59 万亿元

2010 年 1 月 15 日,央行发布《2009 年 12 月金融统计数据报告》(简称"报告")。报告显示,2009 年全年人民币各项贷款增加 9.59 万亿元,同比多增 4.69 万亿元。

值得注意的是,2009 年 12 月份,当月人民币各项贷款增量为 3 798 亿元,超过市场预期。但五大行和 12 家股份制银行的增量一共为 1 692 亿元,超过一半的增量来自城商行、农信社两大阵营。

截至 2009 年 12 月月末,其他商业银行(包括交通银行和12 家全国性股份制银行,下同)人民币存贷比高达 74.74%,逼近 75% 的监管红线。在 1 月 12 日央行上调人民币存款准备金率 0.5 个百分点之后,市场开始担忧中小银行的信贷空间。

不过,金融机构整体的人民币存贷比为 66.87%,这对2010 年 7.5 万亿元信贷增量目标的完成,提供了一定的保障。

分析:当经济萧条时,政府实施积极的财政和货币政策以促使经济的复苏,故商业银行会大量贷款,而这一方面有利于促进经济的回暖,防止经济增长速度的快速下滑;另一方面却可能导致一段时间后问题贷款的大量出现。

---

① 《21 世纪经济报道》2010 年 1 月 16 日。

案例 3 - 3

中国央行 2012 年 2 月 24 日
再次下调存款准备金率 0.5%

2012 年 2 月 18 日，央行宣布从 2 月 24 日起下调存款准备金率 0.5%，使大型金融机构的存款准备金率从历史最高水平的 21.5% 开始下行 1%。这是存款准备金率从 2008 年 12 月 25 日的 15.5% 开始，连续 12 次上调后的第二次下调。而自 2010 年 10 月以来，央行也已连续四次加息。这意味着央行在面临严重的通货膨胀、过度信贷扩张和流动性泛滥的三重压力后，再次面对货币政策过度收紧后出现的流动性短缺尴尬。

分析：我国的货币政策从 2008 年第四季度开始到 2009 年间的极度宽松，再到 2010—2011 年间的逐步收紧，期间经历了大起大落的"过山车"。央行的货币调控智慧面临着考验。

提高存款准备金率和加息可以对通货膨胀和信贷扩张冲动起到一定的抑制作用，但也会因为银行信贷规模的收缩而导致借贷市场资金匮乏和流动性短缺，威胁实体经济的运行；会因此提高借款人的资金成本，使借款人融资困难甚至资金链断裂，反而增加存量贷款变成问题贷款的系统性风险；还可能使民间借贷市场利率走高而引发高利贷风潮，产生社会问题。

2011 年下半年开始风卷全国多个地方的"资金链断裂"、"老板跑路"风波已经产生了许多问题贷款，值得银行业高度

关注。

3.1.3 国际资本流动与问题贷款

20世纪70年代以来,各国纷纷兴起了放松外汇管制、放松资本管制乃至金融管制的浪潮,导致对本国的银行信贷市场和证券市场逐步放开,允许外国金融机构进入本国金融市场,允许非居民企业在本国金融市场筹资,放松了对金融机构的控制。国际资金流动的飞速增长使一国国际收支受到非常大的冲击,容易引起宏观经济的波动,甚至引起一国的汇率制度崩溃。一国币值的暴跌,将使企业外币借款的成本激增,导致企业违约、银行问题贷款增加等连锁反应。

案例 3-4

亚洲金融风暴的启示

1997年5月,国际投机基金从现货和期货两个市场开始了对部分亚洲国家和地区货币的攻击。7月份,泰国宣布放弃泰铢与美元挂钩的固定汇率制,引发了持续两年之久的亚洲货币危机。到1998年,危机从东南亚向中国香港和中国台湾地区、韩国、日本蔓延,引起世界各主要市场的连锁反应,国际股市和汇市连连下跌。危机爆发后,"泡沫经济"破灭,资产价格跌至谷底,金融机构的问题贷款激增(亚洲部分国家问题贷款占银行贷款总额百分比如表3-1所示),国际评级机构纷纷调低亚洲各国的国家信用级别,这些国家的金融机构的信用水平随之降低。

表3-1

部分亚洲国家问题贷款占银行贷款总额百分比[①]

国 别	印 尼	泰 国	马来西亚
百分比	49%	44%	22%

分析:东南亚金融危机的爆发,给东南亚各国的银行造成了巨大的损失。其中一个主要原因是东南亚各国的外汇政策基本上都是资本项目下可自由兑换,实际上这种外汇政策需要建立在固定汇率制和健全的宏观、微观经济条件下,当时东南亚各国普遍存在着国内宏观经济条件不成熟、微观主体行为不理智以及市场的不健全等问题,在这种背景下实行资本项目下的可自由兑换无疑是"玩火"。本国脆弱的金融秩序最终难以抵挡国外炒家的联合进攻,造成了极为重大的损失,使东南亚各国近十年的努力化为泡影。

案例 3-5[②]

第 3 章 问题贷款的产生

迪拜请求暂停偿还政府控股公司债务

迪拜 2009 年 11 月 25 日请求暂停偿还迪拜世界(Dubai World)债权人的债务,这让投资者感到震惊。迪拜世界是迪拜政府所拥有的负债累累的旗舰控股公司,开发过全球最奢侈的一些房地产项目。

人们很早以前就发现,迪拜庞大的基建项目和棕榈形旅游度假区,是繁荣时期匆匆上马的项目,是名副其实"建在沙滩上"的。暂停偿债有可能是迪拜放出的一个试探性气球,

---

① 世界银行,《1999/2000 年世界发展报告》。
② FT 中文网,2009 年 11 月 26 日。

以了解投资者对自愿重组迪拜世界债务的反应。

正值有初步迹象显示经济开始复苏之际，这个消息给这个中东贸易中心蒙上了违约的阴影。迪拜赶上了经济大幅增长、容易获得信贷的繁荣时期，但 2009 年由于受到了全球信贷危机的沉重打击，且紧随着房地产价格的暴跌和消费者信心的急剧下降，公司重组已提上日程；随着裁员浪潮从金融和房地产领域蔓延至旅游、媒体和零售等部门，许多人已经收拾行囊，准备启程归国了。

分析：迪拜在资本市场掀起了一场狂风骤雨：这个酋长国要求暂缓偿付国有企业迪拜世界（Dubai World）的部分债务的消息，震惊了投资者。这是典型的在经济繁荣期利用较为宽松的信贷环境盲目投资房地产等相关行业。当经济处于衰退时，由于投资者的信心下降，资本撤离导致其房地产价格暴跌，产生债务危机，后来由于阿布扎比酋长国和阿联酋央行向迪拜提供了 150 亿美元的支持才使该危机没有马上进一步恶化。

3.2　信用风险——产生问题贷款的内在原因

信用风险就是债务人未来不能按期还本付息的可能性。信用风险是金融业面临的最古老的风险，从商业银行的诞生之日起，它就开始通过承担信用风险来获取利润。

就目前我国银行业 70% 以上的收益来自存贷净息差的现状而言，信用风险在相当长一段时间内仍将是我国银行业面临的最主要风险之一。本节综合借款人自身的条件和担保条件进行信用风险的分析。

3.2.1 来自第一还款来源的风险

3.2.1.1 行业状况:借款人的生存环境

每个债务人都处在某一特定的行业中,每一特定行业因其所处的发展阶段和发展状况不同而面临特有的行业风险。在同一行业的不同阶段,各债务人可能需要共同面对某些基本一致的风险。一般而言,行业分析主要包括以下内容。

1)行业政策的考虑

经济政策是调控宏观经济环境的一个重要手段。国家经济政策的变化对行业的发展会产生不同程度的影响,尤其是那些对金融货币政策、产业指导政策、税收政策等较为敏感的行业,政府采取的究竟是鼓励扶持政策,还是限制和禁止政策,往往会影响甚至左右整个行业的经营状况和发展趋势。

```
案例 3 - 6
```

2011 年房地产贷款同比少增 7 704 亿元
楼市拐点已确立[①]

2012 年 1 月 30 日,央行发布 2011 年金融机构贷款投向统计报告。2011 年的一大特点是,增速总体回落,全年增量占同期各项贷款之比较往期明显减少。据统计,去年人民币房地产贷款余额全年累计增加 1.26 万亿元,同比少增 7 704 亿元。

---

① 中国宁波网,2012 年 1 月 31 日。http://news.cnnb.com.cn/system/2012/01/31/007224417.shtml。

问题贷款识别与防范

专家认为,由于 2012 年国家对地产的政策取向未发生明显变化,楼市寒冬将在今年得到延续,部分开发商会放弃幻想,房价下调可能继续加速。

分析:表 3-2 反映了 2009—2011 年间房地产开发贷款的余额及增长情况①,可以看出,信贷额度的减少是 2011 年出现楼市调控效果的最主要因素,在 2012 年上半年限购政策不会放松,信贷因素的影响还将扩大。国家对房地产行业的调控仍在继续。

表 3-2

2009—2011 年房地产开发贷款余额及增速

房地产开发贷款余额同比增速从 2009 年的高位逐步回落		
统 计 时 间	房地产开发贷款余额(亿元)	房地产开发贷款余额同比增长(%)
2009 年 3 月	56 700.00	16.30
2009 年 6 月	62 100.00	20.50
2009 年 9 月	68 100.00	25.30
2009 年 12 月	73 300.00	30.75
2010 年 3 月	81 800.00	31.15
2010 年 6 月	87 100.00	26.10
2010 年 9 月	91 000.00	25.03
2010 年 12 月	93 500.00	23.45
2011 年 3 月 31 日	98 900.00	17.00
2011 年 6 月 30 日	102 600.00	13.68
2011 年 9 月 30 日	105 000.00	9.62
2011 年 12 月 31 日	107 300.00	13.90

数据来源:WIND,由王亮整理。

---

① 2012 年信贷影响将扩大,房地产销售难上加难。http://www.cs.com.cn/fc/03/201201/t20120131_3221246.html。

2) 行业的周期

> 一般来说,行业的发展有一定的经济周期性,有些行业经营状况的变化与经济周期是一致的,属于周期性行业;有些行业具有明显的反周期特征,属于反周期性行业;也有些行业不易受经济周期的影响,属于非周期性行业。

借款人所在行业的经济周期性是判断贷款风险程度的重要因素之一。周期性行业及反周期性行业的经营状况受经济周期影响波动幅度较大,易出现利润下降和现金流量短缺等问题。而非周期性行业的经营状况一般不受经济周期的影响,其借款人的还款能力也就较为稳定。

案例 3 - 7[①]

温州企业成功的启示

在 2005 年 10 月份央行发布的《中国城市金融生态环境研究报告》中,温州在全国城市金融生态质量排名中排到了第二。温州银行的问题贷款在全国来说都是非常少的,这与温州企业产品的特点是分不开的。温州的产业结构以轻工业、服务业为主,轻工业以服装、印刷、包装、礼品、眼镜、锁具、低压电器等日用品生产及轻工业原料生产为特色,产品处于成熟期,企业投资少,产品市场生命周期短,资金周转快。

分析:温州企业以生产小商品和日用品为主,这些产品

---

① 《城市金融生态质量温州排第二》,温州新闻网,2005 年 10 月 19 日。

技术含量低。但是正是由于其技术含量低,这些产品的创新相对容易。只要在产品外观和材质上能够有些好的创意,这种产品就能有很好的销路,温州企业善于紧跟市场潮流,不断创新。因此,温州有很大一部分企业的产品长期处于产业周期的成熟阶段。对于银行来说,这是十分有利的,该阶段的企业盈利稳定,贷款相对安全。银行对借款人进行分析时,除了要对其所在的行业进行分析,还要分析借款人在其各自行业发展的各个阶段可能采取的战略措施、竞争活动和经营活动等方面的内容。

案例 3-8①

通用汽车将申请破产保护

通用汽车公司(General Motors)于 2009 年 6 月 1 日在纽约申请破产保护,以一种不体面的方式,结束了其作为美国工业实力的象征,以及在 20 世纪大部分时间位居全球最大汽车制造商的历史。

这是有史以来最大的一宗工业企业破产案。在提交申请之前,美国总统奥巴马(Barack Obama)和通用汽车公司首席执行官韩德胜(Fritz Henderson)努力让工人、供应商、经销商和购车者相信,通过法院监督下的重组,将出现一个精简后重生的通用汽车。

分析:美国汽车向来以体形庞大、费油著称,在石油危机爆发之前,没有人会认为有什么不妥。但随着能源日益紧

① FT中文网,2009 年 6 月 1 日。

张,低碳经济绿色环保理念的普及,人们的消费观念开始发生改变,小排量的省油车型更容易吸引消费者。

通用作为一个具有传统美国特色的企业,车型在节油上并没有优势,然而通用早期并不重视对节油技术和小排量发动机的研发,反而接着在大型皮卡和 SUV 上拓展市场,悍马就是这一时期的产物,最终的结果是通用在美国市场上的占有率从鼎盛时期超过 50% 到现在不足 20%,这些份额被车身小巧、油耗经济的日韩系竞争对手捡了便宜。

尽管通用公司也认识到了这一问题的严重性,并准备采取相应的补救措施,但固有的思维模式限制了它们在创新方面的步伐,对更适应市场需求的小排量汽车难以投入足够的热情。同时也失去了最佳时机,加上金融危机的爆发,最终通用陷入了困境。

3) 行业的供求

通过行业的需求和供给情况,即行业是否供求平衡,可以预测未来的需求和供给及价格变化,同时也为判断行业所处的发展阶段提供依据,进而可以分析出行业的盈利状况和发展趋势。因此,需求和供给分析是行业分析的基础。

4) 行业的成本结构

一个企业的成本一般可以分为固定成本和变动成本。固定成本是不随业务量变动而变动的成本,变动成本是随着业务量变动呈正比例变动的成本。随着行业的不同,其成本结构也会不同。按照成本结构分类,行业可以分为固定成本占比例较高的行业和变动成本占比例较高的行业。

固定成本占比例较高的行业,其企业的固定成本占比例一般也较高,因此具有较高的经营杠杆,只有扩大产量才是

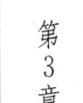

这些企业降低成本、增加盈利的最有效手段。当市场需求萎缩或促销不力等原因导致产量下降时，因固定成本具有刚性而无法降低总制造成本，企业盈利甚至生存都会因此而受到影响。这类企业一旦出现销售困难，往往会导致问题贷款的产生。

变动成本占比例较高的行业，其企业的变动成本也较高，因此变动成本一般具有相当的弹性，即当产量下降或销售下降时，企业可以通过压缩变动成本来降低总成本以保证盈利或减少亏损，因此这类行业在经济不景气时多采取裁员或减薪以压缩人工等变动成本的方式渡过难关。如果发生经济不景气，这类企业可能不会产生问题贷款，即使产生了也大多是可逆转的。

5）行业的盈利性

企业需要依赖盈利来维持经营，一个长期不盈利的企业将失去活力，对整个行业来说也是一样的。如果一个行业中的大部分企业亏损，则该行业持续健康发展下去的可能性就会遭到怀疑。该行业借款人未来的经营状况和还款能力显然是值得关注的。

6）行业的依赖性

行业依赖性是指一个行业与它的上游行业及重要客户（重要客户可以看成其下游行业）之间存在着相互依存关系。

彼此依赖关系密切的行业主要是供应方和需求方。借款人所在行业对其他一个或两个行业的依赖性越大，贷款的潜在风险就越大；而行业的供应商和顾客群越多元化，该行业对其他行业的依赖性就越小，其贷款风险受其他行业变化的影响就比较小。

案例 3 – 9①

飞利浦的蝴蝶效应

2000 年 3 月 17 日晚上 8 点，美国新墨西哥州飞利浦公司第 22 号芯片厂车间因闪电而燃起了一场大火。这场意外事故尽管远在万里之外的美洲，却犹如一只挥动翅膀的神奇蝴蝶，在欧洲大陆掀起了一场轩然大波。《华尔街日报》对此的评述是："尽管这场大火仅仅燃烧了十几分钟，却改变了诺基亚和爱立信这两家欧洲最大电子公司实力平衡的天平。"

爱立信对这场意外事故的发生显然准备不足，它只有飞利浦一家供应商。结果数百万个芯片的短缺至少造成了 4 亿美元的损失，虽然火灾保险使它们略获补偿。"芯片短缺不仅影响了销售，而且令其他部件产生了积压"，爱立信（中国）公司副总裁大卫说，"这个事故使我们吸取了一个教训：不能仅仅依靠一个供应商。"

这场新墨西哥州大火以及营销、设计等方面一系列问题的后遗症在 2001 年 1 月 26 日爆发：总裁科尔特宣布爱立信将退出手机生产市场，将手机生产发包给 Flextronics International Ltd. 。科尔特说，一连串的零部件短缺、错误的产品设计和营销失误造成公司移动电话分部 2000 年亏损 162 亿克朗（16.8 亿美元），公司总体的营业亏损为 15 亿克朗。消息传出，爱立信股价即刻下跌 13.5%，并影响了全球高科技股票体系。

---

① 《爱立信：灼热的转身》，沈阳日报集团北方热线。www.syd.com.cn。

分析：手机芯片是手机重要的零部件，手机生产对其有着很大的依赖性。在这个案例中，飞利浦是爱立信的上游企业，为爱立信供应手机芯片。问题是爱立信只有飞利浦这一个芯片供应商，它对飞利浦的依赖是完全的，一旦飞利浦出现问题，导致芯片供应中断，就会直接导致爱立信的停产，从而造成其订单的无法完成和其他部件的积压。手机是一个淘汰率很高的行业，积压部件会不断贬值，损失将进一步加大，而且爱立信因为新墨西哥州大火已经失去了很大部分的市场份额，这些最终导致爱立信退出手机市场，并且影响了其他产品和市场。

这是一个非常典型的过度依赖一家供货商导致自己损失巨大的例子，我国也存在许多这样的企业，主要原料或上游产品均来自一家或两家供应商，这样会导致风险过度集中，银行发放贷款时需要考虑企业的供应链特征。

7）行业产品的替代性

可替代产品是指那些与某行业的产品具有相同、相似功能或能满足相同需求的产品。我们从经济学的基本知识中知道，任何产品在市场上一般都存在替代品。在同样需求量的情况下，某产品的技术含量越低，工艺越简单就会存在越多的替代品；但如果工艺越复杂，甚至使用的是专利技术，则市场上的替代品就会很少。

> 行业的产品是否存在可被替代的风险，与替代产品的多寡和顾客使用替代产品的转换成本高低有关。

如果一个行业的产品性能独一无二或自然垄断，那就不存在行业产品被替代的危险；而如果一个行业的产品有许多替代品，而且转换成本较低，则该行业产品被替代的可能性就很大,相应的行业风险也就比较大。

案例 3 - 10①

背投彩电的悲哀

　　2001 年,一场背投彩电概念的炒作风潮席卷国内市场,这波炒作起来的消费热点吸引了众多厂商以及消费者的眼球。然而时隔不到两年,该产品的市场价格就一落千丈,从上市初期的平均价格 20 000 多元降至 2003 年的 8 000 多元,成为业内在普通彩电大战之后的又一"价格战"的产品。2003 年,市场中以背投电视为主角的价格大战打得如火如荼,各厂商的平均降价幅度为 25%～30%,个别产品的最高降幅已达 40%。背投彩电价格的大幅下降导致传统 CRT 彩电的市场缩小,对只生产传统彩电的厂家造成了沉重的打击。2004 年起,随着生活质量的提高和价格的下降,以液晶、等离子为代表的平板电视受到越来越多消费者的青睐,背投电视的销售开始陷入困境,上海等地的家电卖场甚至出现撤柜现象。

　　分析:从背投彩电替代传统彩电,再到等离子、液晶、LED 背光彩电替代背投彩电的市场发展趋势看,产品的不断升级换代导致产品生命周期的短期化趋势。这对银行信贷的投放带来极大的挑战。所以银行应该在对市场有充分了解的前提下,再选择企业放贷,尽量减少成为问题贷款的可能性。

――――――――――

　　① 《CRT 技术背投彩电的悲哀,厂家竞相降价》,国际光电产业资讯。http://www.optoelectro.com。

8) 行业内竞争

行业整体分析只是分析了整个行业所共同面临的问题,对于行业内的每个企业而言,他们还面临着这一行业内其他企业的竞争。无论对该行业进行国内竞争者分析还是国际竞争者分析,无论该行业是生产产品还是提供服务,竞争规律都寓于图 3-1 所示的五种竞争力量之中:新竞争者的进入、替代产品的威胁、买方的讨价还价能力、卖方的讨价还价能力和现有竞争者之间的竞争。

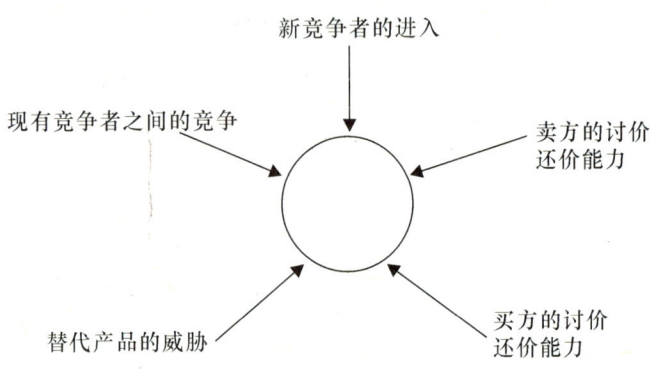

图 3-1 决定企业盈利的五种竞争力量

这五种力量决定了行业内企业的盈利能力,影响了行业内的生产成本和企业所获得的利润,即影响了企业收益率的各种要素。这种竞争结构内部的力量对比随行业的不同而不同,即使在特定行业内,也并非五种竞争力量都同样重要。

3.2.1.2 经营状况:借款人的利润保证

1) 企业规模的影响

经济学中存在着一个规模效益的问题,企业在达到一定规模之前的生产和经营效率都无法达到一个比较理想的状态。企业一旦达到了一定的规模,使得固定资产能够得到充分的利用,这个时候企业的单位成本会降到最低,只要企业的产品有销路,盈利一定会增加。企业处于盈亏平衡点时的销售量即是最低的保本销售量。

但是,规模也应该保持在一定范围之内,而不是越大越好。规模越大,生产管理难度越大,企业经营调整的困难就越大,甚至可能产生规模负效应,影响企业的盈利水平。

案例 3 - 11①

AIG 考虑分拆以维持正常运营

美国国际集团(AIG)和美国政府 2009 年 2 月就一项重大重组计划进行深入商谈,计划将把这家受创的保险集团至少分拆成三家由政府控制的部门,以维持其正常运营。

它可能会终结美国国际集团 90 年来作为独立全球保险集团的历史。根据计划,政府将把所持美国国际集团 80% 的股权换成三家子公司——美国国际集团的亚洲业务、国际寿险业务以及美国个人保险业务——的大量股权。由美国国际集团其他业务和不良资产构成的第四家公司也有可能成立。

作为回报,美国政府将放宽对美国国际集团 600 亿美元 5 年期贷款的条款,甚至免除其中一大部分,并将价值 400 亿美元的优先股转换为普通股,以减轻该公司的负担。

如果计划得以实行,美国国际集团暂时仍将是一家控股公司。

但参与谈判的人士表示,如果政府决定出售这三家公司,或将其分别上市,以此补偿纳税人对这家保险公司的投资,那么美国国际集团就可能会消失。

---

① FT 中文网,2009 年 2 月 26 日。

分析:美国国际集团前任首席执行官汉克·格林伯格(Hank Greenberg)通过数十年的交易,将该集团打造成了一家全球保险巨擘,其规模不言而喻。

但2009年,在全球经济危机的影响下,其庞大的规模也带来了负效应,其投资组合未变现,亏损大幅增加,导致美国国际集团的财务困境不断加深,该公司难以通过出售大量资产来偿还贷款。

可见,适度的规模是企业可持续发展的基础,银行在选择贷款对象时应判断其规模的合理性。

2)企业的发展阶段

企业所处的发展阶段与行业所处的发展阶段有一定的联系,如果行业处于快速发展阶段,那么就为企业的快速发展提供了良好的行业环境,但是企业的发展阶段也有相对独立的一面。行业发展有导入、成长、成熟和衰退四个阶段,在行业发展的每个阶段中,都有企业处于创立、快速发展、成熟稳定、退出行业或破产倒闭的状态。

案例 3-12①

一个私营业主的成功历程

2001年,广州市私营业主张先生用手头的20万元现金,开始经营服装批发生意,后来生意越做越大,流动资金出现了紧张。于是就考虑向广东发展银行申请个人创业流动资金贷款,银行经考察后,认为该私营业主生意较好,可以给予

---

① 《银行详解个人创业贷款风险》,大安信息港。http://www.daxxg.com/chuangye/chuangye/chuangyeZC。

创业贷款支持,但为了保证贷款安全回收,要求该私营业主必须提供担保。张先生无固定资产抵押,银行只好推介担保公司对其进行担保。好在张先生锲而不舍,跑了好几趟,终于得到担保公司的担保,最后从银行取得 50 万元的贷款。张先生在银行的支持下,生意得到了较快发展,平均每年经营收入达到 500 万元,净利润 80 万元。

分析:张先生向银行贷款时生意已经开展了一段时间,属于快速增长阶段,其经营前景具有一定的可推测性,广东发展银行经过认真考察,并且在业主提供担保的情况下,同意发放贷款。由于该业主已经经营过一段时间,可以判断他具有一定的经营能力,所选择的行业也是具有盈利空间的。鉴于该业主的生意处于扩张的阶段,具有一定的风险,所以担保也是必需的。银行的正确选择最终为自己获得了收益。

3) 产品多样化

产品多样化也是分散经营风险的一种方式,一般如果产品单一,而且产品用途较少,那么经营风险就大;反之,如果产品多样,产品用途较多,则经营风险就小。

案例 3 - 13[①]

北方重型汽车的市场风险抵御能力

内蒙古北方重型汽车股份公司从事非公路重型矿用汽车的开发生产。由于 2003 年市场需求结构发生了很大变化,大吨位车需求下降,小吨位车需求上升,公司事先对市场预测不够准确,导致大吨位车滞销。由于产品单一而且没有

---

① 《北方股份产品单一风险大》,《中国证券报》2003 年 5 月 13 日。

别的盈利点,公司业绩下滑非常严重。

分析:产品多元化是企业抵御经营风险的重要武器,如果企业产品单一,很容易受到市场需求变化的影响,业绩波动甚至关系到企业能否生存。所以银行在发放贷款的时候,需要考虑到借款企业的产品结构。

4)产品与市场的供求关系

产品的重要性和特性、买方需求、产品的价格、市场竞争的激烈程度、企业对市场价格和需求的控制能力、客户的分散程度及销售方法等,都会影响企业产品市场的供求关系,从而影响企业盈利的实现。

案例 3 - 14

宝洁公司(P&G)的经典做法

日用品界存在这样一句话:什么企业都可能倒下,唯独宝洁不可能倒下。这是由于宝洁的市场分析调查做得十分出色。宝洁拥有全世界最大的客户数据库,什么地方的人喜欢用什么样的洗发水,喜欢什么样的香型,喜欢什么样的包装等等信息十分完备。宝洁每年花大量的资金与时间在市场调查上,它能够随时改变在某个市场上的品牌策略,淘汰不利的品牌,培育新的品牌。

分析:对于宝洁这类具有半个世纪以上历史,注重品牌和市场分析的老牌企业,银行应该可以比较放心,企业的经营策略保证了银行贷款的安全。企业无论在何时都会紧跟时代潮流,把握市场脉搏,从而能在市场竞争中占有一席之地。

5)采购环节

首先,原材料的价格直接影响企业的生产成本。

其次,原材料购货渠道的多少也是影响企业风险的重要因素。如果原材料的购货渠道单一,一方面一旦购货渠道出现问题时,企业无法从别的渠道获得原材料,就会造成企业不能按时完成生产任务;另一方面企业也可能会因讨价还价能力差而无法有效降低生产成本,出现成本偏高的局面。

最后,原材料存货过少时可能出现因材料短缺而无法继续生产,或者因原材料涨价而不得不支付较高的购货成本;存货过多则不仅占用了大量的资金,而且还有可能因原材料价格大幅下降而蒙受损失。

案例 3 - 15 [①]

杭州华电的"气源问题"

2005 年 10 月,杭州华电半山发电有限公司的燃气轮机停了,原因很简单,因为天然气供应不上。这距离 2005 年 6 月份它成功并网发电不过 100 多天。眼看二号机组也将在 2005 年年底开始发电,该发电厂的天然气源不知道究竟还能支持多久。同样因为原材料供给不足而停产的不止华电半山公司,上海漕泾热电有限责任公司现在一个月平均发电时间只有三天,实际上江苏、浙江等地的燃气电厂都遇到了同样的麻烦,以至于全国几大电力公司最近集体上书决策部门,要求尽快解决"气源问题"。

分析:天然气是燃气发电厂主要的原材料,由于天然气储存成本较大,一般小的电厂储存能力很小,如果天然气供

---

① 《燃气告急发电厂倒逼发改委》,《经济观察报》2005 年 10 月 31 日。

给出现问题,发电厂只能停产。可见银行给企业贷款的时候,需要注意企业的原材料供应能否保证生产的持续,一旦原材料供应产生危机时,企业能否抵御不利因素,渡过难关。

6)生产环节

生产过程是企业创造新价值的主要阶段,对生产环节的控制决定了产品的产量、质量,而产量和质量是保证企业能够及时交付货物的关键。如果生产中断,企业就无法完成订单,可能因此面临违约索赔风险或丧失信誉。技术难题、自然灾害、环境和劳资关系的紧张都可能使生产过程中断,从而直接影响企业的生产连续性、产品成本、产品质量、产量等,企业可能会因此而失去客户,失去银行信任,丧失还款资金来源。

案例 3-16①

首都钢铁公司秘鲁分公司(简称"首钢秘铁")集体罢工事件

首都钢铁公司 1992 年斥资 1.18 亿美元收购秘鲁铁矿,形成了中国在南美洲最大的生产型企业。在秘鲁,工人吆喝着炒老板的事并非新闻。1996 年首钢秘铁就因工薪问题而引发了长达 42 天的集体罢工事件。2004 年 3 月,首钢秘铁矿工工会又一次向首钢秘铁管理层提出每人每天增加工资 14 索尔的要求(3.45 索尔合 1 美元),但首钢秘铁管理层坚持只增加 1.5 索尔。6 月 1 日秘铁矿工工会宣布罢工并设了封

---

① 《中国公司在海外见识工人阶级的利害》。http://blog.hexun.com/star318/572384/rss/viewarticle.html。

锁线。首钢秘铁的高管们只能再一次以"资方"名义走到谈判桌前,公司方面最终答应给每个职员日增工资 12.9 索尔,并给予每个职员一次性额外补贴 570 索尔。至此,2004 年首钢秘铁又一轮劳资谈判结束。据初步测算,此次罢工首钢秘铁遭受的直接经济损失就高达 351 万美元。据了解,在首钢秘铁,类似的罢工已经不是一次两次了,令首钢秘铁高管们忧心忡忡的是,谁也不能确定下一次罢工的具体日期以及矿工工会还将提出什么样的要求。

分析:企业生产过程的中断可能是多种原因造成的。本案例中企业所处的环境和工会的力量都可能影响企业生产的连续性。公司如果不能协调好这些关系,其发展一定会受到影响。银行在准备提供贷款的时候,需要考虑到企业劳资关系是否紧张,有没有可能会因为这种紧张的关系导致罢工,给企业造成损失,最终影响到银行贷款的偿还。

7) 企业销售环节

不管企业的总体特征如何,企业实现经营目标都必须通过对外提供特定的产品或服务来实现,而产品或服务能否被市场接受,则在很大程度上要依赖营销环节。

如果客户集中于某一特定人群或某一特定区域,或者销售环节过多导致销售成本过高,则特定人群消费习惯的改变、特定区域经济的不景气、销售成本过高导致产品售价上涨等都有可能使产品无法顺利销售出去,企业的财务状况和还款能力将因此而受到不利影响。促销能力和销售的灵活性是促使消费者宁愿购买此种产品而不是其他同类产品的重要因素。促销策略、渠道、售后服务、包装、运输、付款方式等方面,都影响着消费者的购买意愿。

3.2.1.3 管理因素:借款人的生存保证

问题贷款识别与防范

企业能否保持长盛不衰,主要看其是否具备必要的管理能力。债务人管理因素分析主要包括债务人的组织形式、管理层的稳定性、管理层素质和经验、管理能力等几个方面的分析。从某种意义上讲,企业经营的好坏往往是其管理能力在经营活动中的反映。

1)组织形式

借款人组织形式的改变对其还款能力的变化有着十分显著的影响。增资扩股、股权拆分、转让、联营、并购、重组等组织形式的变化,一方面促使企业管理层发生变动;另一方面促进了企业资产的流动。这两方面的变动都可能直接或间接地对企业的经营活动、现金流量、盈利能力等产生有利或不利的影响。

2)管理层的稳定性

企业主要管理人员的离任、死亡、更替等均会对企业的持续、正常经营管理产生重大影响。如果企业领导班子内部不团结、高级管理人员更换频繁,企业如何能够保持持续稳定的发展方向?

案例 3 - 17①

可口可乐首席执行官风波

可口可乐(Coca-Cola)总裁兼首席运营官史蒂文·海耶(Steven Heyer)在无望获任首席执行官一职后,于 2004 年 6

---

① 《可口可乐总裁因为无望获任 CEO 而辞职》,新浪财经。http: //finance. sina. com. cn /jygl /20040610 /0951806536. shtml.

月 9 日辞职。尽管他的离职在意料之中,但还是增加了围绕这家软饮料巨头的不确定性。此前,可口可乐公司长期且公开地寻找新的首席执行官,并经历了一系列战略上的失误。当日,可口可乐股价在纽约盘中交易下跌近 2%,至 51.56 美元。

分析:首席执行官史蒂文·海耶的离去对可口可乐没有任何好处,可口可乐将可能由此进行一系列的人员调动,可口可乐管理层的不确定性会增加。这种管理层的不确定性,会造成将来贷款偿还的不确定。

3) 管理层素质和经验

管理层的素质主要包括管理层的文化程度、年龄结构、开拓精神、团队精神、道德品质等。如果管理层的整体素质不高且主要精力过多地陷入人事关系和事务性的工作当中,就不能专心于管理企业。特别是当企业存在体制等方面的原因时,一些管理人员以个人利益为重,利用职务之便谋求个人经济利益、个人政治利益、小团体利益、局部利益或短期利益,就不能按照市场原则作出经营决策,甚至有意损害企业利益。

另外,由于董事会或股东大会没有有效行使职权,以及管理层的道德风险普遍存在;或由于外部监督不力,企业的有些重要股东实质上操纵着股东大会或董事会并借机谋求己方利益而损害小股东或债权人利益的现象就会出现。

案例 3-18

巨人的崩溃

20 世纪 90 年代叱咤风云的巨人集团,在计算机业务取

得较大业绩后，转战房地产和保健品市场，最终由于管理层的不成熟和投机的心理，使这个刚建立起来的帝国土崩瓦解。虽然那时的巨人集团领导层没有足够的金融意识，其经营几乎没有银行的贷款，但是从这个例子中也可以看出银行提供贷款时，要研究借款人的领导层和领导风格，如果企业的主要管理者是个喜欢豪赌的人，则贷款可能会不安全。

4）经营思想和作风

企业董事会或高级管理层在经营思路上是否统一同样会影响企业的经营和发展。

如果高级管理层或董事会过分地以利润为中心，企业的经营行为必然会趋于短期化，并且可能演变成为了达到短期目标而不顾质量，或为迎合股东而制定大比例利润分配政策等。这种短期化行为必然会影响到企业的长远利益，影响到企业稳定、持续的还款能力，甚至直接侵害债权人的利益。

管理层经营作风对企业经营的稳定性也具有实质性影响，例如，过于冒险的经营作风可能使企业经营和银行贷款均面临着较高的风险，过分追求企业规模的扩大有可能导致管理水平不能适应企业规模扩大的需要而使企业陷入困境。

5）关联企业的经营管理

债务人的母子公司、主要供应商、购货商等，因其与债务人在股权、资金、产品、原材料、管理人员等方面有着密切的关联性，他们在生产经营、财务状况、法律诉讼等方面的变化将直接影响到债务人原材料采购、产品销售、应收账款的回收、投资收益的高低等，从而影响到债务人的还款能力，而且，关联程度的不同，对债务人还款能力的影响程度也有所不同。在现实经济活动中，因关联第三方的经营困境而使银行债务人受到拖累的情形比比皆是。因此,银行在对债务人本身的情况进行关注的同时,也要对其关联企业给予足够的关注,避免"城门失火,殃及池鱼"的情形出现而危及银行贷款的安全。

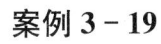

案例 3 - 19

"亚细亚"连锁帝国的覆灭

20 世纪 90 年代初,一句"中原之行哪里去——郑州亚细亚"足可以看出亚细亚当时的兴旺,亚细亚商场曾以其管理、文化、营销特色,给当时计划体制下的商界吹来了一股清新之风,正当它的发展如日中天时,管理层浮躁、盲目的心理最终导致这个中国改革开放后第一个零售帝国的灭亡。1993 年,为运作股票上市,亚细亚商场改组为亚细亚集团,与此同时,推出了一个庞大的连锁经营体系构想:准备在几年中跨出"河南 18 地市——全国省会城市——世界"三大步。按此思路,将要在河南全境 18 个地级市、全国省会以上城市、世界上举办过奥运会的城市,建"亚细亚"连锁店。这就是亚细亚盲目扩张不归路的开始。由于管理层内部的不协调,亚细亚上市发行的计划没有成功,但是被浮躁冲昏头脑的决策者,并没有因无资金保证而慎言扩张,而是盲目铺摊子,靠巨额贷款背水一战。不但在河南省内建立了众多的连锁店,还在北京、上海、福州、广州、成都等地建立分店。

庞大的连锁体系还未健全,不幸就接踵而来。众多的连锁店还没开业就半途夭折了。一开始盈利的门店也因为管理混乱而纷纷亏损。到 1997 年,亚细亚营业额滑落到 2.05

亿元,还不到 1995 年扩展之初营业额的一半。

虽然亚细亚郑州总店一直在盈利,但由于分店的亏损实在太多,完全消耗了总店的利润。而且这种状况一直没有好转,最终导致亚细亚一蹶不振。

分析:"亚细亚"这个典型案例虽然离我们已经很遥远了,还是有一定的借鉴意义。银行在给企业贷款的时候,除了考察母公司的经营状况外,子公司的状况也需要认真考察,正如该案例所表明的,尽管郑州总店一直盈利,但其分店经营情况不好,最终也会拖垮总店。银行需要对这种情况特别注意。

6)员工队伍

员工素质、年龄结构、文化程度、专业水平及稳定性等因素直接影响企业的技术开发与运用、产品创新、产品质量及企业管理理念的进步。在科学技术日新月异的今天,企业之间的竞争将主要体现在人才竞争方面。高素质的员工群体、合理的员工年龄结构不仅有利于造就人才、留住人才,而且有利于形成合理的人才结构。

7)内部控制与管理

企业内部组织架构是否健全,是否建立了科学的决策程序、人事管理政策、质量管理制度与成本控制措施、年度计划及战略规划、管理信息系统等,在很大程度上影响着企业的正常运作和经营成果,并最终反映在企业的还款能力上。作为债权人的银行要特别注意企业在对外担保、投资、资金调度等与资金、债务有关方面的控制与管理制度是否健全。国内许多企业,包括一些上市公司,在对外担保方面表现得十分随意甚至轻率,从而被卷入纷繁的法律诉讼之中,这必然会影响银行贷款的安全。

案例 3 - 20①

杭州某造纸企业的连环担保资金

2005 年 4 月,杭州所属某市的一家造纸企业不幸倒闭。更不幸的是,在这家企业 1.9 亿元银行欠债的背后,还牵出共计达 30 亿元的企业间连环担保资金,从而引发了一场"地震"。

这家企业的倒闭不是新闻,但是倒闭时身后的一大串担保链就是新闻了。由于这家企业的倒闭,直接导致给它担保的几家企业面临银行的追债,银行一旦抽资,这几家企业也将倒闭,而这几家企业后面还有众多的担保企业,由此往下,可以牵出一大串企业。据统计,整个担保链的金融债务总计高达 30 亿元,杭州金融界的所有金融机构几乎无一幸免。

分析:问题发生后,银行陷入这么一个泥潭中:如果不采取措施,就要眼看自己的贷款成为坏账;如果采取措施,将导致担保链上的企业全部倒闭,损失更加难以想象。所以,为了防止这种尴尬情况的发生,银行在提供贷款的时候,需要认真查询所贷企业是不是存在随意提供担保的行为,是否存在担保链断裂的可能,如果存在,就需要慎重考虑了。

8) 财务管理能力

财务管理能力对企业的盈利性有着重要影响,因为管理会计可以帮助企业分析成本上升的原因以及采取何种措施可以控制成本的过快增长,可以通过编制财务预算分析企业

---

① 《一造纸企业倒闭牵出 30 亿元连环担保金》,《钱江晚报》2005 年 9 月 12 日。

可能在何时会遇到流动性问题,可以分析某项投资的合理性以及相关的融资成本与方式。没有较强财务管理能力的企业即使大祸临头也不会觉察,这类企业最容易出现问题贷款,而且最容易因财务管理混乱而引发经济案件。

案例 3 - 21

宝钢的账户集中整顿

宝山钢铁(集团)公司在 1995、1996 两年时间内,将分散于各大银行的账户进行集中整顿,取消不必要的多头开户,并在中国工商银行和中国建设银行分别设立人民币资金结算中心,将所有对外业务集中于结算中心,并借鉴国外经验在结算中心推行"自动划款零余额管理"(是指在资金管理部门的委托授权下,由银行在每日营业结束后,将收入户中的余额和支出户中未使用完的余额全部划回到资金管理部门的总账户中,各部门的收入和支出账户余额为零)。实行新的资金调度方式需要准确的资金计划以及对各银行的资金了如指掌。为此资金管理部门要求各部门将每日的具体用款以周计划的方式上报。同时,资金管理部门通过电脑联网等方式,从银行获得每日的存款额,以便平衡调度各银行间的资金存量,这样使整个公司的资金沉淀降到最低。1996 年,银行日平均存款余额减少了约 3 亿元,节约利息支出 3 000 多万元。

3.2.1.4 个人信用风险

上面讨论的都是银行对于企业的贷款。现实中,银行有很大一块贷款业务是针对个人的,主要用于生产经营和个人消费等。一般包括个人住房贷款、个人汽车消费贷款、个人经营性贷款、个人小额信用贷款、个人教育贷款等。

这些贷款的共性就是每笔的数目都比较小,与银行给企业贷款的规模相差很大。所以国际金融界普遍认为,企业贷款相当于批发业务,特点是利率低、风险集中,而消费信贷相当于零售业务,利率高、风险分散。但是,个人消费贷款经营成本相对较高,如果操作不好,利息收益很可能被较高的经营成本所侵蚀。

案例 3 - 22①

贵州汽车消费信贷不良贷款逾 5 亿元

审批不严、车市不稳,近三成人弃贷。

贵州筑城市民王先生想不明白,自己从来没向银行贷款买过车,怎么会收到银行催款通知书,要求他尽快归还买车贷款 8 万余元。

2009 年 3 月 6 日,王先生来到中国人民银行贵阳中心支行征信管理处查询自己的信用记录,结果让他大吃一惊。报告显示,他在 2008 年 11 月,在某银行办理了一笔 22 万元的汽车贷款。"我从来没有买过车,3 月 9 日到交管部门查询后,发现银行说我贷款买的那辆皇冠车并不存在。"更让王先生恼火的是,这笔贷款在首付 5 成和支付 3 个月的还款后还有 8 万余元需要归还。

经仔细核对,王先生发现除身份证复印件外,银行提供的相关贷款凭证上面的签名都不是他的笔迹。"有人盗用我

---

① 《贵州商报》2009 年 3 月 12 日。

的身份证件来办理了假车贷。"虽然王先生认为是他人造假,但银行方面表示,只能按照程序来办理,贷款人一定要还款。

市民不断增加的购车需求,带动了汽车消费贷款高速增长。据统计,2008 年年末,贵州省各项汽车贷款余额 22.24 亿元,同比增长 15.3%,其中汽车消费贷款占各项汽车贷款余额的 87%,比 2006 年提高了 7 个百分点。

在汽车贷款大幅度提升的背后,贷款风险也不断累计。"假车贷"、"一车多贷"的现象时常发生。由于车贷违约率上升,汽车消费贷款行业被列为预警品种,大多银行暂停了车贷业务的办理。在车市不断喊"降"的声浪中,汽车消费信贷在 2006 年"解禁"并重新启动,不良贷款随之从 1.5 亿元上升至 5.5 亿元,不良率从 12% 上升至 28%。

分析:导致我国汽车消费贷款出现危机的原因有:

第一,社会信用体系的缺失。

长期以来,我国金融服务领域存在个人信用制度严重缺失的状况,银行难以准确地对借款人进行个人信用的调查、资料收集和评估,只能依据一些职业、行业等标准进行粗略的划分和对个人风险简单分类。无疑,在这种社会信用体系不健全的环境下,汽车消费贷款所依赖的个人信用信息基础极其脆弱,这就必然加大贷款损失的风险。

第二,银行内部管理的缺陷。

尽管各家商业银行都制定了极为严格的汽车消费信贷业务的管理制度、审查管理办法和业务操作流程,但在实际操作中,制度和流程通常都被简化成为仅仅要求由保险公司提供"汽车消费贷款个人履约保证保险",为个人购买汽车的消费贷款的还款进行担保这一极为简单的操作业务。银行过分重视业务的发展与盈利能力,而忽视了对其借款人的还贷能力、资信状况的审查。一旦借款人收入来源和经营收益出现了不确定性,后果不堪设想。

第三,银行信贷人员的失职。

银行信贷人员的职业能力和素质也成为汽车消费贷款的风险因素之一。

不少信贷人员一味地追求经营业绩,放松对贷款质量的严格审查;有的信贷人员干脆将业务委托或放手给汽车经销商、保险公司业务员或担保中介机构操作。

这些非银行工作人员不能严格执行银行贷款业务管理规范和业务操作流程,或接受借款人、经销商的好处,不遵守信贷风险控制的基本原则。

信贷人员对于借款人逾期贷款的追偿和贷后管理基本上依赖保险公司或担保机构,这种责任懈怠和疏忽对于防范和避免问题贷款的产生是极其有害的。

第四,借款者诚信观念的淡薄。

借款人道德观念和法制观念缺失,缺乏基本的诚信和责任感,信用意识淡漠,这就必然加大汽车消费贷款的还贷风险。

案例 3 - 23[①]

投机购房引发的还款危机

王先生 2000 年、2001 年各买一套房子,均有不少收益,胆量日增的他 2004 年开始放量购买,用尽积蓄同时购入 20

套房子,本想房价上涨后逐步兑现,不料多次宏观调控政策出台后,房子全线被套,按揭偿还顿时全线告急!

分析:步入 2005 年年末,各种迹象显示,一向被认为最安全的住房贷款不良贷款率出现上升。虽说即使不良贷款率上升后的住房贷款在银行各类贷款中可能仍属优质贷款,但作为一个警示信号,它却暴露出楼市繁荣期时被掩盖的一些深层次问题。导致本案例的主要原因是市场不景气后,过度投机买房引发的个人还款危机。

2010 年 4 月以来,随着国家对于房地产市场调控的加剧,房地产相关的贷款不良率将会逐步上升。银行除了采取措施规避风险外,能否与相关主管部门共同建立一套多级预警系统,为买房人提供专业指导与意见,也具有重要意义。

3.2.2 来自担保的风险

贷款担保是指为提高贷款偿还的可能性,降低银行资金损失的风险,由借款人或第三人对贷款本息偿还提供的一种保证。

担保是银行防范风险的重要措施,在任何时候,银行持有的担保权益都必须大于未偿还的贷款本息和执行担保所可能发生的费用,除了全额货币、政府债券质押、银行承兑汇票贴现质押、全额保证金承兑、担保,银行保函、备用信用证担保、单证相符的出口押汇、买入票据、票据贴现等业务外,银行在操作其他任何融资形式时,除需要严格审查借款人的经营状况外,还应该严格审核担保条件,使担保真正能够起到降低清收风险的作用,而不仅仅是一种形式。

案例 3-24[①]

啤酒花巨额担保黑洞的"多米诺骨牌"效应

2003 年 11 月 4 日,中国股市又一只老庄股"雪崩",在胡润 2003 年中国内地百富榜资本控制力子榜上名列第 22 位的新疆富豪艾克拉木—艾沙由夫被其公司宣布"无法取得联系"。而他所在的新疆啤酒花股份有限公司发布公告称,目前该公司有 9.878 6 亿元担保款项因故没有对外披露信息,这对公司的财务状况将造成重大影响。啤酒花董事长的突然失踪直接牵扯出巨额的担保黑洞,由于"多米诺骨牌"效应,众多的新疆上市公司都被牵扯进来。11 月 6 日,天山股份(000877)发布公告称,公司于 2002 年 7 月 2 日与啤酒花建立银行等额互保,目前尚有 2 000 万元未归还;新疆众和(600888)11 月 11 日公告称,截止到 2003 年 11 月 10 日,公司对外担保余额为 43 773 万元,逾期担保余额 15 388 万元,其中为啤酒花提供担保逾期 1 500 万元。新中基(000972)11 月 13 日公告称,公司为新疆天彩科技股份有限公司提供了 5 000 万元银行贷款担保,上述担保贷款陆续于 2003 年 8 月月末到期后,天彩公司未能按时归还。而新中基在 7 月 29 日曾经公告称,董事会通过了与新疆众和新增人民币 7 000 万元等额互保的决

---

① 石海平:《啤酒花事件引爆新疆担保圈,问题频现考验监管》。http://www.chinalawedu.com/news/2004_4/10/1145201645.htm。
《新疆担保圈水有多深多米诺效应重击上市公司》,《证券日报》。http://www.ynet.com/Events.jsp? eid=2742804。

议,公司累计与新疆众和的互保贷款额增加至 15 000 万元。

分析:啤酒花对外担保和作出对外担保决议的金额总计178 766.07万元,然而公司 2003 年的净资产只有不到 6 个亿。这样的恶意担保不仅给公司本身带来了巨大的财务风险,也给银行贷款的安全造成了风险。上市公司之间的许多担保出现问题,在很大程度上是由于担保方对被担保方的具体生产经营和真实财务状况不甚了解,仅凭公开披露的信息甚至靠人情关系就进行了担保,最后,一旦被担保公司生产经营出现问题,财务状况恶化,担保方只能自吞苦果。在现有条件下,上市公司之间建立互保关系,一般只能通过公司的财务报表、审计报告、定期报告和中介机构的意见去判断对方的经营和财务状况,对于像啤酒花所存在的深层次、内在的问题根本无法了解和预见。

如果银行盲目采用积极型发展战略,过分追求市场规模,就容易出现一些违规贷款。银行在对担保人进行贷前调查的时候,往往不如对借款人本身调查得仔细,会形成担保风险,担保风险一旦出现,损失将是巨大的。啤酒花巨额担保黑洞事件的发生还对尽快建立社会信用征信体系提出了要求,如果建立起全面的社会信用征信体系,所有公司的贷款、担保资料都可以在系统中查到最新信息,那么,啤酒花巨额担保事件就不会出现。

3.3　操作风险——造成问题贷款的隐性杀手

操作风险一直存在于银行中,而且给整个银行业带来了相当大的危害。

内部原因引起损失的例子很多。例如,著名的外汇交易员李森违规操作最终导致巴林银行的破产;日本大和银行在相当长一段时间里,资金交易的前台与中台没有分离,在 11 年间共有 3 万多笔交易没有经过授权,最终导致 11 亿美元的损失;2002 年,内外勾结虚报事件导致联合爱尔兰银行 7.5 亿美元的损失;2004 年,澳大利亚最大的国民银行因为 4 个交易员私自操作在 3 个月内导致 4 亿美元的损失,凡此种种,不一而足。至于外部原因引起损失的例子则有贷款和信用卡诈骗、虚假按揭等。

操作风险总是发生在具体的业务流程中,此处我们采用巴塞尔委员会关于操作风险的定义,即

> 由于内部程序、人员、系统的不完善或失误及外部事件造成损失的风险为操作风险。

案例 3 - 25

利用系统漏洞的盗窃

2001年×月×日,国内一家商业银行在全行系统清查中发现某支行4.83亿美元资金对不上账。在后来的调查中发现,该笔资金被该支行连续三任行长从 20 世纪 90 年代初至 2001 年,利用该行联行清算系统中的漏洞,将资金盗用并通过种种方式转移到国外。由于清算系统的落后以及有效内部稽核的缺失,这样的窃取行为得以持续10年之久,最终酿成巨额损失。

案例 3 - 26①

问题贷款识别与防范

贷款欺诈案给 Countrywide 带来坏账

据《华尔街日报》报道,一宗精心设计的借款欺诈案给抵押贷款银行 Countrywide Financial Corp.(CFC)带来坏账。

该报表示,借款人表示被骗借款用来买进印第安纳州房价虚高的住房。所涉及借款总额最高为 8 000 万美元,Countrywide 已向这场诈骗案的组织者提出诉讼。

为了对操作风险进行管理,还必须确定银行面临哪些类型的操作风险,对每一类型的操作风险事件严格定义,以分析这一类事件的原因和可能造成的损失,并针对不同类型的风险进行管理。经过国际银行业充分的讨论和沟通,目前基本上就操作风险分类达成了共识,表 3 - 3 表示巴塞尔委员会和美国监管当局都采纳的操作风险分类方法。

表 3 - 3

新资本协议关于操作风险的分类和对应的业务举例②

事 件 类 型	事件类型细分	业 务
内部欺诈	未经授权的活动	交易不报告
	盗窃和欺诈	配合信贷欺诈/挪用公款/盗窃
外部欺诈	系统安全性	黑客攻击/盗窃密码
	盗窃和欺诈	伪造/抢劫

① 新浪财经,2006 年 9 月 29 日。

② Third Consultative Paper on the New Basel Capital Accord, www. bis. org, Apr. 2003 Basel Committee.

(续表)

事 件 类 型	事件类型细分	业 务
就业政策和工作场所安全性	劳资关系	罢工/薪酬福利纠纷
	安全性规定	违反员工健康及安全规定事件
	性别和种族歧视事件	所有涉及歧视的事件
客户产品及业务操作	适当性/披露/信托责任	违规披露客户信息/违背合同条款
	不当的业务或市场行为	内部交易/洗钱
	产品瑕疵	产品缺陷
	客户选择/风险暴露	未按规定审查客户资料/超过限额
	咨询业务	因提供建议咨询而引起的纠纷
实体资产损害	灾害和其他事件	自然灾害/火灾、恐怖袭击
业务中断/系统失败	系统故障	软件/硬件/电力,电信传输问题
执行、交割和内部流程管理	交易认定,执行	交割失败/抵押品失效
	监控和报告	为履行强制报告职责
	文件记录	法律文件缺失/客户资料丢失
	客户账户和管理	未经批准的登录/客户记录错误
	交易对手	非客户对手方的失误和纠纷
	外部销售和供应商	与外部供应商产生纠纷

第3章 问题贷款的产生

　　分析:通过表3-3我们可以对操作风险有一个感性的认识,下文关注更多的是与形成问题贷款有关的那部分操作风险。

3.3.1 银行内部管理缺陷与问题贷款

尽管企业本身和外部经济环境的变化都有可能导致问题贷款,但是银行遭受问题贷款困扰的另一个主要原因却是银行内部管理不善,如信贷操作不当,操作失误等。实践证明,一些贷款不能及时全额收回的原因并不完全在借款人一方,银行对贷款缺乏有效管理与控制是产生问题贷款的主要原因之一。

但不幸的是,绝大多数饱受问题贷款困扰的银行都不愿意承认这一点,反而常常将问题贷款的大量存在归咎于外部环境的多变和企业经营绩效差,或者归罪于前任经营管理者,从而错过了检讨自身、改造自我的机会。长此以往,银行工作人员自觉不自觉地生活在这样一个谎言中:银行内部管理没有问题,即使因工作失误或主观原因造成了问题贷款也不一定要承担责任(于是有些道德存在问题的人更加胆大妄为了),只要外部环境趋好或企业经营情况好转,银行完全有机会摆脱问题贷款的困扰。殊不知就是在这种消极等待中,银行已经大祸临头了。现就以下几个方面分析银行信贷管理缺陷可能导致问题贷款发生的若干原因。

3.3.1.1 高级管理层职业道德和管理能力

银行高级管理层是银行信贷文化的"缔造者"和"维护者",他们的任何言行都会引导信贷文化健康发展或者使其走向混乱。具体表现有:

第一,一些银行高级管理人员的职业道德存在问题,如点贷、通过贷款"寻租",或者听任亲信损害银行利益等,基层管理人员或员工上行下效。正因为某些高级管理人员自己的职业道德存在瑕疵,他们无法有效地约束基层管理人员和一般的信贷人员,于是信贷政策不被尊重,失职或故意造成问题贷款而没有受到应有的惩罚。在这种信贷经营环境下,问题贷款必然增多。

第二,虽然一些高级管理人员没有明目张胆地通过贷款谋求个人经济利益,但可能以贷款作为交换条件,从而实现个人政治目的,在这种情形下发放的贷款成为问题贷款的可能性也很大。

第三,一些高层管理人员急于显示业绩或迫于董事会压力而过分注重短期行为,如过分追求利润。这种短期行为可能使得银行为了实现本年度的利润目标而不计后果地进行信贷扩张,不愿意核销坏账。

这种经营方式就是把今天的问题留待明天去处理,必然会损害银行的长期利益、股东的长期利益甚至债权人的利益。在这种心态或观念驱使下的信贷操作不可能完全符合贷款风险控制标准。这种短期化行为造成的经营业绩可能是令人振奋的:盈利情况好、股东回报率高、职工薪酬高等,没有人意识到或认真去思考这种"繁荣"的背后银行将面临怎样的命运。

第四,一些高级管理人员不知道如何控制信贷风险,工作方法讲究形式而不注重实效,因此无法构筑起银行防范信贷风险的屏障,许多重要的风险控制点没有设防。

第五,高级管理人员管理下属不当。一些高级管理人员不能自觉及时地维护信贷政策,不能及时地对那些制造问题贷款的信贷管理人员实施必要的惩罚。

综上所述,可以发现这些问题的动因是:

(1)高级管理人员通过贷款谋求经济利益。

(2)高级管理人员通过贷款谋求政治利益。

（3）高级管理人员过分注重短期行为。

（4）高级管理人员不知如何控制操作风险(和信用风险相联系)。

（5）高级管理人员管理下属不当。

案例 3 - 27[①]

陕西严打官员贷款逾期不还行为

2009 年,陕西省一些党政机关及其工作人员利用公权违规信贷和逾期不还,成为陕西省基层党风廉政建设的一个重要问题。为了遏制歪风邪气,陕西省政府采取相关清理措施,有力地打击了党政干部贷款逾期不还的行为。

据时任陕西省监察厅副厅长岳崇在陕西省政府召开的全省清理农村合作金融机构涉政贷款专题会上介绍,2009 年 2 月,陕西省监察厅与陕西省农村信用社联合社共同下发了《关于清理党政机关及其工作人员拖欠农村合作金融机构贷款的通知》,决定从农村信用社着手清理党政干部贷款逾期不还行为。

这些措施实行后,取得了一定的效果。据时任陕西省农村信用社联合社副理事长陈又林介绍,截至 2009 年 9 月月末,全省农村信用社已清收不良涉政贷款 2.23 亿元,占到应收回数的 8.17%。

时任陕西省常务副省长赵正永表示,党政机关的不良贷款已严重影响了党和政府的形象,严重影响了社会信用体系的

---

① 新华网,2009 年 11 月 20 日。

建设。对于党政机关及其工作人员拖欠农村合作金融机构的逾期贷款,陕西省政府今后将会继续强有力地加以清理。

3.3.1.2　信贷管理导向

这些所谓"导向"大多体现在贷款发放的审慎程度、业绩考核等方面。

银行在贷款审批中所表现出来的谨慎、严格对一般信贷人员的工作作风有直接影响,如他们会自觉地拒绝风险较大客户的贷款申请。如果审批部门过于宽松,对客户要求过低,信贷人员对客户的要求将会更加低,甚至将风险较大的贷款申请提交审批部门审批,希望能蒙混过关。

业绩考核的导向给信贷工作人员指明了努力的方向,如果业绩考核中没有适当突出风险控制,信贷人员一般不会严格要求自己。目前,大多数银行对信贷人员都设有存款任务指标和其他指标,在考核业绩时,存款指标所占权重较高,形成"以存款论英雄"的局面,只要存款多,不论其他方面表现或个人职业素质如何,都可以多加工资、多得奖金。有的银行甚至将存款完成任务数与贷款发放权联系在一起,即存款越多发放贷款的权力就越大。在这种考核指标的引导下,贷款管理就会放松。大多数银行对其分支机构的考核也存在"重存款、轻贷款质量"的现象,这在实际工作中很容易形成为了存款而主动牺牲贷款质量的倾向,问题贷款因而大量产生。

从某种意义上讲,信贷管理导向和业绩考核导向的这种失误,是造成我国银行业普遍存在"重存款、重贷款、轻贷款质量和管理"现象的主要原因。如果不纠正这种倾向,那么贷款质量问题就不可能有较大的改善。若干时间之后,我国银行业可能会再一次遭受大量问题贷款的困扰。对银

第3章　问题贷款的产生

行而言,重视资金来源无可厚非,但贷款质量更直接关系到银行的生死存亡,绝对不应该"厚此薄彼"。重视资金来源的目的无非是为了通过贷款赚取利差,如果仅为了利差而忽视本金的安全,岂不是舍本逐末?

3.3.1.3　信贷操作不当

如果说高层管理人员的职业道德和管理能力以及信贷管理缺陷是造成问题贷款的宏观原因,那么信贷操作不当则是造成问题贷款的微观原因或具体原因。

实践中,银行信贷操作不当是形成问题贷款最为常见的内部原因。信贷操作不当主要表现在:

- 违反有关法律与法规发放贷款;
- 违反银行内部信贷政策和操作规程发放贷款;
- 缺乏有效的贷款监督并影响到贷款的及时足额收回;
- 对到期贷款催收不力;
- 对担保缺乏有效控制;
- 法律文件缺乏完整性或合法性;
- 对单一客户或特定行业的贷款过于集中;
- 对问题贷款疏于管理而使问题恶化;
- 贷款期限不合理等。

如果从贷款的操作流程去分析,贷款存在"先天不足"的原因绝大多数是因为信贷操作不当所致。因此,银行必须确保在任何时候都不会违背信贷政策。

3.3.2　银行内部人员欺诈与问题贷款

3.3.2.1　银行内部人员欺诈的表现

银行内部信贷人员欺诈行为通常表现为:

● 与贷款企业内外勾结骗取银行贷款，向借款人收取高息或回扣；

● 用银行贷款换持企业股份；

● 个人私自成立企业或由其亲属成立企业然后通过其向银行骗取贷款；

● 向借款人借款用于个人经商或账外吸储或账外放贷等。

只要银行信贷人员与借款企业有上述行为，贷款安全就无法保证。

3.3.2.2　银行内部人员欺诈的动因

信贷人员的上述行为大多是有预谋和原因的，因此银行管理人员通过对信贷人员的思想状况和行为进行观察与分析，可以防范一些欺诈行为发生的。这些原因通常包括：

吸毒、包养情妇、挥霍无度、赌博、投资出现损失、借高利贷、对工作或领导严重不满、不正常的致富心理、家庭经济压力大而不能正常对待、出国定居留学但资金压力很大等。

此外，信贷人员在实施这些欺诈行为之前或之后，通常要做些准备工作，这些准备工作可能包括：

准备离行、移民、准备护照出国、销毁有关贷款文档、更换银行账户和个人通讯方式、投资变现或提取大量现金、工作内容之外的联系骤然增多、经常翻阅一些有关法律或旅游书籍等。

因上述原因形成的问题贷款收回的可能性较小，因此银行信贷管理工作不仅要防范借款企业的外部欺诈，还要随时掌握信贷人员的思想状况和行为变化，以防范内部欺诈。

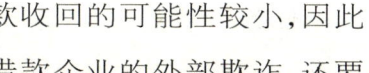

案例 3 - 28

中国银行大连分行员工挪用银行资金案

时任大连市公安局新闻发言人徐宝贵在 2005 年 3 月 26 日上午召开的新闻发布会上介绍，1 月 21 日，大连市公安局接到中国银行大连分行报案，称该银行营业部员工翟昌平有挪用银行资金作案的重大嫌疑，并且已经逃跑。大连警方立即投入大量警力一边清查银行账目，一边实施追捕。最终公安机关在黑龙江将其抓获。

经警方初步审理，翟昌平供认自己利用工作之便，挪用银行资金 600 万美元左右，大部分赃款用于赌球和挥霍。严格地说翟昌平就是中行大连分行营业部一个普通的"输机"员，还不是会计，但是他却能够利用自己的岗位和权力给国家造成如此巨大的损失，实在令人难以置信。

分析：犯罪嫌疑人翟昌平非法窃取银行资金的作案手段，是利用了银行管理和监控的漏洞，很有可能是通过记账外账、记假账、窃取他人计算机或与一些不法客户进行勾结等办法，实现对银行资金的个人占有。翟昌平挪用银行巨额资金案，再次向金融机构及其监管部门敲响了风险防范的警钟。改革和完善商业银行的体制与工作方式，建立健全严格的资金监控制度，是建设金融安全体系的紧迫任务。

3.3.3 借款人外部欺诈与问题贷款

借款人外部欺诈可以分为企业欺诈和个人欺诈。

3.3.3.1　企业欺诈

企业欺诈行为又可以分为普通欺诈行为和严重欺诈行为。

1）普通欺诈

所谓普通欺诈行为,是指企业主要通过向银行提供部分虚假信息以改善本企业的资信状况,获得用于生产经营活动的贷款。

这种欺诈行为的主要特征有:

（1）企业向银行提供的信息部分虚假。

（2）提供虚假信息的主要用意在于提高其资信状况,期望获得银行的充分信任。

（3）获得的贷款主要用于真实的生产环节。

普通欺诈行为通常表现为:

- 夸大销售额;

- 低报应收账款;

- 压低存货量;

- 低报负债或将短期贷款转移成为其他应付款,将期限一年以上的应收账款转移成为其他应收款;

- 资产重复计算;

- 资产重新评估增值计入资本公积;

- 夸大企业产品的受欢迎程度;

- 向银行炫耀企业有重要背景或与其他银行关系非同寻常;

- 向经办行或经办信贷人员表白企业领导人与银行高级管理人员关系不错;

- 许诺给银行经办人员一定的好处或方便;

- 承诺给银行引存一定数量的存款但常常不能兑现;

第3章　问题贷款的产生

● 采取合法方法多计销售收入、利润、资产；

● 少计成本、负债、损失。

企业的这些表现目的在于获得银行信贷人员的信任，希望如愿以偿地取得贷款，多数企业还是能够将贷款用于真实的生产经营。此类企业大多流动资金比较紧张，生产仍能正常进行。如果经营顺利，企业也不愿意因拖欠贷款而在银行留下不良记录，即使出现企业无力按时归还贷款的情况，也通常愿意与银行配合。一些中小企业，由于企业财务状况一般，很难获取银行贷款但又急需资金，因此通常想方设法改善本企业的财务指标以取得银行信任。一些资金较为紧张的大企业集团，也常常利用下属公司多，合并财务报表做假很难发现等特点，采取上述手段争取银行的贷款支持，但这些企业集团的贷款可能风险更大。

2）严重欺诈

严重欺诈是指企业通过一切手段从银行获得贷款并将贷款主要用于企业主营业务以外的行业或挪用贷款而获取个人利益。

这种欺诈的主要特征有：

（1）为了获得贷款，企业及主要领导不惜采取一切手段（包括违法手段）。

（2）企业及其主要负责人对企业的经营并不真正关心，甚至企业根本没有正当主业，或者注册企业的目的就是为了更方便地取得银行贷款。

（3）企业获得的贷款并不用于主要业务，而是以转移、投资、奢侈消费等方式变公为私，鲸吞企业资产。

发生严重欺诈行为的症状通常有：

- 向银行管理人员和信贷人员送钱送物或投其所好;

- 有时所提供的各种资料都是假的;

- 提供的财务报表异常"完美",大多数员工对企业经营状况并不十分了解;

- 关联企业较多且大额资金往来频繁;

- 现金收支往往被一人控制;

- 主要管理人员也不完全知道主要负责人在干什么;

- 轻易答应银行苛刻的贷款条件;

- 以联络感情为名请银行工作人员参加宴会或去高级娱乐场所;

- 主要负责人盛气凌人,挥霍无度,将子女送往国外,长期保持独身;

- 主要负责人有吸毒、包养情人、嗜赌等恶习;

- 公司现金支出较大而没有现金收入且现金用途不明;

- 对银行的信贷规章制度、风险测评分析方法,高级管理人员的变动与习惯、爱好等非常感兴趣;

- 主动积极为银行信贷人员办一些较为难办之事以显示其社会活动能量;

- 主要负责人在企业内不受任何制约;

- 主要负责人或经办人拥有其他秘密公司;

- 主要负责人拥有一些令人怀疑或与企业经营没有关系的头衔。

这类欺诈行为主要以骗取银行贷款为最终目的,且通常利用、拉拢或腐蚀银行管理人员和信贷人员,因这种欺诈而造成的问题贷款风险极大,收回的可能性很小。

案例 3－29①

美国按揭贷款欺诈活动随着
住房市场繁荣而频发

2007 年，美国人希尔（Phillip Hill）成为全美当时发现的涉及最大宗按揭贷款欺诈案的首恶。

他诱惑人们出席自己举办的豪华住宅家宴，并要求在购房交易中使用这些出席人的姓名和信用史，并承诺让他们变得更富有。一些出席宴会者在签署协议后便能获得 1 万美元支票。希尔居住的亚特兰大市住房交易造假为全美最猖獗地区之一，该地区整体房价由此大幅上涨。希尔的案子涉及 400 份欺诈性贷款申请，贷款金额近 1 亿美元；检察机关称，此诈骗案共涉及 120 个有密切关联的律师、估价师、按揭贷款机构和其他方面。联邦检察机构称，这类造假欺诈案并非在美其他各州绝无仅有，罪犯无一例外地利用了当时普遍出现的放松贷款标准。

分析：美国 2007 年不动产市场的繁荣主要是因信贷标准放松所致，由此带动过度和虚假需求，令房价猛涨。但人们对贷款标准放松可能会带来按揭贷款欺诈行为大量增加感到担忧。无人能确切了解究竟这种犯罪规模有多大，但联邦政府最新数据显示这种犯罪活动已是 2000 年的 10 倍。检察机关在全美各州都发现了以欺诈性评估为依据的虚假住房交易，导致房屋的成交价远高于实际价值。

此外，按揭贷款机构也并未认真执行安全审核程序。

---

① 中国经济网综合，2007 年 4 月 11 日。

3.3.3.2 个人欺诈

个人欺诈指的是个人贷款者在得到贷款后,缺乏还款动机,无限期地拖延还款时间。由于个人的行为不像企业那么可预测,行为的主观性很强,如果没有较强的约束力,个人很容易产生欺诈行为。比较典型的就是助学贷款、房贷、车贷以及信用卡的欺诈。

案例 3-30[①]

广东高校助学贷款违约率攀升,6 年激增 14 倍

据中国之声《新闻和报纸摘要》2009 年 12 月 11 日报道,国家助学贷款政策推行 10 年来,已有超过 400 万贫困学子受益。但同时,一些高校助学贷款违约率也在不断攀升。广东省一些高校的助学贷款违约率几年来持续增长。

广东一所外贸大学助学贷款负责人说,2008 年该校有不少毕业生没有找到固定工作,规定的固定还款日 12 月 20 日就有 390 个学生违约,没有按时向银行指定账户缴存利息,这些学生当年度应偿还的利息总额在 173 元至 250 元之间。

据统计,该校 2003 届毕业生的利息未还款率只有 6%,但 2009 届毕业生的利息未还款率高达 84%,激增 14 倍。

广州的几所高校作为助学贷款保证人每年向银行缴纳的风险补偿金几乎都收不回。同时,催还助学贷款也成为高校的难题之一。因为学校要耗费大量人力、物力负责追回贷款,但学生毕业后分布各地,学校对他们根本没有约束力。

---

① 中国广播网,2009 年 12 月 11 日。

第 3 章 问题贷款的产生

分析:高校学生接受助学贷款本身就应该是一个法律行为,依靠学校管理和道德约束,根本起不到威慑作用。对于银行来说,发放助学贷款实际上更像是一项政治任务,而非经营行为。由于大学生的还款能力存在不确定性,而且缺少外部的制约,违约成本很低,很可能产生不还款的主观动机,所以银行对于发放助学贷款需要慎重。

案例 3 - 31 [①]

2009 年上半年信用卡不良贷款大增, 不良率攀升

信用卡不良贷款大增,不良率攀升的现象在 2009 年上半年集中出现。尤其是某股份制银行,其信用卡不良率由 2009 年年初的 2.67% 增至当年 6 月月末的 5.74%。业内人士指出,金融危机冲击导致持卡人还款能力下降,以及信用卡仿冒欺诈、恶意套现等违法行为泛滥,是信用卡不良贷款大幅增加、不良率攀升的主要原因。这给商业银行过快扩张信用卡业务敲响了警钟。

某股份制银行 2009 年半年报显示,该行信用卡不良贷款余额由年初的 2.98 亿元,增至今年 6 月月末的 6.55 亿元,增幅达 119.8%;信用卡贷款不良率也由年初的 2.67% 增至 6 月月末的 5.74%。这家银行信用卡中心总部设在深圳,上半年该行信用卡业务实现税前盈利 1.29 亿元。

2009 年上半年,招商银行、兴业银行、深圳发展银行信用

---

① 新浪网,2009 年 9 月 14 日。

卡不良率也出现攀升，上升幅度均在 0.5 个百分点以上。分别为，招商银行上升 0.54 个百分点、兴业银行上升 0.68 个百分点、深圳发展银行上升 1.61 个百分点。

信用卡发卡规模处于前列的中国工商银行、中国建设银行、中国银行 2009 年上半年报未披露信用卡不良情况。

分析：信用卡不良率攀升与经济调整环境下持卡人还款能力下降，信用卡仿冒欺诈、套现猖獗等有关；同时也与商业银行经营理念、经营策略有关，银行所选择的客户群体信用如何、还款能力如何，直接影响到信用卡贷款的质量。前些年粗放式的扩张模式无疑为 2009 年信用卡不良率攀升埋下隐患。

信用卡欺诈包括两种情况：第一种指的是持卡人透支刷卡购物或者提取现金后拒不还款，对银行造成损失的情况；第二种指的是犯罪分子冒领、盗用、伪造持卡人的信用卡，给持卡人造成损失的情况。

对于第一种情况，银行在发行信用卡的时候，需要认真甄别申请者的个人诚信水平，如果存在诈骗前科的，一般应该拒绝为其办理信用卡，对于没有不良历史纪录的申请人，也需要具有一定的社会地位，具有一定的收入水平，以降低欺诈发生的可能性。

对于第二种欺诈，银行作用有限，除了加强对持卡人的安全防范意识教育，增加监控设备等方法外，没有特别好的办法。这同样依赖于社会治安环境和社会诚信状况的改善。

3.4 中国产生问题贷款的特殊原因

3.4.1 体制性原因

国有企业的体制问题造成我国银行业大量的问题贷款，

这是因为：

（1）国有企业制度不适应市场经济导致的大量亏损。大量国有企业的产品结构、产品质量与市场需求脱节，导致国企亏损，贷款渐渐变成了呆账、坏账。

（2）国有企业和国有银行都归国家所有，产权关系不明晰造成国企贷款的软约束。

相当数量的国有企业从银行借钱的时候根本就没有考虑过要还钱，因此他们对贷款的需求是无限的，这种没有任何约束的银行贷款容易变成问题贷款。

（3）国有商业银行是国有企业最大的债权人和最主要的亏损承担者。

（4）国有企业长期没有足够的资本金，负债率过高，大量贷款已经作为资本金使用了。

1982 年以后的改革中，首先将企业所需的流动资金全部改为银行贷款；然后扩大固定资产投资中向银行贷款的比重，一些大型项目甚至根本就没有国家拨付的资本金，全部依靠银行贷款建成投产。国有企业的亏损无法用所有者权益来冲减，于是银行就成了国有企业经营风险的转嫁对象。

（5）改革成本论。

在中国市场化经济体制改革过程中，大量国有企业倒闭、经济结构大变动，制度风险和市场风险混合在一起，产生了大量的问题贷款。制度经济学中称为"制度风险不可避免论"和"改革成本论"。

（6）国有企业破产、兼并、收购、租赁、承包等改制行为中大量逃废国有商业银行的贷款债务。

（7）"赖账经济的传染性"。当国有企业制度性的"赖账行为"给国有企业自身带来利益的时候，这种行为也传染给非国有企业和其他经济实体。

3.4.2 政府过度干预

政府的适当干预是正常和必需的,但过度的干预是不正常的。

"东亚模式"是政府过度干预的典型代表。东亚模式有两个显著特征:一是政府主导经济,过度参与经济活动;二是以间接融资为主,商业银行是"准政府机构"。在亚洲的经济、社会及人文环境下,由于缺乏市场约束机制,企业的间接融资方式逐渐滋生出一些弊端:企业的正常融资被"政府融资"和"关系融资"所取代;企业与银行之间的经济关系被严重扭曲。"政府融资"是指政府按照既定的产业政策,指令银行对某些企业进行贷款支持,根本不考虑银行本身的效益和安全。"关系融资"是指企业凭借各种公私关系向银行申请贷款,银行为了保持与企业的关系不对企业及融资项目进行严格的审查,盲目提供贷款。关系贷款使银行与企业间形成紧密的依存关系,银企之间正常的借贷关系被它们的合作或勾结所代替,当初共生共存的关系在危机中往往演变成共衰共亡的关系。

案例 3-32

农业贷款的缺口

2004年3月12日,中国人民银行公布了当年1~2月份的金融运行情况,其中的统计数据显示,农业贷款增长迅速,当年头两个月增加了802亿元,同比多增加304亿元。有趣

的是,2004 年 3 月 17 日,国家统计局发布的固定资产投资情况称,当年 1~2 月份的农业投资只有 10 亿元,同比下降了 25.1%。两个数据一经对比,就会发现有高达数百亿的农业贷款并没有用在农业投资上。时任北京师范大学金融研究中心主任的钟伟博士认为,不能排除有些地方打着农业贷款的旗号,资金却被用于基础产业的投资和重复建设。由于重复建设和基础投资的收益率十分低,有的甚至是建成就亏损,导致贷款的风险增加,可能成为问题贷款。

分析:一些地方政府出于地方保护主义的思想,认为地方企业是自己人,而银行的钱是国家的,即使损失也与自己无关。这就导致了地方政府干预商业银行的贷款工作。由于近年来国家对农业投入的增加,这些地方政府纷纷把目标对准了农村金融机构,而这些金融机构受到行政的干预,只好违反贷款原则,改变贷款用途,造成了问题贷款的隐患。

四大国有股份制银行是由国家占绝对控股权。国家(各级政府)作为全民所有者的代表,具有多重目标:在经济上要保持可持续性的经济高速增长,在政治上要保持社会稳定;作为全民财产所有者的代表,要参与银行经营利润的分配;而作为全民利益的代表,又要保持稳定的社会环境、实现其他政治经济目标。这就必然导致由其控制经营的国有商业银行政企不分。

由于政府过度干预而造成的问题贷款,究其原因,有以下几点:

(1) 国家要求国有商业银行的贷款"必须"为国有企业改革服务,然而资金的安全性、流动性却没有保障,并且国有商业银行自身也把"支持国有企业改革"作为任务和成绩。

(2) 政府有时把国有商业银行作为"宏观经济调控"的主

体部分,经济过热时让其压缩贷款,经济萧条和需求不足时又让其增加贷款,对经济周期的影响很大。

(3)中央政府用国有商业银行贷款替代财政资金,例如在安排大型项目建设计划时,部分资金缺口留给国有商业银行贷款安排;援助性贷款,例如灾后贷款、政策性的扶贫贷款等。

(4)地方政府的干预手段和形式很多:各级政府通过指令性贷款、强制贷款、关系贷款、强制担保等手段干预金融机构的业务。

例如通过"现场办公",帮助项目取得银行贷款,导致政企不分,官商套取贷款不还,有些行为实际上是严重的金融腐败。某些地方政府想方设法向银行施加压力,以便为本地区争取到更多的政策性贷款;在清理银行不良债权的过程中,则对本地企业竭力维护,甚至帮助企业通过破产清算等途径逃废银行债务,或者利用地方司法部门帮助地方企业逃废贷款债务等。

3.4.3 商业银行自身经营管理问题

由于商业银行自身经营管理问题而造成的问题贷款,主要有以下几方面的原因:

第一,贷款政治交易论。

在公有制银行体制下,各级行长可能以贷款为筹码作交易,交易对象可能是各级政府,高级官员,也可能是非政府企业或个人。交易目的从"委员"、"副省级"、退休后的人大/政协职位,到孩子就业,无所不包。这种广义的贷款交易论与一般的"以贷款谋私利"有点不同。中国的官本位体制和各级行长的政治偏好是交易论的基础。

第二,国有商业银行改革滞后。

商业银行经营机制不适应市场经济,没有利润目标约束,缺少内部风险控制制度、贷款审查制度薄弱,没有真正形成现代商业银行的贷款管理经营机制,安全性、流动性、效益性的经营原则难以真正落实到位。

第三,决策机制不健全。

决策权过于集中,对经营决策缺乏有效的约束机制;组织结构不合理,依然具有浓厚的行政色彩,机构庞杂,环节众多,责权不明确;稽核审查制度不落实,不规范的信贷行为时有发生。

第四,商业银行"自愿"的问题贷款。

有许多贷款在发放之时就知道收不回来,从银行方面看完全是"自愿"造成问题贷款。这里有个人行为,也有机构行为,有与地方政府、企业的交易行为,也有以贷谋私等违法、违规行为(如"账外账")。

第五,国有商业银行主动接受的行政干预,由此形成的"问题贷款"对各方都有利。

尽管过度的行政干预是造成银行问题贷款的主要原因,实际中,这些现象还是越来越多,原因是这种做法对有关各方都有好处:政府官员可以有"政绩",有投资项目和 GDP 的增加;银行官员可以获得政府的好评;对获得贷款的企业(项目)而言更是好处多多。这就导致了在实际工作中,商业银行本身并不完全排斥政策性贷款和政府干预行为的存在;相反,商业银行的某些官员还可以从中获益。这也是一种道德风险。

第六,人事和激励制度僵化。

在"官本位"的人事制度下,银行各级经营者(分支行长)

带有明显的短期功利主义倾向,他们要维护自身利益就必须迎合上级委任者在经营方面以及经营要求之外的各种需求。这样,贷款安全性和经济效益就不是委托者寻找代理人的唯一标准,甚至根本就得不到重视。

第七,问题贷款的地理"趋同性"。

如果分地区来看,同一家国有商业银行在不同地区的分行问题贷款比例相差较大。例如,在某些地区,各家商业银行(或分行)的问题贷款比例都较低;而在另外一些地区,各家银行的问题贷款比例都较高。这似乎是一个"悖论":"在某种制度因素约束下,银行问题贷款比例与银行本身管理无关,而与所在地区有关。"实际上问题贷款地理趋同性和地方政府的过度干预有一定关系。

3.4.4　其他原因

第一,中国信用基础脆弱性风险。

在高度集中的计划经济时期,商品货币关系受到极大的漠视和淡化,以此为基础的信用关系也难以顺畅发展。人们没有形成按信用规则办事的习惯,与信用活动相关的"游戏规则"——信用制度、法制、法规等也不健全,社会经济活动是按计划而不是按合同和契约进行,社会信用基础脆弱。改革开放以来,社会公众的商品意识、金融意识在提高,但信用素质没有提高,甚至可以说在下降,借钱不还、强制拖欠甚至金融诈骗等案件屡有发生。中国市场经济的发展,在注重信用关系量的扩张的同时,忽视了信用关系质的提高,忽视了对全社会信用基础的构造和夯实,没有形成"遵信、守信、重信"的制约机制和执法基础。人欠、欠人的债务链在恶化信用关系的基础上破坏了信用环境。

第二,泡沫经济后遗症。

20世纪90年代以来我国曾多次受到泡沫经济的侵袭。1993年的房地产热,1996年年底、1997年年初以及2001年和2007年的股市不正常高涨,2005—2010年房地产市场的狂热发展和房价的畸高,无一不是泡沫经济的表现。银行资金的大量流入使这些部门的资产价格迅速膨胀;而房地产、股票价格的膨胀又使利用这些资产进行抵押的贷款进一步膨胀。当泡沫破裂、资产价格大幅回落时,银行作为金融市场和房地产市场最主要的资金注入者也就成了首当其冲的金融风险承担者,大量贷款变成问题贷款。1997年以前,四大国有商业银行海南分行的问题贷款比例均在60%以上,且都是房地产贷款。2009年天量信贷的投放,导致资产价格飙升,相当一部分信贷资金流入了虚拟经济和泡沫经济领域,使我们再次感受到泡沫破裂的隐忧。

第三,金融监管不力。

我国金融监管的体系,监管理念和监管方式还不完善,"大检查"、"治理整顿"和"紧急通知"等运动式的金融监管行为仍时有发生。

第四,贷款规模的迅速膨胀。

2006年以来,我国金融系统的贷款规模迅速膨胀,截至2011年年末的贷款余额已经高达54.8万亿元人民币,如此高速的信贷增长和贷款余额必然导致问题贷款的产生和不良贷款率的上升。

3.5 我国问题贷款成因的统计分析

问题贷款产生的原因是多种多样的,但是,究竟哪些原因引起的问题贷款最多呢？这需要对各家银行大量的贷款数据进行综合分析,而且由于各个地区问题贷款的基本情况各不相同,如东北老工业地区问题贷款率偏高,而长三角地区该比率就相对较低,所以需要区别对待。例如：截至2001年年末,东北三省四家国有商业银行的问题贷款总额为2 655亿元,问题贷款率37.7%,比全国平均高出12.3%,比国家规定的监管指标高出22.7%,比国际警戒线高出27.7%。

据中国人民银行沈阳分行组织的对东北三省四家银行47个二级分行引发问题贷款的原因检查发现,主要由于企业问题和宏观经济等外部原因产生的问题贷款约占全部问题贷款的88%。其中,由于政策调整形成的占12%;企业经营管理不善形成的占29%;企业兼并破产等逃废债务形成的占14%;企业流动资金不足长期垫付形成的占6.9%;行政干预形成的占0.6%。

经过对全国大量银行贷款数据的统计分析可以看出,引起问题贷款最主要的是企业问题和宏观经济等外部原因,占所有问题贷款的85%。其他原因只占15%不到(如图3-2所示)。

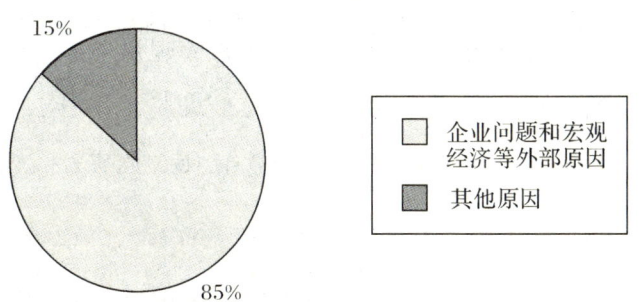

图3-2 问题贷款形成的外部原因和内部原因统计

所以企业问题和宏观经济等外部原因是最值得关注的。再细分这些主要因素,我们可以看到企业经营管理不善

占到 29％以上；企业兼并破产等逃废债务的占到 14％左右；宏观政策调整导致的问题贷款占到 12％，企业流动资金不足大约占6.9％，政府行政干预导致的问题贷款实际上还是比较少的，只占到0.6％不到，其余部分是由其他原因造成的(如图3－3所示)。

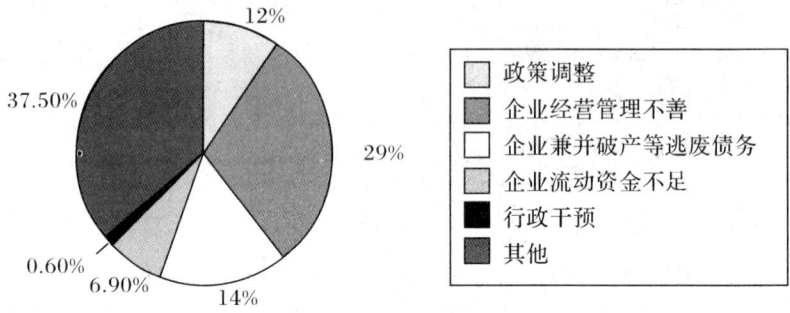

图3－3　问题贷款形成原因统计

我们分析了产生问题贷款的各项原因的比例，就可以知道哪些因素容易引起问题贷款，哪些因素引起问题贷款的可能性较小，做到有的放矢，心中有数。

思　考

◇ 怎样评价客户的经营风险和管理风险？

◇ 市场风险对于问题贷款的形成起到了什么作用？

◇ 操作风险对于银行的贷款有什么危害？

第二部分

实 务 篇

　　认识篇主要介绍了问题贷款的基本概念,并使用巴赛尔协议的风险监管框架分析了造成问题贷款的种种原因,从总体上阐明了应对问题贷款的对策和原则,但并没有涉及具体的操作。在现实中,银行面对的情况错综复杂,对于不同成因的问题贷款,银行如何才能有针对性地进行识别、防范,就是本篇要解决的问题。

　　本篇针对商业银行问题贷款的三大主要成因:市场风险、信用风险和操作风险,分别介绍了如何根据成因来识别和控制问题贷款的实务操作方法。有些方法已在我国银行中得到了广泛的应用,如贷款五级分类法,资产分散化等;而有些方法则是国外银行实践中比较流行的,但是国内的应用还处于空白或者蹒跚学步的阶段,如经济资本,RAROC 等。

　　每种方法都有具体的适用条件和环境,国际上流行的一些方法,目前国内银行很可能还无法借鉴,但随着国内银行业改革的深入,银行界对外交流的加深,这些方法很可能在不久的将来成为国内商业银行应对问题贷款的主要方法。

第 4 章

如何识别和管理与
问题贷款有关的市场风险

引言：金融市场的价格波动风险

市场风险以其特有的复杂性和系统性风险特征成为银行难以控制和预测的一种风险，市场风险具有系统性风险的特征，所引发的问题贷款会对银行资产的整体质量产生影响。

利率是使用资金的价格，而汇率是一种货币表示另一种货币的价格，实际上两者都代表了金融市场的价格。利率和汇率这两种"价格"的不利变动产生了利率风险和汇率风险，并伴随着价格的杠杆效应而放大风险，是我国商业银行所面临的最主要市场风险，对银行资产负债的价格高低、资产质量的好坏和银行的收益产生影响，这就是市场风险的本质。

久期分析、缺口分析和外汇敞口分析是非常重要的市场风险计量方法，其中，久期分析可以用来对银行资产和负债的利率敏感度进行分析；缺口分析可以衡量利率变动对银行收益的影响；外汇敞口分析可以衡量汇率变动对银行收益的影响。限额管理、风险对冲管理和经济资本配置则是控制市场风险的主要方法。

4.1 理解市场风险

如第一章所述，巴塞尔委员会把市场风险（market risk）定义为：

> 由于市场价格（包括金融资产价格和商品价格）波动而导致商业银行表内、表外头寸遭受损失的风险，分为利率风险、汇率风险、股票价格风险和商品价格风险四种。

其中，利率风险和汇率风险等的不利变动而使银行表内和表外信贷资产价格波动，可能导致问题贷款的产生。

4.1.1 市场风险的特征

> 由于市场风险主要来自所属经济体系，因此具有明显的系统性风险特征，难以通过分散化投资完全消除。商业银行通常分散投资于多国金融/资本市场，以降低所承担的系统风险。

市场风险主要通过利率和汇率的不利变动影响银行资产和负债的价格，进而影响银行收益。市场风险普遍存在于银行的交易和非交易业务中，分别反映在银行的交易账户和银行账户中，银行最典型的存贷款业务被归入银行账户，存在于银行账户中的市场风险会引发问题贷款。

4.1.2 市场风险的类型

银行所面临的市场风险具体分为利率风险、汇率风险、股票价格风险和商品价格风险四种。

1）利率风险（interest rate risk）

利率是存款和贷款的价格,对于固定利率贷款而言,无论市场利率上升还是下降,银行都存在收益减少的风险;对于浮动利率贷款而言,由于借款人面临的还款负担存在不确定性,在利率上升时会使得客户的违约风险增加。

> 按照来源的不同,利率风险可以分为重新定价风险、收益率曲线风险、基准风险和期权性风险。

第一,重新定价风险（repricing risk）。

通常,贷款利息是银行的收入而存款利息是银行的资金成本。存贷款净息差收入是大多数国内商业银行的主要收益来源。由于存款、贷款的主体和金融需求不同,导致存贷款的期限并不一致,银行也不可能保持两者期限的一致性,存贷款期限错配是普遍存在的现象。

贷款和存款是银行的主要资产和负债,存贷款到期后都需要按照到期日的利率重新定价。由于银行资产、负债和表外业务的到期期限（就固定利率而言）或重新定价期限（就浮动利率而言）之间的不一致、不同步,就会产生重新定价风险,也称为期限错配风险（maturity-mismatch risk）,是最主要和最常见的利率风险形式,这种重新定价期限的不对称性使银行的收益或内在经济价值会随着利率的变动而发生变化。

例如,如果银行以短期存款作为长期固定利率贷款的融资来源,当市场利率上升时,贷款的利息收入是固定的,但存款的利息支出会随着利率的上升而增加,也即增加了银行的融资成本,缩小了存贷利差,使银行的未来收益减少;而当市场利率下降时,虽然存款利息支出会随着利率的下降而减少,但是借款人出于自身利益的考虑,可能考虑提前偿还贷

款或者"还旧借新"以减少自身的利息负担，这会使银行的利息收入下降，导致银行的未来收益减少和经济价值降低。

第二，收益率曲线风险（yield curve risk）。

金融产品的收益率与到期期限之间的关系，可以用收益率曲线来描述。收益率曲线是由不同期限但具有相同风险、流动性和税收的收益率连接而成的曲线，其形状反映了长短期收益率之间的关系，是市场对当前经济状况的判断和对未来经济走势预期的结果，如图 4-1 所示。

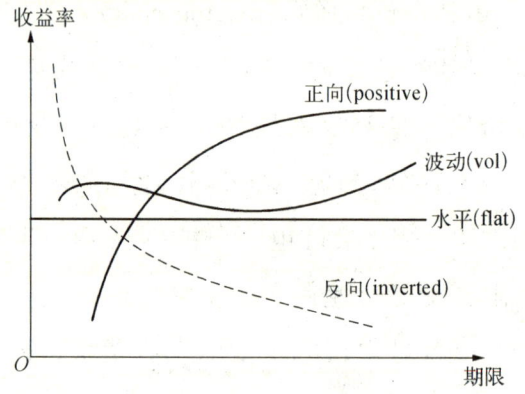

图 4-1　收益率曲线的不同形态

由图 4-1 可见，收益率曲线有四种形态：

- 正向收益率曲线：表明投资期限越长，收益率越高。
- 反向收益率曲线：表明投资期限越长，收益率越低。
- 水平收益率曲线：表明投资收益率与投资期限长短无关。
- 波动收益率曲线：表明投资收益率与投资期限呈不规则波动，说明社会经济在未来有可能出现波动。

正常情况下，金融产品的到期期限越长，其到期收益率便越高，即收益率曲线的形态为正向收益率曲线。但是，由于重新定价期限的不对称性会使收益率曲线的斜率、形态发生变化,即收益率曲线的非平行移动,对银行的收益或内在经济价值产生不利影响,从而形成收益率曲线风险,也称为利率期限结构变化风险。

例如,利用 10 年期政府债券的空头头寸为 20 年期政府债券的多头头寸进行保值,当收益率曲线是正向的且变陡时,虽然上述安排已经对收益率曲线的平行移动进行了对冲,但是该 20 年期政府债券多头头寸的经济价值还是会下降,此时正确的做法是买入期限较短的金融产品,卖出期限较长的金融产品。如果收益率曲线是正向的且基本维持不变,或者变得平坦时,则应买入期限较长的金融产品,卖出期限较短的金融产品。

反向收益率曲线一般是由于资金紧缺导致供不应求时,可能出现期限短的金融产品的收益率高于期限长的收益率;也可能是市场对未来长期的通货膨胀预期较低而使长期利率走低的缘故。

> 有趣的是,美国历史上的多次经济衰退,反向收益率曲线都会提前四五个季度出现,所以,也有观点认为反向收益率曲线的出现可以预测经济衰退。

案例 4 - 1[①]

国际货币基金组织(IMF)指出
全球金融稳定风险加大

据新华网华盛顿 2012 年 1 月 24 日电:国际货币基金组

[①] 樊宇,蒋旭峰,新华网,2012 年 1 月 24 日。http://news.xinhuanet.com/world/2012 - 01/24/c_122618523.htm。

织(IMF)1月24日发布的最新一期《全球金融稳定报告》指出,近几个月来全球金融稳定风险加大,需要采取进一步措施恢复市场信心。

报告说,虽然欧洲国家采取了一系列政策,以图控制欧元区债务危机并解决银行业问题,其中有些政策在振兴市场方面起到了一定作用,但欧洲国家在融资方面仍面临挑战,下行风险依然存在。

报告指出,欧元区外围国家融资成本增加,尤其是2011年第四季度中短期国债收益率大幅上升,与长期收益率形成倒挂,表明融资困难和违约风险加大。随着危机加剧,融资压力已从欧元区外围国家传导到欧元区核心国家,从主权国家层面传导至欧元区银行业。

分析:欧元区国家的国债收益率在2011年第四季度所出现的反向收益率曲线现象表明:欧元区出现经济衰退的可能性较大,欧元区银行业已经出现融资困难和流动性匮乏的迹象,违约风险正在上升。反向收益率曲线的出现可能预示着经济衰退的到来。

第三,基准风险(basis risk)。

基准风险也称为利率定价基础风险,是一种重要的利率风险。在利息收入和利息支出所依据的基准利率变动不一致的情况下,即使资产、负债和表外业务之间的期限完全相同,不存在期限错配产生的重新定价风险,也会因为利息收入和利息支出的变化而对银行的收益或内在经济价值产生不利影响。

例如,一家银行用1年期存款作为1年期贷款的融资来源,贷款按照美国国库券利率每月重新定价一次,而存款则按照伦敦银行同业拆借市场利率每月重新定价一次。虽然存款与贷款的重新定价期限完全相同而不存在重新定价风险,但是因为存款和贷款所依据的是两种不同的基准利率,当两种基准利率发生变化且变动幅度不同时,该银行仍然会面临因基准利率的利差变化而带来的基准风险。

第四,期权性风险(optionality risk)。

期权是一种选择权。本质上,期权是在金融领域中将权利和义务分开进行定价,使得权利的受让人在规定时间内对于是否进行交易行使其选择权利,而义务方则必须履行。在期权的交易中,购买期权的一方称作买方即是权利的受让人,出售期权的一方则叫做卖方,是必须履行买方行使权利的义务人。

期权性风险是一种越来越重要的利率风险,源于银行资产、负债和表外业务中所隐含的期权性条款。期权可以是单独的金融工具,如场内(交易所)交易的期权和场外期权合同,也可以隐含于其他的标准化金融工具之中,如债券或存款的提前兑付、贷款的提前偿还等选择性条款。

一般而言,期权和期权性条款都是在对期权购买方有利而对期权出售方不利时执行,因此,期权性工具所具有的不对称支付特征会给期权出售方带来风险。

例如,银行是存款产品和贷款产品的出售方,存款人和借款人则是存款产品和贷款产品的购买方。若利率变动对存款人或借款人有利,存款人就可能选择提前终止原有的存款产品,重新选择和购买新的存款产品,借款人同样可能选择重新安排贷款,从而对作为金融产品出售方的银行产生不利影响。

如今,越来越多的期权品种因具有较高的杠杆效应,还会进一步增大期权风险,可能会对银行的财务状况产生不利影响。

第4章 如何识别和管理与问题贷款有关的市场风险

案例 4-2①

央行利率市场化改革路径隐现，
贷款利率放宽至 0.8 倍

2011 年 8 月，沉寂了半年之久的"利率市场化改革"，因为时任央行调查统计司司长盛松成在最新一期《中国金融》发表的一篇名为《我国利率市场化的历史现状与政策思考》课题报告而唤起市场的关注。

与此前央行官员停留在吹风的层面不同，这个报告首次触及到操作层面。报告建议，抓住时机逐步扩大利率浮动区间，对存款利率实行渐进式市场化改革，可将贷款利率下限由现行的贷款基准利率 0.9 倍放宽至 0.8 倍，简化放宽贷款利率下限，通过合并贷款利率档次，逐步放松对贷款利率的管制是推进贷款利率市场化的主要方式。

课题报告直指以公开市场操作和存贷款利率为引导的二元化的利率调控模式之弊：利率传导机制不够畅通，金融市场利率对存贷款利率的引导作用有限，长期以来商业银行存贷款利差稳定，其风险定价能力较弱。

报告表示，应抓住时机逐步扩大利率浮动区间，而不是一次性完全放松利率管制；应先允许部分符合标准的金融机构试行市场化定价，限制不达标金融机构的定价权；应全盘慎重考虑不同阶段的利率政策对金融市场的影响，尽量避免不同类型利率产品间的套利行为；利率的放开程度应与金融

---

① 梅俊彦：《每日经济新闻》2011 年 8 月 5 日。http://money.msn.com.cn。

机构和企业、居民的接受程度一致,不应产生过大偏离。

分析:利率市场化是指中央银行只控制基准利率,由金融机构根据金融市场资金的供求关系自主决定金融资产的交易利率,所形成的多样化的市场利率体系和利率形成机制。

将贷款利率下限由现行的贷款基准利率 0.9 倍放宽至 0.8 倍,一方面可扩大金融机构自主定价空间;另一方面也可防止利率下限过低可能造成的非理性竞争风险。在存款利率管制取消之前,随着贷款利率浮动区间的扩大,利率风险也将呈现上升趋势。

2)汇率风险(exchange rate risk)

汇率风险是指由于汇率的不利变动而导致银行业务发生损失的风险。汇率风险一般因为银行从事以下活动而产生:

(1)商业银行为客户提供外汇交易服务或进行自营外汇交易活动(外汇交易不仅包括外汇即期交易,还包括外汇远期、期货、互换和期权等金融合约的买卖)。

(2)商业银行从事的银行账户中的外币业务活动(如外币存款、贷款、债券投资、跨境投资等)。由这类外币业务活动引发的汇率风险可能导致产生问题贷款。

根据上述业务活动,汇率风险大致可以分为以下两类:

(1)外汇交易风险。银行的外汇交易风险主要来自两方面:一是为客户提供外汇交易服务时未能立即进行对冲的外汇敞口头寸;二是银行对外币走势有某种预期而持有的外汇敞口头寸。

(2)外汇结构性风险。外汇结构性风险是因为银行资产与负债之间币种的不匹配而产生的货币错配风险(currency mismatch risk),也包括银行在对资产负债表的会计处理中,将功能货币转换成记账货币时,因汇率变动产生的风险。

131

案例 4 - 3

资产负债币种差异形成的外汇结构性风险

某商业银行以美元为单位进行外币资产管理,当期外币资产和负债如表 4 - 1 所示。

表 4 - 1

某商业银行外币资产负债简表

资　　产	负　　债
1 年期 1 亿美元的贷款	1 年期 2 亿美元的定期存款
1 年期相当于 1 亿美元的欧元贷款	

从表 4 - 1 中可以看出,该银行的负债全部表现为美元,但它资产的 50% 以欧元形式表示,银行资产和负债之间的存续期(久期)完全匹配(即 $D_A = D_L = 1$ 年),但其资产和负债的币种构成不匹配,存在差异。

假设:1 年期美元定期存款的利率为 1%,本息至年底一次性支付;1 年期无风险美元贷款的收益率为 2%。若银行将存款全部用于发放美元贷款,将会产生 1% 的正利差收益。假定 1 年期无风险欧元贷款的收益率为 4%,为了增加利差收益,银行将全部存款中的 50% 即 1 亿美元存款用于发放欧元贷款。贷款发放当日汇率为 1 美元 = 0.7739 欧元即 \$1:€0.7739①,贷款金额为 0.7739 亿欧元。到期汇率可能出现的以下三种情形反映了外汇结构性风险。

---

① 本例中假设美元兑换欧元的汇率:1 美元 = 0.7739 欧元;如果欧元升值 10%,汇率变为 1 美元 = 0.7035 欧元;如果欧元贬值 10%,则汇率变为 1 美元 = 0.8599 欧元。

分析:

(1) 如果汇率在 1 年内不发生任何变化,1 美元＝0.7739 欧元,即 \$1:€0.7739,则该银行从 1 年到期的欧元贷款中获得以美元为计价单位的收益率为:

$$50\% \times 2\% + 50\% \times 4\% = 3\%$$

$$全部贷款到期后可获得的利差收益 = 3\% - 1\% = 2\%$$

(2) 如果到期欧元贬值 10%,汇率变为 1 美元＝0.8599 欧元,即 \$1:€0.8599,且不存在利率风险或信用风险,则该银行从 1 年到期的欧元贷款中获得以美元为计价单位的收益率为:

$$\left[0.7739 \times (1 + 4\%) \times \frac{1}{0.8599} - 1 \right] \div 1 = -6.4\%$$

显然,欧元贬值造成的损失超过了欧元贷款较高的收益率,使银行受损。

(3) 如果到期欧元升值 10%,汇率变为 1 美元＝0.7035 欧元,即 \$1:€0.7035,且不存在利率风险或信用风险,则该银行从 1 年到期的欧元贷款中获得以美元为计价单位的收益率为:

$$\left[0.7739 \times (1 + 4\%) \times \frac{1}{0.7035} - 1 \right] \div 1 = 14.4\%$$

显然,这时欧元贷款同时获得了较高的贷款利息以及欧元在贷款期间的升值收益,使银行的收益叠加。

但是,银行很难事先准确预知贷款到期时的欧元兑换美元汇率状况,因此本例中,相当于 1 亿美元的欧元贷款(多头头寸)对银行来说就存在外汇结构性风险。

3) 股票价格风险(stock price risk)

股票价格风险是指由于商业银行持有的股票价格发生不利变动而给商业银行带来损失的风险。

4）商品价格风险（commodity price risk）

商品价格风险是指商业银行所持有的各类商品的价格发生不利变动而给商业银行带来损失的风险。这里的商品包括可以在二级市场上交易的某些实物产品，如农产品、矿产品（包括石油）和贵金属等。

值得注意的是，商品价格风险中的商品不包括黄金这种贵金属。原因在于，黄金曾长时间在国际结算体系中发挥国际货币职能，从而充当外汇资产的作用。尽管在布雷顿森林体系崩溃后，黄金不在法定地充当国际货币，但在实践中，黄金仍然是各国外汇储备资产的一种重要组成形式。因而，为了保持统计口径的一致性，黄金价格的波动仍然被纳入汇率风险。

4.1.3　交易账户和银行账户

按照银监会的资产分类要求，商业银行的表内外资产分为银行账户资产和交易账户资产两大类。

1）交易账户（trading accounts）

> 交易账户记录银行为了交易或管理交易账户其他项目风险而持有的可自由交易的金融工具和商品头寸。

交易账户中的头寸在交易过程中必须不受任何限制。交易账户中的项目通常按市场价格计价（mark-to-market），当缺乏可参考的市场价格时，可以按模型定价（mark-to-model）。

2）银行账户（bank accounts）

与交易账户相对应，银行的其他业务被归入银行账户，最典型的是存贷款业务。银行账户中的项目则通常按历史成本（historical cost）计价。

划分银行账户和交易账户是商业银行实施市场风险管理和准确计算市场风险监管资本的基础。巴塞尔委员会颁布的《资本协议市场风险补充规定》把市场风险纳入资本要求的范围中，但未涵盖全部市场风险，所包括的是在交易账户中的利率风险和股票价格风险以及在银行账户和交易账户中的汇率风险和商品价格风险。

信贷资产属于银行账户资产，利率和汇率的波动会直接导致其资产价值和资产质量的变化，影响银行的稳健经营，是问题贷款管理的重要内容。

4.2　市场风险分析

4.2.1　资产价值

根据监管机构的要求，我们把商业银行的表内外资产分为银行账户资产和交易账户资产两大类。为了计量市场风险，需要掌握一些有关资产价值（asset value）的基本概念，包括名义价值、市场价值、公允价值和市值重估。

1）名义价值（nominal value）

> 名义价值是指金融资产根据历史成本所反映的账面价值（book value）。

在市场风险管理过程中，由于利率、汇率等市场价格因素的频繁变动，名义价值一般不具有实质性意义。其对风险管理的意义主要体现在：一是在金融资产的买卖实现后，衡量交易方在该笔交易中的盈亏情况；二是作为初始价格，通过模型从理论上计算金融资产的现值（present value），为交易活动提供参考数据。在市场风险计量与监测的过程中，更具有实质意义的是市场价值与公允价值。

2）市场价值（market value）

市场价值一般是指"在公平交易资产的行为中预期获得的资产价值"。国际评估准则委员会（IVSC）发布的国际评估准则将市场价值定义为：

> 在评估基准日，自愿的买卖双方在知情、谨慎、非强迫的情况下通过公平交易资产所获得的资产的预期价值。

在风险管理实践中，市场价值更多地是来自独立经纪商的市场公开报价或权威机构发布的市场分析报告。

3）公允价值（fair value）

国际会计准则委员会（IASB）将公允价值定义为：

> 交易双方在公平交易中可接受的资产或债权价值。

相比市场价值，公允价值的定义更为广泛，多数情况下，市场价值可以代表公允价值。但是，如果没有资产交易市场存在时，公允价值可以通过收益法或者成本法获取。

4）市值重估（revaluation）

市值重估是指对交易账户头寸重新估算其市场价值。市值重估应当由独立于前台的中台、后台、财务会计部门或其他相关职能部门或人员负责。影响市值重估的定价因素应当从独立于前台的渠道获取或者经过重估部门的独立验证。前台、中台、后台、财务会计部门、市场风险管理部门等各部门用于估值的方法和假设应当尽量保持一致，在不完全一致的情况下，应当制定并使用一定的校对、调整方法。

在市场风险管理实践中，对交易账户头寸的市值至少每日重估一次。

在缺乏可用于市值重估的市场价格时,商业银行应当确定选用代用数据的标准、获取途径和公允价格的计算方法。商业银行进行市值重估的方法有"盯市"和"盯模"两种。

(1)盯市(mark-to-market):按市场价格计值。按照市场价格对头寸每日进行计值。例如,一些金融资产的每日收盘价很容易获得,商业银行应尽量按照市场价格计值。

(2)盯模(mark-to-model):按模型计值。当按市场价格计值存在困难时,银行可以按照数理模型确定的价值计值。就是以某一个市场变量作为计值基础,推算出或计算出交易头寸的价值。商业银行按照模型确定的价值计值时必须符合监管机构的标准和要求。

4.2.2 缺口分析

简单地说,缺口就是差额。缺口是用于衡量敏感性的指标,如利率敏感性等。所谓敏感性,就是计算利率等因素每单位的变动引起银行净利息收入变动的幅度。

缺口分析(gap analysis)主要用来衡量利率变动对银行当期收益的影响。具体而言,就是将银行的所有生息资产和付息负债按照重新定价的期限划分到不同的时间段(如1个月以下,1~3个月,3个月至1年,1~5年,5年以上等)。在每个时间段内,将利率敏感性资产减去利率敏感性负债,再加上表外业务头寸,就得到该时间段内的重新定价"缺口"。以该缺口乘以假定的利率变动,即得出这一利率变动对净利息收入变动的大致影响。其计算公式为:

缺口 = 利率敏感性资产 − 利率敏感性负债

银行净利息收入变动额 = 缺口 × 假定的利率变动幅度

利率缺口还可以用需要重新定价的资产与负债之比表示，即利率敏感系数。其计算公式为：

$$利率敏感系数 = \frac{1年内需要重新确定利率的资产}{1年内需要重新确定利率的负债}$$

当该系数大于 1 时，表示存在正缺口；小于 1 时，表示是负缺口。

（1）正缺口。当某一时段内的资产（包括表外业务头寸）大于负债，或者利率敏感系数大于 1 时，就产生了正缺口，即资产敏感型缺口，此时市场利率下降会导致银行的净利息收入下降；市场利率上升对银行有利。

（2）负缺口。当某一时段内的负债大于资产（包括表外业务头寸），或者利率敏感系数小于 1 时，就产生了负缺口，即负债敏感型缺口，此时市场利率上升会导致银行的净利息收入下降；市场利率下降对银行有利。

缺口分析中假定的利率变动幅度可以通过多种方式来确定，如根据历史经验确定、根据银行管理层的判断确定和模拟可能的未来利率变动等方式。

缺口分析是银行业较早采用的利率风险计量方法，因其计算简便、清晰易懂，目前仍然被广泛使用。但是，缺口分析也存在一定的局限性：

（1）缺口分析假定同一时间段内的所有头寸到期时间或重新定价时间相同，因此忽略了同一时段内不同头寸的到期时间或利率重新定价期限的差异。在同一时间段内的加总程度越高，对计量结果精确性的影响就越大。

（2）缺口分析只考虑了重新定价风险，未考虑基准风险。同时，缺口分析也未考虑因利率环境改变而引起的支付时间的变化，即忽略了与期权有关的头寸在收入敏感性方面的差异。

（3）非利息收入和费用是银行当期收益的重要来源，但大多数缺口分析未能反映利率变动对非利息收入和费用的影响。

(4) 缺口分析主要衡量利率变动对银行当期收益的影响,未考虑利率变动对银行经济价值的影响,所以只能反映利率变动的短期影响。

4.2.3 外汇敞口

广义而言,敞口就是风险暴露(risk exposure),即银行所持有的各类风险性资产余额。本节所述的敞口是指狭义上的外汇敞口(foreign currency risk exposure),也称外汇敞口头寸,可分为单币种敞口头寸和总敞口头寸。

1) 单币种敞口头寸(single currency open positions)

单币种敞口头寸是指每种货币的即期净敞口头寸、远期净敞口头寸、期权净敞口头寸以及其他敞口头寸之和,反映单一货币的外汇风险。

(1) 即期净敞口头寸(spot net open positions)。这是指计入资产负债表内的业务所形成的敞口头寸,等于表内的即期资产减去即期负债。原则上应当包括资产负债表内的所有项目,即应收、应付利息也应包括在内,但变化较小的结构性资产或负债和未到交割日的现货合约除外。

(2) 远期净敞口头寸(forward net open positions)。这主要是指买卖远期合约而形成的敞口头寸,其数量等于买入的远期合约头寸减去卖出的远期合约头寸。远期合约包括远期外汇合约、外汇期货合约,以及未到交割日和已到交割日但尚未结算的现货合约,但不包括期权合约。

(3) 期权敞口头寸(options open positions)。银行因业务需要会持有和卖出外汇期权合约。如果银行具备专用的期权计价模型,则可根据计价模型来计量期权敞口头寸。否

则应采用简化的计算方法计量期权敞口头寸，即持有期权的敞口头寸等于银行因持有期权而可能需要买入或卖出的外汇总额；卖出期权的敞口头寸等于银行因卖出期权而可能需要买入或卖出的外汇总额。

（4）其他敞口头寸。例如，以外币计值的担保业务和类似的承诺等，如果可能被动使用同时又是不可撤销的，就应当计入外汇敞口头寸。其计算公式为：

单币种敞口头寸＝即期净敞口头寸＋远期净敞口头寸＋期权敞口头寸

　　　　　　＋其他敞口头寸

　　　　＝（即期资产－即期负债）＋（远期买入－远期卖出）

　　　　　　＋期权敞口头寸＋其他敞口头寸

> 如果某种外汇的敞口头寸为正值，则说明机构在该币种上处于多头；如果某种外汇的敞口头寸为负值，则说明机构在该币种上处于空头。

2）总敞口头寸（overall open positions）

总敞口头寸是指整个货币组合的外汇风险，计算方法分为累计总敞口头寸法、净总敞口头寸法和短边法三种。

（1）累计总敞口头寸法。累计总敞口头寸（total open positions）等于所有外币的多头与空头的总和。该方法认为，不论多头还是空头，都属于银行的敞口头寸，都应被纳入总敞口头寸的计量范围。这种计量方法不考虑多头和空头的对冲效应，因此比较保守。

（2）净总敞口头寸法。净总敞口头寸（net open positions）等于所有外币多头总额与空头总额之差。该方法主要考虑不同货币汇率波动的相关性，认为多头与空头存在对冲效应。因此，这种计量方法较为激进。

（3）短边法。短边法是一种为各国金融机构广泛运用的外汇风险敞口头寸的计量方法,同时为巴塞尔委员会所采用,中国银监会编写的《外汇风险敞口情况表》也采用这种算法。

短边法的计算方法是:首先,分别加总每种外汇的多头和空头(分别称为净多头头寸之和与净空头头寸之和);其次,比较这两个总数;最后,选择绝对值较大的作为银行的总敞口头寸。短边法的优点是既考虑到多头与空头同时存在风险,又考虑到它们之间的抵补效应。

案例 4 - 4

外汇总敞口头寸计算

某商业银行的外汇敞口头寸如下:欧元多头 100,日元多头 200,美元空头 150,澳元空头 30。

分别采用上述三种方法计算外汇总敞口头寸:

（1）累计总敞口头寸为:

$$100 + 200 + 150 + 30 = 480$$

（2）净总敞口头寸为:

$$(100 + 200) - (150 + 30) = 120$$

（3）短边法:先算出净多头头寸之和为:

$$100 + 200 = 300$$

净空头头寸之和为:

$$150 + 30 = 180$$

多头头寸的绝对值大于空头头寸的绝对值,因此,外汇总敞口头寸为 300。

3）外汇敞口分析（foreign currency exposure analysis）

外汇敞口分析是衡量汇率变动对银行当期收益影响的

一种方法。外汇敞口主要来源于资产、负债及资本金的货币错配(currency mismatch),以及外币利润和并表折算等方面。在某一时段内,当银行某一币种的多头头寸与空头头寸不一致时,所产生的差额就形成了外汇敞口。

当存在外汇敞口时,汇率变动可能会给银行的当期收益或经济价值带来损失,从而形成汇率风险。

在进行敞口分析时,银行应当分析单一币种的外汇敞口,以及各币种敞口折成报告货币并加总轧差后形成的外汇总敞口。对单一币种的外汇敞口,银行应当分析即期外汇敞口、远期外汇敞口和即期、远期加总轧差后的外汇敞口。银行还应当对交易账户和银行账户形成的外汇敞口加以区分。对因存在外汇敞口而产生的汇率风险,银行通常采用套期保值和限额管理等方式进行控制。外汇敞口限额包括对单一币种的外汇敞口限额和外汇总敞口限额。

外汇敞口分析是银行业较早采用的汇率风险计量方法,具有计算简便、清晰易懂等优点。但是,外汇敞口分析也存在一定的局限性,主要是忽略了各币种汇率变动的相关性,难以揭示由于各币种汇率变动的相关性所带来的汇率风险。

案例 4 - 5[①]

外贸增长、汇率波动引致外币贷款增加

央行日前公布的统计数据显示,2011 年前三季度人民币贷款增加 5.68 万亿元,同比少增 5 977 亿元,但外币贷款折

[①] 《经济日报》2011 年 10 月 26 日。http://news.cntv.cn/20111026/104869.shtml。

合人民币则增加 4 770 亿元,同比多增 1 849 亿元。

2011 年以来,通过收紧银行体系的流动性来控制市场中的流动性,进而消除通货膨胀中的货币因素,因此人民币贷款同比呈现少增的趋势。在此背景下,一些企业转而借助外币贷款来满足其融资需求,因此外币贷款同比呈现逐步增长态势,外币贷款在社会融资规模的占比也呈上升趋势,已达到 4.9%。

由于银行外币贷款业务大都具有国际贸易背景,我国对外贸易持续增长的态势也激发了更多企业的外币贷款需求。海关总署日前公布的数据显示,2011 年前三季度我国外贸进出口总值 26 774.4 亿美元,比去年同期增长 24.6%,高于"十一五"期间我国年均 15.9% 的外贸增速。近几个月来,人民币对美元汇率小幅升值,外贸企业出于资金需要和成本考虑,办理美元贷款,到期时以升值后的人民币购汇还贷,能一定程度上规避汇率风险,节约财务成本。

近几个月来,由于以美元为代表的外币贷款的利率较低,加上人民币升值的预期,获得外币贷款的企业不排除转换成人民币使用,以进行对冲并获得套利空间。

分析:外币贷款的低利率和对人民币升值预期可能带来的套利空间使外币贷款余额出现上升趋势,但外币贷款中潜在的汇率风险应引起银行的关注,银行应动态、准确地计量自身所存在的资产负债货币错配(currency mismatch)、汇率波动等外汇风险敞口并进行风险对冲以控制汇率风险。

4.2.4 久期

1) 久期的含义及计算

久期(duration)又称持续期,最早由 F. R. Macaulay(麦

第4章 如何识别和管理与问题贷款有关的市场风险

考利)于 1938 年提出,所以也可以称为麦考利久期（Macaulay duration）。

> 简单来说,麦考利久期反映持有任意金融工具时,以加权平均数形式计算的收回原始投资成本的平均时间。

久期作为一个时间概念是对金融工具未来各期产生现金流的时间进行加权平均得到的时间平均数,其权重是各期现金流的现值在金融工具价格中所占的比重。

> 久期越短,说明收回金融工具投资成本的平均时间越短;久期越长,意味着暴露在风险中的时间越长。

具体计算时将每期金融工具现金流的现值除以金融工具价格得到每期的权重,并将每期现金流的发生时间同对应的权重相乘,最终相加计算出整个金融工具的久期。

金融工具的久期可以用公式表示为:

$$D = \frac{\sum_{t=1}^{n} \frac{t \times C_t}{(1+y)^t} + \frac{n \times F}{(1+y)^n}}{\sum_{t=1}^{n} \frac{C_t}{(1+y)^t} + \frac{F}{(1+y)^n}}$$ （公式 1）

式中　D 为久期;

t 为该金融工具现金流量所发生的时间;

C_t 为第 t 期的现金流;

F 为该金融工具的面值或到期日价值;

n 为到期期限;

y 为当前的市场利率或到期收益率。

（公式 1）表明:久期 D 是各期现金流量发生的时间 t 的加权平均数,久期考虑了资金的时间价值。

问题贷款识别与防范

144

案例 4 - 6

久期与市场利率的相互关系

本例详述久期的计算过程及与市场利率的相互关系。

假设面值为 1 000 元的 3 年期债券，每年支付一次票面利息，年票面利率为 10％，按照不同的市场利率，分别计算该种债券的久期。

（1）当发行时的市场利率为 14％，该种债券的久期为：

$$D = \frac{\sum_{t=1}^{3} \frac{100 \times t}{(1.14)^t} + \frac{1\,000 \times 3}{(1.14)^3}}{\sum_{t=1}^{3} \frac{100}{(1.14)^t} + \frac{1\,000}{(1.14)^3}} = \frac{2\,469.019}{907.1347} = 2.72(年)$$

（2）如果其他条件不变，市场利率下跌至 6％，该种债券的久期为：

$$D = \frac{\sum_{t=1}^{3} \frac{100 \times t}{(1.06)^t} + \frac{1\,000 \times 3}{(1.06)^3}}{\sum_{t=1}^{3} \frac{100}{(1.06)^t} + \frac{1\,000}{(1.06)^3}} = \frac{3\,043.083}{1\,106.92} = 2.75(年)$$

（3）如果其他条件不变，市场利率上升至 18％，此时久期为：

$$D = \frac{\sum_{t=1}^{3} \frac{100 \times t}{(1.18)^t} + \frac{1\,000 \times 3}{(1.18)^3}}{\sum_{t=1}^{3} \frac{100}{(1.18)^t} + \frac{1\,000}{(1.18)^3}} = \frac{2\,236.865}{826.0582} = 2.71(年)$$

（4）如果其他条件不变，市场利率与票面利率相同，等于 10％，此时久期为：

$$D = \frac{\sum_{t=1}^{3} \frac{100 \times t}{(1.1)^t} + \frac{1\,000 \times 3}{(1.1)^3}}{\sum_{t=1}^{3} \frac{100}{(1.1)^t} + \frac{1\,000}{(1.1)^3}} = \frac{2\,735.537}{1\,000} = 2.74(年)$$

上述计算表明：对于持有期间支付利息的金融工具，由

于金融工具持有者可以在到期之前已经开始取得利息等现金流入即收回投资,所以其久期总是小于金融工具的到期期限或偿还期限。

将上述计算结果以图4-2表示,可以反映久期—市场利率之间的相互关系为反比例关系,久期随着市场利率的上升而下降。

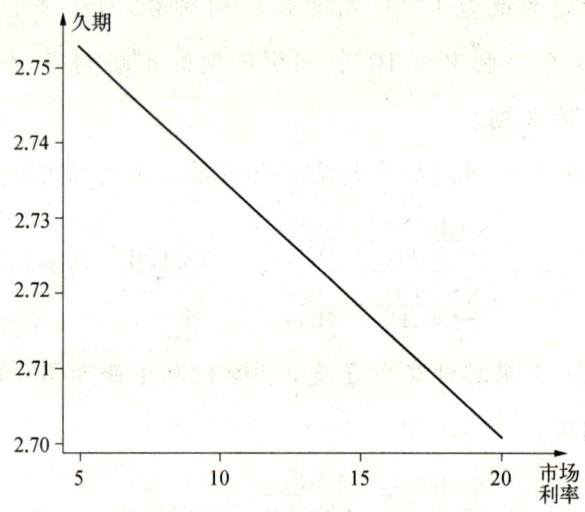

图4-2 久期—市场利率之间的相互关系

(5)如果其他条件不变,债券年票面利率为0,那么:

$$D = \frac{\dfrac{1\,000 \times 3}{(1.14)^3}}{\dfrac{1\,000}{(1.14)^3}} = 3(\text{年})$$

这表明,对于持有期间不支付任何利息的金融工具,其久期(收回投资的平均时间)等于到期期限或偿还期限。

2)久期分析(duration analysis)

实际上,(公式1)的分母正是该金融工具的市场价值(现值),因此,久期公式又可表示为:

$$D = \frac{\displaystyle\sum_{t=1}^{n} \frac{t \times C_t}{(1+y)^t} + \frac{n \times F}{(1+y)^n}}{P} \qquad (\text{公式2})$$

其中：P为该金融工具的市场价值或价格，$P = \sum_{t=1}^{n} \frac{C_t}{(1+y)^t} + \frac{F}{(1+y)^n}$。

为了衡量固定收益金融工具的市场价格对利率的敏感程度或价格的利率弹性，可以对P求导数得：

$$\frac{\mathrm{d}P}{\mathrm{d}y} = -\frac{D}{(1+y)}P \qquad （公式3）$$

也可近似写成： $\qquad \Delta P = -P \times D \times \frac{\Delta y}{(1+y)} \qquad$ （公式4）

式中　P 为固定收益产品的当前价格；

　　　ΔP 为价格的微小变动幅度(通常小于1％)；

　　　y 为市场利率或到期收益率；

　　　Δy 为市场利率或到期收益率的微小变动幅度；

　　　D 为麦考利久期(通常以年为单位)。

(公式4)表明：

> 当市场利率发生变化时，固定收益产品的价格将发生反比例的变动，其变动程度取决于久期的长短，久期越长，其变动幅度越大，即市场风险也就越大。

这一特性使麦考利久期(Macaulay duration)在实际应用中已经超越了加权平均时间的概念，更多地被用于衡量固定收益金融工具的价格变动对利率的敏感度或称为金融工具市场价格的利率弹性，也可表述为"资产相对于利率变化的价格变化率"。

经过修正，久期可以精确地量化利率变动对固定收益金融工具市场价格造成的影响，案例4-4可以直观地呈现出这种影响。

案例 4 - 7

固定收益金融工具市场价格的利率弹性

假设某 5 年期债券(固定收益金融工具)当前的市场价格为 105 元,债券久期为 4.5 年,当前市场利率为 5%。如果市场利率提高 0.5%(即市场利率上升 10%),则该债券的价格变化为:

$$\Delta P = -105 \times 4.5 \times \frac{0.005}{1+0.05} = -2.25(\text{元})$$

即该债券的价格将降低 2.25 元。可见,市场利率在现有基础上提高 10%,债券价格将下降 2.25 元,降幅 2.14%。

3)久期缺口(duration gap)

银行通常使用久期缺口来分析利率变化对其整体利率风险敞口的影响。用 D_A 表示总资产的加权平均久期,D_L 表示总负债的加权平均久期①,V_A 表示总资产,V_L 表示总负债,V_E 表示净资产,$V_E = V_A - V_L$,其余符号的含义同前。

首先将公式 3 变形:$\dfrac{\mathrm{d}P}{P} = -\dfrac{D}{(1+y)}\mathrm{d}y$ (公式 5)

分别将 V_A 和 V_L 代入公式 5 可得:

$$\frac{\mathrm{d}V_A}{V_A} = -\frac{D_A}{(1+y)}\mathrm{d}y \qquad (\text{公式 6})$$

$$\frac{\mathrm{d}V_L}{V_L} = -\frac{D_L}{(1+y)}\mathrm{d}y \qquad (\text{公式 7})$$

(公式 6)和(公式 7)表明:

---

① 银行总资产和总负债的加权平均久期可以分别通过计算银行资产方和负债方下每个科目的久期,再进行加权平均得到,权重为各科目的市场价值。

久期可以用来对商业银行资产和负债的利率敏感度进行分析，当市场利率变动时，银行资产和负债的价值变动方向与市场利率的变动方向相反，而且资产与负债的久期越长，资产和负债的价值变动幅度也越大，利率风险越高。

利率变动对银行净资产市场价值的影响也可运用久期分析。

银行净资产(V_E)＝总资产(V_A)－总负债(V_L)，则可得：

银行净资产的变动额 $\Delta V_E = \Delta V_A - \Delta V_L = dV_A - dV_L$　（公式8）

将（公式6）和（公式7）代入（公式8）得：

$$\Delta V_E = -(D_A V_A - D_L V_L) \times \frac{dy}{1+y}$$

$$= -\left(D_A - D_L \frac{V_L}{V_A}\right) \times V_A \times \frac{dy}{1+y} \qquad （公式9）$$

（公式9）中的 $\left(D_A - D_L \dfrac{V_L}{V_A}\right)$ 为久期缺口，即：

久期缺口＝资产加权平均久期－（总负债／总资产）×负债加权平均久期

$$= D_A - \left(\frac{V_L}{V_A}\right)D_L \qquad \left(\frac{V_L}{V_A} < 1\right)$$

（公式9）表明：

● 银行净资产的市场价值随利率变化的变动额大小与久期缺口、资产价值及利率的变动额有关。

● 由于在绝大多数情况下，银行的久期缺口都为正值，因此，如果市场利率下降，则银行持有的资产与负债的价值都会增加，但资产价值的增加幅度比负债价值增加的幅度大，银行净资产的市场价值将增加。

● 如果市场利率上升，则银行持有的资产与负债的价值都将减少，但资产价值减少的幅度比负债价值减少的幅度大，银行净资产的市场价值将减少。

● 资产和负债的久期缺口绝对值越大,银行整体市场价值对利率的敏感度就越高,银行的利率风险暴露量也就越大,因而整体的利率风险敞口也越大,银行最终面临的利率风险也越高。

4.3　市场风险控制

商业银行实施市场风险管理的主要目的是确保将所承担的市场风险规模控制在可以承受的合理范围内,使所承担的市场风险水平与其风险管理能力和资本实力相匹配。为此,必须建立市场风险管理的三大机制:内部控制机制、对冲机制和经济资本配置机制。

运用限额管理预先计算并设置可容忍的风险限额是市场风险内部控制的重要机制;购买与标的资产收益波动负相关的某种产品来冲销标的资产的潜在风险是一种风险对冲机制;为可能发生的非预期损失事先配置经济资本是银行抵御风险的最后一道防线。

4.3.1　限额管理

限额管理(limit management)是对市场风险进行有效控制的一项重要手段。银行应当根据所采用的市场风险计量方法设定市场风险限额。市场风险限额可以分配到不同的地区、业务单元和交易员,还可以按资产组合、金融工具和风险类别进行分解。

银行负责市场风险管理的部门应当监测对市场风险限额的遵守情况,并及时将超限额情况报告给管理层。

常用的市场风险限额包括交易限额、风险限额和止损限额等。

(1) 交易限额(limits on gross or net positions)是指对总交易头寸或净交易头寸设定的限额。总头寸限额对特定交易工具的多头头寸或空头头寸分别加以限制;净头寸限额对多头头寸和空头头寸相抵后的净额加以限制。在实践中,商业银行通常将这两种交易限额结合使用。

(2) 风险限额(VaR-limits)是指对基于量化方法计算出的市场风险参数来设定限额。对采用内部模型法计量出的风险价值所设定的风险价值限额就是风险限额。

(3) 止损限额(stop-loss limits)是指所允许的最大损失额。通常,当某个头寸的累计损失达到或接近止损限额时,就必须对该头寸进行对冲交易或立即变现。止损限额适用于1日、1周或1个月等一段时间内的累计损失。

建立商业银行市场风险限额体系是实施限额管理,控制市场风险的重要手段。商业银行应当制定对各类和各级限额的内部审批程序和操作规程,根据业务的性质、规模、复杂程度和风险承受能力设定、定期审查和更新限额;根据不同的限额对控制风险的不同作用及其局限性,建立不同类型和不同层次的限额相互补充的合理限额体系,以有效控制市场风险。同时,商业银行应当确保不同市场风险限额之间的一致性,并协调市场风险限额管理与信用风险、流动性风险等其他风险的限额管理。

商业银行在实施限额管理的过程中,还需要制定并实施合理的超限额监控和处理程序。负责市场风险管理的部门应当通过风险管理信息系统,监测对市场风险限额的遵守情况,并及时将超限额情况报告给相应级别的管理层。管理层

第4章　如何识别和管理与问题贷款有关的市场风险

应当根据限额管理的政策和程序决定是否批准提高限额,如批准,则需要明确此超限额情况可以保持多长时间;对于未经批准的超限额情况,应当按照内部限额管理政策和程序进行严肃处理。此外,交易部门也应当及时、主动地汇报超限额情况。管理层应当根据一定时期内的超限额发生情况,决定是否对限额管理体系进行调整。

4.3.2　风险对冲

风险对冲(risk hedging)也是控制市场风险的工具和手段,商业银行可以通过投资或购买与标的资产收益波动负相关的金融衍生产品等金融工具,来冲销标的资产潜在的风险损失,在一定程度上实现对冲市场风险的目的,即当原标的资产的风险敞口出现亏损时,新购买的用于对冲风险的资产的风险敞口能够产生盈利,并尽量使盈利能抵补亏损的一种风险控制策略。

> **案例 4 - 8**

市场风险对冲

假设某商业银行以美元为单位进行外币资产管理。2011 年 9 月 5 日,该银行向其客户发放了 1 亿英镑的短期贷款,预计 3 个月后收回,贷款发放当日汇率为 1 英镑＝1.60 美元。该银行的外汇交易部门预测,3 个月后美元可能会升值到 1 英镑＝1.50 美元。基于此分析预测,银行可以采取的最简单、最直接的风险对冲交易是在贷款发放的当日,在外汇期货市场卖出价值 1 亿英镑的期货合约,汇率为 1 英镑＝

1.55 美元。

分析:当该银行到期收回贷款时,如果美元汇率确如预测升值到 1 英镑＝1.55 美元甚至更高,则通过期货交易可以减少汇率风险造成的损失;如果到期美元汇率不升反降,则可以利用因英镑升值而获取的美元账面收益抵补卖出英镑期货合约造成的损失,将汇率风险控制在一定范围之内①。

在市场风险管理实践中,银行可以同时利用多种金融衍生产品构造复杂的对冲机制,更有效地降低银行账户和交易账户中的市场风险。需要特别重视的是,尽管很多金融衍生品的设计初衷是为了对冲风险,然而,由于这些金融衍生品本身就潜藏了巨大的风险,如果银行对此认识不足,措施不当,实际运用这些金融衍生品进行风险对冲时很有可能非但不能达到风险对冲的目的,反而制造了更大的风险,甚至可能引发金融风暴。2008 年爆发的美国次贷危机就是在对金融衍生品可能造成的风险认识不足,监管不力情况下过度发展金融衍生品所酿成的惨剧。

4.3.3　经济资本配置

合理配置经济资本可以有效地降低市场风险敞口,是市场风险控制的又一重要手段。经济资本配置(economic capital allocation)通常采用自上而下法(top-down approach)或自下而上法(bottom-up approach)。

(1) 自上而下法通常用于制定市场风险管理战略规划。商业银行可根据前期业务部门、交易员或交易产品的 VaR 占市场风险整体 VaR 的比例,在当期将经济资本自上而下逐级

① 该笔贷款到期日 2011 年 12 月 5 日当天的汇率为:1 英镑＝1.5602 美元。可见,通过风险对冲交易减少了汇率风险可能造成的损失。

分解到对应业务部门、交易员或交易产品。根据投资组合原理，由于投资组合的整体 VaR 小于其所包含的每个单体 VaR 之和，因此，计算经济资本分配比例时应当对单体 VaR 进行适当的技术调整。

（2）自下而上法通常用于当期绩效考核。商业银行可根据各业务部门、交易员或交易产品的实际风险状况分别计算其所占用的经济资本，然后自下而上逐级累积。同样，根据投资组合原理，累积所得的整体层面的经济资本应小于各单个经济资本的简单加总。

商业银行可以通过定期分析比对上述两种方法分解经济资本时存在的差异，对经济资本配置的合理性进行有效评估，及时发现高风险低收益的不良业务部门、交易员或交易产品，同时严格限制高风险业务的经济资本配置，将有限的经济资本配置到能够创造最优风险—收益率的业务部门、交易员和交易产品。

思　考

◇ 市场风险对于问题贷款的形成起到了什么作用？

◇ 怎样进行缺口分析、久期分析和外汇敞口分析？

◇ 限额管理、风险对冲和经济资本配置对于防范和控制问题贷款的不利影响有何作用？

第 5 章

如何预防和管理与
问题贷款有关的信用风险

引言：稳扎稳打，步步为营

据统计资料显示，超过 50% 的问题贷款是由信用风险引发的，可以说，信用风险是造成问题贷款最为主要和直接的原因，因此本章将详细介绍在贷款业务流程的不同阶段，控制信用风险的操作方法。

选择合适的客户无疑是信用风险管理中的"马齐诺防线"，贷款发放前的客户筛选，可以让银行首先将信用风险控制在源头，防患于未然；贷款发放后的监测和管理也是银行"售后服务"的必修课，问题贷款早期信号的识别让银行练就了"火眼金睛"，贷款损失准备金、经济资本、五级分类等方法更使贷款管理"如虎添翼"；而对于银行如何处理已经发生的问题贷款，也可依照本章内容按图索骥。

5.1　行业分析——找准行业——以彩电行业为例

一般来说,在作出贷款决策时对企业的信用评级是必需的,但任何企业都生存在一定的行业中,企业状况与行业状况息息相关,因此在筛选贷款对象时首先要考察行业情况。要根据行业情况、国家政策来确定授信范围。

2004 年 4 月底,国家发改委、中国人民银行、银监会联合下发了《关于进一步加强产业政策和信贷政策协调配合控制信贷风险有关问题的通知》,明确提出钢铁行业、有色金属行业、建材行业、石油和化工行业、机械行业、轻工行业、纺织行业、医药行业、印刷行业 9 个行业的调控项目,再加上其他行业,共有 359 个项目纳入禁止类,最多的机械行业有 87 个项目。共有 175 个项目纳入限制类。

银行信贷人员可以通过分析借款人所处的行业,评估其可能正在遭受或即将面对的某种不利的行业变化趋势,进一步分析这种变化趋势对借款人的还款能力的影响程度和方向,从而找到影响贷款偿还的行业变化因素,调整贷款的行业投向政策以避免行业风险演变成信贷风险。

通过行业分析,可以优化银行信贷策略,科学客观地确定银行客户的战略群体。

同时,划分优质、维持、退出等不同级别的客户群体,配以差异化的信贷政策、不同的服务、不同信贷条件的金融品种,可以帮助确定本银行在该行业的市场份额、期限、币种、高低利率配置等。

5.1.1 行业宏观经济和政策环境分析

1）国际、国内和区域的宏观经济环境变化

国际、国内和区域的宏观经济环境变化对行业发展的影响显而易见，对于一些经济周期敏感的行业尤其如此。有时，通货膨胀、汇率、利率、税收、国际收支、贸易壁垒等宏观经济因素对一些行业的发展有着决定性的影响。

彩电行业的宏观经济环境分析：2008 年，中国经历了很多事件，汶川大地震，北京奥运会，全球经济危机爆发，出口遇冷等。2008 年，源于美国的次贷危机最终演化成特大金融危机，并快速向全球蔓延，全球经济因此受到重挫。中国经济虽然总体健康，但作为出口导向型经济体无法独善其身。彩电业作为耐用消费品行业，与经济周期紧密相关，外需急剧下降，加上内需不足，中国彩电业面临前所未有的挑战。

人民币的升值加大了彩电的出口难度，削弱了中国产品的竞争力，同时各币值的巨大波动加大了企业的经营难度。

虽然 2008 年，受金融危机影响，一些原材料价格，如钢、铜的价格下降很多，但与往年相比，仍处于高位，而且，原材料价格的急剧变动，也使得一些原材料库存较多的企业产生了巨大的损失，加大了经营风险。

2009 年，GDP 持续增长，居民收入增加，出口降幅收窄，这说明经济增长正步入到缓慢增长的上升通道。这对彩电业来说是利好因素，但原材料上涨，业内竞争激烈，外贸环境复杂和人民币持续升值对彩电业发展又构成一定压力。

2）行业政策

行业政策对于行业的发展具有重要影响，行业政策的主

要形式有：投资控制、税收倾斜和其他措施。这些措施必然对行业中各个企业的盈利情况和经营环境构成实际影响。限制或鼓励某些行业的发展可能直接影响到该行业中某些企业的生存，从而引发信贷风险，形成问题贷款，也可能因此改善企业的经营状况而使问题贷款转化为正常贷款。

彩电行业的政策环境分析：2003 年 1 月 27 日，中国电子视像行业协会发出关于执行《彩色电视机安全使用期的规定》的通知，于 2003 年 3 月 1 日开始生效，规定彩色电视机的安全使用期最多不超过 7 年。规定产品安全使用期，主要是为了规范彩电的安全使用期和回收程序，对于彩电生产厂家来说有助于促进产品更新换代，从而拉动产业的发展。

2005 年 7 月 18 日，国家标准化管理委员会颁布《彩色管电视广播接收机能效限定值及节能评价值》，于 2006 年 3 月 1 日正式实施，分别对能效限定值和节能评价值作出规定。

(1) 2006 年 3 月 1 日实施的能效限定值：待机能耗为 9 W，能效指数为 1.5。

(2) 2006 年 3 月 1 日实施的节能评价值：待机能耗为 3 W，能效指数为 1.1。

(3) 2009 年 3 月 1 日实施的能效限定值：待机能耗为 5 W，能效指数为 1.0。

(4) 2009 年 3 月 1 日实施的节能评价值：待机能耗为 1 W，能效指数为 0.75。

能耗标准对大中型企业影响不大，但是对许多小企业来说无疑是雪上加霜。

从 2007 年 12 月开始的三省"家电下乡"试点到 2008 年 12 月"家电下乡"推广到全国，均包括彩电产品。小尺寸的平板电视也进入家电下乡范围。

2009 年,国家出台了《促进扩大内需鼓励汽车、家电"以旧换新"实施方案》(简称《实施方案》)。《实施方案》的思路是采取财政补贴方式,鼓励汽车、家电"以旧换新"。"以旧换新"政策为彩电行业生产和销售企业带来重大发展机遇。

2009 年 4 月 15 日,国家发布了《电子信息产业振兴规划》,明确提出:推进视听产业数字化转型,确保视听产品骨干产业稳定增长;突破新型显示器件等关键技术。规划虽对彩电行业的短期业绩影响不大,但无论从刺激需求成长或是提升产业配套能力,规划对彩电行业中长期发展是极其有利的。

2010 年 5 月 18 日,国家公布了《关于 2010 年继续组织实施彩电产业战略转型产业化专项的通知》,将目光瞄准平板电视产业上游,并对有"第三代显示技术"之称的 AMOLED 的研发和产业化提出了新的要求。鼓励配套材料企业根据平板显示骨干企业需求,研发并生产关键配套材料;继续支持 AMOLED 等新型显示技术研发,力争形成自主知识产权和核心竞争力,为下一步规模化生产奠定基础。

3) 行业宏观经济和政策环境分析的注意点

在正常的宏观经济和行业政策分析之外,银行还必须注意以下几点:

第一,看似对银行有利的政府行业政策并不一定真的有利,有时甚至可能是"政策陷阱"。政府行业政策的实施结果对银行贷款的影响方向或程度要做具体分析,银行不可盲从。这是因为政府与银行对社会发展所承担的义务与责任不同。政府的目的是维护市场稳定,一般来说政府不会介意某家企业是否亏损;而银行恰恰相反,需要注意微观主体的

盈利情况。目标的不同使银行需要在确保自身安全的前提下承担一些社会责任,商业银行应该坚持商业化经营的原则。

第二,行业政策的变化既有突然性,也有必然性,银行应对这种必然性加以研究,分析行业政策的调整方向、政策目标与银行经营目标的异同,然后根据市场原则和银行商业化经营原则调整行业和客户策略。

第三,通货膨胀、地区经济优势、国际金融形势、科学技术的重大突破和进步、环境保护等环境因素的变化可能会给某些行业带来负面冲击或正面推动。银行对这些因素给予足够的关注就可以预测问题贷款可能出现在哪些行业,进一步跟踪并及时采取相关措施预防问题贷款的发生。

5.1.2 行业周期分析

1) 行业周期发展及分析

一个行业的成长一般要经历四个主要阶段,即导入阶段、成长阶段、成熟阶段、衰退阶段(如图5-1所示)。在市场经济条件下,行业所处的发展阶段不同,企业面临的风险和机会也不同。仔细分析借款人所处行业的发展阶段,银行就有可能预见到借款人所面临的主要风险。

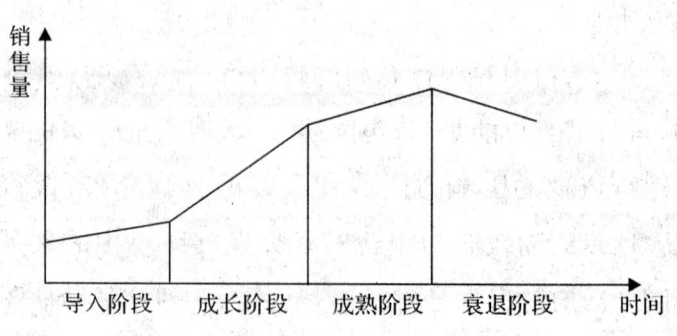

图5-1 行业周期示意图

第一，导入阶段。

一般而言，行业处于导入阶段时，由于行业要克服产品推广及新产品研制的困难，如产品推广难、消费者不愿意接受该产品、技术研究与运用的不成熟、企业创办成本较高、缺乏必要的生产经营管理条件等，此时的销售增长缓慢，由于导入市场时所支付的费用很大，以致无利润，行业成长较为缓慢。

在导入阶段前期，项目基本上属于孵化阶段，项目未来的不确定性很大，企业创办者对该项目的未来也不能完全把握，就更不用说银行信贷人员了。此时放贷有点类似于风险投资。如果银行热衷进入这些尚未成熟的行业，就显得冒进，出现问题贷款的可能性很大。同时导入阶段初期由于研究开发投入、创业投入等需要大量的资金，企业向银行申请中长期贷款的愿望较为强烈，甚至将银行的流动资金贷款长期占用。在此阶段，银行一定要把好信贷关。

第二，成长阶段。

导入阶段进入后期，实践证明该行业的产品具有潜在市场需求，技术基本成熟，市场消费者逐渐接受该产品，该行业的生产量便开始较快增长，成长速度每年在 20%～100%，于是行业进入成长阶段。此时由于市场中的生产者很少，市场存在很大的上升空间，这时的进入者一般都能够获得超额利润。发放给处于这一阶段的企业的贷款往往比较安全，银行信贷人员可以多考虑这类企业。

银行同时也要密切关注可能出现的风险，因为成长期是产品已迅速获得市场接受的时期，此时产品的利润已显著增加。行业技术和产品发展更新很快，但管理层缺乏相应的行业发展经验，新的竞争者不断加入该行业，企业淘汰

161

率高，致使成长期行业还款来源的稳定性受到影响，风险也可能较高。

第三，成熟阶段。

随着进入行业的企业逐渐增多，退出行业的企业也在逐渐增多，当进入的企业与退出的企业基本持平时，行业便进入成熟阶段。

处于该阶段的企业多将贷款用于厂房或设备的更新或改造、季节性产量增加需要的流动资金融资和营运资金的长期融资等。因为企业的生产经营已经进入可以预测的阶段，还款来源比较容易判断。该阶段的风险主要表现在成本控制、生产革新、市场营销等经营管理方面。

几乎所有的银行都愿意在这个时候给企业发放贷款，但是这个阶段的优质客户往往成为许多银行争夺的对象，银行会采取很多优惠措施吸引优质客户。

技术要求相对比较复杂的行业，其成熟阶段所经历的时间一般较长；而那些技术要求比较低的行业，成熟阶段很可能持续时间很短，甚至昙花一现。因此，银行信贷人员必须认真研究行业成熟阶段的寿命长短，以免在贷款发放期间行业就即将进入衰退阶段。

第四，衰退阶段。

衰退阶段是销售显著滑落的时期，而利润则从此时开始剧减，整个行业的销售增长呈下降趋势，行业进入衰退阶段。此时，维持生存是企业面临的主要问题，企业开始进行市场收缩和资源转移，整个行业风险很大，并逐渐被市场所淘汰。但不能据此表明，行业中所有企业的经营前景都是黯淡的。虽然行业整体在衰退，但个别企业因有稳定的市场或客户，在一定的时期内仍会有很稳定的销售和盈利，这时，关键是要具体分析借款企业的经营管理和财务状况。银行一般不愿意给处于此阶段的企业发放贷款，因为贷款一旦发放，偿还将会出现很大的困难。

2）行业周期分析注意点

在分析行业所处的发展阶段时，必须注意以下问题：

（1）各阶段的持续时间在行业与行业之间有很大的区别，某个行业究竟处在什么阶段也往往是不明确的。特别是随着科学技术水平的飞速发展，技术成果转化为生产能力的周期缩短，技术革新的周期也在缩短，因而导入阶段的持续时间明显缩短，这也给确定行业所处的发展阶段带来了困难。

（2）行业并不一定总是沿着导入、成长、成熟和衰退的周期发展的。有时，行业没有经历过成熟阶段就直接从成长阶段跳跃到衰退阶段。而某些行业在经历了一段衰退之后，又恢复了生机，重新回到成熟阶段。有些行业甚至没有经历过增长缓慢的导入期，而直接步入到成长期。

（3）某些行业通过产品的更新换代和重新定位，可以改变增长曲线的形状。有的行业在衰退期后又重新回到了成长期和成熟期，而且不断重复这一过程。

（4）不同行业各个发展阶段的竞争性质不同。有的行业在导入期就开始出现高度集中化特征并一直保持这种特征；有的行业可能在保持一段时间的集中化之后逐渐分散化；另外一些行业一开始就高度分散化；还有一些行业则盛行合并等。

3）行业周期和经济周期的关系

有些行业与经济周期密切相关：如果行业经济周期与经济周期正相关，则该行业随着宏观经济的繁荣而繁荣，随着宏观经济的萧条而萧条，如房地产行业，一般宏观经济较热

第 5 章　如何预防和管理与问题贷款有关的信用风险

163

时，房地产价格上涨较快；如果行业经济周期与经济周期负相关，则该行业随着宏观经济的繁荣而萧条，随着宏观经济的萧条而繁荣，如黄金行业，一般经济萧条时人们会购买黄金来保值，从而会导致黄金市场的繁荣。

如果行业周期与经济周期相关度非常低，则无论宏观经济如何波动，该行业都不会受到很大的影响，如一些生活必需品行业，不管经济是过热还是紧缩，人们都必须购买必需品来满足基本生活的需要。

周期性行业的经营状况受经济周期影响波动幅度较大，易出现利润下降和现金流量短缺等问题；而非周期性行业的经营状况一般不受经济周期的影响，其借款人的还款能力也就较为稳定。

行业的经济周期性以及行业周期与经济周期的时间差异性分析，对于预测行业未来的经营和财务状况、判断贷款的风险程度有着重要的作用。

首先，银行应该研究借款人所在的行业周期与经济周期的相关性大小，然后根据经济周期预测借款人经营状况可能发生的周期性问题，找出贷款可能面临的风险。

其次，尽管行业周期与经济周期存在相关性，但两者的步调可能并不一致，行业周期可能超前、同步、落后于经济周期。因此，在分析行业周期时，必须注意到行业周期和经济周期的不同步性。如果行业周期超前于经济周期，行业必然先于经济周期的繁荣而繁荣，先于经济周期的萧条而萧条；如果行业周期滞后于经济周期，虽然经济周期已经进入萧条时期，但行业仍有可能保持一段时间的繁荣等等。

通过经济周期与行业周期之间的不同步性分析，以及当时经济所处状态的分析，银行可以提前判断企业借款可能面

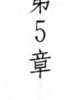

临的问题或风险。在实际工作中，判断宏观经济周期要比判断行业周期相对容易一些。国家和一些专门的经济研究机构对宏观经济周期的研究一向十分重视，因此，银行可以借用宏观经济的研究成果和行业与宏观经济周期之间的关系提前判断行业的周期性变化，并以此调整信贷政策与投向，降低贷款风险。

4）行业内产品的生命周期

我们知道，行业是对经济活动类别的一种划分，一般是指生产同类产品或具有相同工艺过程或提供同类劳动服务的经济活动类别。可见，行业的周期性发展特征主要缘于行业内产品所具有的周期性。

产品生命周期是指产品从进入市场开始到被市场淘汰退出市场为止所持续的时间。它反映了产品经济价值在市场上的变化过程。

> 与行业周期的发展规律类似，按照产品生命周期的变化情况也可以将产品生命周期划分为四个阶段：投入期、成长期、成熟期和衰退期。

银行信贷人员在进行行业分析时需要关注：行业内各种产品的生命周期与行业周期的一致性和差异性；产品生命周期与成本、价格、利润的相互关系等。图5-2和图5-3分别反映了产品生命周期各阶段的成本、产品价格以及利润的变化趋势和规律。

> 仔细分析每个产品生命周期不同阶段的成本、价格和利润的变化规律可以帮助银行信贷人员选择合适的时机进入以及退出一个行业。这便是银行进行行业周期分析和产品生命周期分析的真正目的所在。

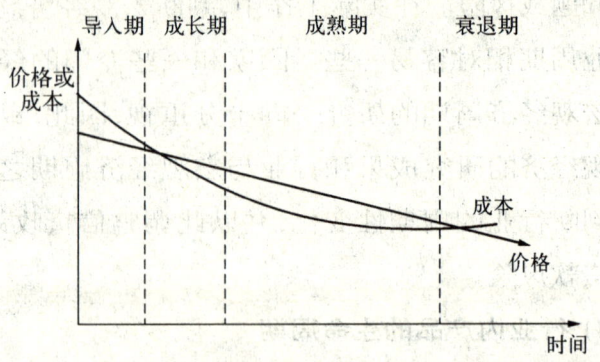

图 5－2　产品生命周期与成本价格关系曲线

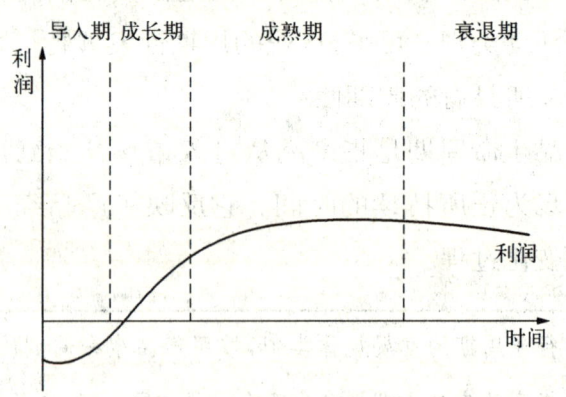

图 5－3　产品生命周期与利润关系曲线

彩电行业的行业周期分析：彩电属于耐用品，因此彩电行业是顺周期行业。我国彩电行业从 2003—2008 年，除海信外，国内其他主要彩电企业进入收入停滞阶段，康佳、长虹等彩电收入徘徊在 85 亿～100 亿元之间，5 年间收入基本无增长。在规模是成长最重要动力的消费电子行业，收入成长停滞极大制约了其成长。然而 2009—2010 年，由于显示技术的变革和升级，我国开始全面进入平板电视时代。

我国当前的平板电视行业具有以下特点：

第一，平板市场销售规模仍处于快速增长期。

2009 年中国平板电视行业继续保持了 78.71％的高速增

长,但是从 2010 年起的增长速度来看,由于平板的规模已经接近 3 000 万台基数,预计未来 3 年平板的速度会逐渐下降,但是总体上仍会维持增长的趋势(如表 5-1 所示)。

表 5-1

2003—2012 年平板电视市场内销规模及增长趋势

内销 规模	2003 年	2004 年	2005 年	2006 年	2007 年	2008 年	2009 年	2010 年	2011 年	2012 年
液 晶	8	34	184	499	901	1 446	2 729	3 698	4 224	4 589
等离子	7	26	63	72	83	195	203	278	368	458
平 板	15	60	247	570	984	1 641	2 932	3 976	4 592	5 047
增长速度%		298.4	309.44	130.82	72.48	66.78	78.71	35.63	15.50	9.89

数据来源:奥维咨询①。

第二,行业主力企业的规模和利润都在快速提高。

第三,产品成本和价格继续保持快速下降的趋势(如表 5-2 所示)。

表 5-2

2008—2010 年平板电视产品价格季度变化

单位:元

单机均价	1Q08	2Q08	3Q08	4Q08	1Q09	2Q09	3Q09	4Q09	1Q10
19/22 英寸	2 717	2 425	2 346	1 849	1 604	1 432	1 417	1 197	1 248
24 英寸						1 963	1 917	1 845	1 779
26 英寸	4 042	3 748	3 411	2 652	2 309	2 160	2 216	2 126	1 964
32 英寸	5 844	5 169	4 854	3 946	3 606	3 235	3 317	3 082	2 849
37 英寸	8 251	6 992	6 576	5 659	5 066	4 471	4 434	4 043	3 822
40/42 英寸	10 405	7 885	7 669	6 775	6 306	5 800	5 794	5 435	5 200
46/47 英寸	14 828	10 780	10 433	9 428	8 795	8 114	8 300	7 892	7 573
52/55 英寸	25 259	18 634	17 984	15 611	14 270	12 674	12 482	11 900	11 714

数据来源:奥维咨询。

---

① 奥维咨询。http://www.pcpop.com/doc/0/503/503191.shtml。

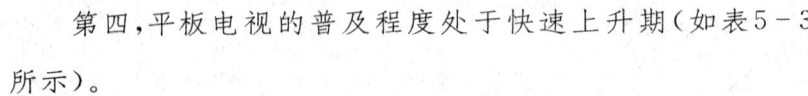

第四,平板电视的普及程度处于快速上升期(如表5-3所示)。

表5-3

2010 年中国家庭平板电视普及率

分类	城市家庭	农村家庭	全国合计
家庭数量(亿户)	2.21	1.83	4.03
户均彩电拥有量(台)	1.42	1.08	1.27
彩电保有量(万台)	31 313	19 730	51 042
平板保有量(万台)	4 176	1 176	5 352
平板电视存量普及率	13%	6%	10%
平板电视家庭普及率	19%	6%	13%

数据来源:奥维咨询。

(1)从彩电的保有量来看,截至2009年,中国家庭的彩电保有总量接近5亿台,CRT电视还有4.6亿台,而平板电视只有5 100多万台。2011年我国平板电视机预计销量将超过4 000万台,我国居民家庭平板电视机保有量将超过1亿台。

(2)从百户拥有量来看,城市家庭的平板电视百户拥有量只有19台,农村家庭百户拥有量不超过6台。

第五,平板电视行业10年发展历程如表5-4所示。

表5-4

中国平板电视行业 10 年前后的对比

对比项目	2001 年	2005 年	2008 年	2010 年
代表尺寸(液晶电视)	22～	32	46～47	52～55
代表尺寸(等离子电视)	42	42	50	50
产业链配套完整程度	基本上没有	严重依赖进口	开始切入open cell配套组装	整机一体化制造进入成熟阶段,核心企业进入面板制造

168

(续表)

对比项目	2001 年	2005 年	2008 年	2010 年
主要代表企业 (第一阵营)	夏普,康佳	三星,索尼 海信,厦华	三星,夏普 创维,海信	三星,夏普 创维,海信
行业年产销规模	10 万以内	300 万以内	3 000 万以内	8 000 万以内
主要购买人群	专业人士	精英阶层	普通白领	大众老百姓
行业平均价格 (以代表尺寸 价格为准)	4 000	120 000	7 000	9 000
普及程度 (百户拥有量)	0	0.3%	4%	10%
行业所处阶段	培育期	导入期	高速成长期	低速成长期

数据来源:奥维咨询(AVC)。

以上对比说明[1]:

(1)决定行业发展进程的是产业技术的成熟程度、产业链的完善程度、主要骨干企业的态度和产品价格四个关键性因素。特别是当行业面临技术升级和产业方向选择的时候,主要骨干企业的策略和态度会决定行业的发展前节奏、发展前景和游戏规则。

(2)伴随着中国平板电视的快速普及,在行业里的主导企业和领导品牌也发生了深刻的变化,一大批新兴企业随着平板的兴起在行业里成为明星,这说明技术升级是不可抗拒的。顺应技术升级则企业兴旺,消极应对则会败亡。

(3)彩电行业的技术升级和革新速度正以加速方式进行,现在 LCD 技术从兴起到完成对 CRT 的替代用了将近 30 年,预计将来 OLED 和 3D 对现有平板显示技术的替代将不

---

[1] 中国平板电视行业十年发展审视与未来展望。新浪网。http://tech.sina.com.cn。

第 5 章 如何预防和管理与问题贷款有关的信用风险

会超过 15 年。

5.1.3　行业需求和供给分析

调查行业目前的需求和供给情况，可以知道行业是否供求平衡，可以预测未来的需求和供给以及价格变化，同时也为判断行业所处的发展阶段提供依据，从而可以分析出行业的盈利状况和行业的发展趋势。因此，需求和供给分析是行业分析的基础。

行业需求分析可以分为调查预测国内需求和调查预测国外需求，其中国内需求分析还可以细分为生产资料和消费资料两部分。供给分析也分为国内供给和国外供给两部分。

1）调查预测需求信息的来源和方法

（1）需求资料的来源主要有以下几个方面：

● 商业、物资等产品销售部门；

● 统计部门、行业主管部门、综合经济部门等国家经济部门；

● 直接向客户或消费者调查。

（2）需求的预测方法：

● 通过社会对某种产品需求情况的发展趋势的调查来推测未来需求。

● 通过消费品与收入的关系，确定某种产品需求的增长与家庭收入增长的关系，从而预测未来需求。

（3）利用一些经济较发达国家的数据。根据这些国家当前对某项产品的需求量，结合预计的收入增长量，预测未来的需求量，当然应适当考虑社会条件的不同，国际、国内市场价格的差异以及国际、国内市场上价格发生波动的可能性。

（4）在某些情况下，还应考虑相关产品（包括互补产品和替代产品)的需求增长情况。

2) 调查预测供给的思路和方法

(1) 所需资料一般可从计划、统计部门、有关企业的主管部门以及金融部门等获取,也可以对现有生产企业做一些实地调查获取第一手资料。

(2) 产品的国内供应量,主要取决于国内的生产能力。首先,调查全国或一定地区这项产品现有的生产能力。其次,了解现有生产能力中是否有未加利用的部分,分析其比例和原因,短期内有无扩大利用的可能。

(3) 在掌握目前的供应量的基础上预测未来的供应量,以便正确估计形势。不少产品可能从目前来看需求量很大,供应严重不足,但当很多企业都一拥而上生产这种产品时,很快就会供过于求了。

彩电行业的需求和供给分析:第一,彩电行业需求分析。

中国彩电市场需求已经基本被平板电视所占据,其中,平板电视的需求占中国彩电市场需求的83%,增速更是高达64%,而传统 CRT 电视需求仅占17%。据预计,在经历了连续3年的价格快速下降后,2009年平板电视价格下降速度放缓,2010年平板电视整体价格水平下降幅度将不会高于20%。目前,国内彩电存量大,约有4.5亿台,其中 CRT 电视约4亿台。这些 CRT 电视在未来10年内必将全部更新成液晶电视,简单测算每年至少带来4 000万台的平板电视销量;以8年更新时间计量,将是每年5 000万台。未来10年国内市场的旺盛需求为平板电视提供了稳定的成长空间。存在以下几个拉动行业需求的有利因素:

一是互联网电视前景广阔,促进平板需求。

彩电之前仅是单纯的音视频接收终端,随着三网融合的

推进,电视和网络的融合并最终成为三网融合后最重要的多媒体娱乐终端之一。2009年,各主流彩电企业纷纷推出电视与网络及电脑的融合产品,彩电的应用领域在扩张,彩电企业也可通过为消费者提供更多增值服务而获取更多的盈利。

二是电视产品自然淘汰所引发的更新需求,将会推动内销市场持续放大。

到2009年年底,中国家庭的彩电保有量达到5.1亿台,从2010年开始到2014年的5年时间里,会迎来彩电自然更新换代的高潮。

三是未来几年结婚数量快速增长,形成稳定的结婚电视需求。

20世纪80年代后期的生育高峰导致2009年出现结婚潮,预计要持续到2013年以后,结婚人数增加会带动平板电视的旺销。根据国家统计局的数据显示,未来5年每年的结婚人数将保持在1000万对以上,其中2011—2013年预计超过1200万对,这为平板电视提供了一个稳定的需求保证。同时,从2008年实施的全国"家电下乡"和"以旧换新"工程,也为平板电视在农村市场的普及起到了重要的推动作用。另外,关于平板电视节能补贴的政策正在拟定之中,这也有助于促进平板电视的更新需求。

四是城市化的加速发展带动城市家庭数量增加,将推动平板电视的普及。

2008年中国的城市化率只有48.6%,根据中国社科院的预测数据,未来10年中国的城市化进程每年将保持超过1.5个百分点的速度提升,这意味着每年有超过600万个农村家庭变成城市家庭。这些人在城市的安家落户将给彩电行业每年贡献400万台以上的需求。

五是商用市场将为中国彩电行业开启一片新的天地。

伴随社会经济的发展和彩电行业的整体技术进步,商用市场也日益成为彩电行业不可忽视的重要细分市场,2009年中国商用电视的销售规模接近200万台,销售额超过100亿元。在大量基础设施建设、商务住宅和商业楼宇设施建设、大型企事业单位的办公设施和酒店娱乐行业的需求拉动下,商用电视行业的市场规模预计将保持45%以上的成长速度。

第二,彩电行业供给分析。

一是未来3～5年内,LED背光取代CCFL将成主要趋势。

LED背光液晶取代CCFL液晶虽然只是一个背光源方面的变化,还算不上是产业升级,但是LED背光液晶电视作为液晶技术的改良型的产品,在外观的超薄化、材料的环保化和省电节能方面,取得了显著的进展。随着LED背光液晶产业参与力量的增强,背光液晶产业链将日益完善,LED背光液晶的出货会迅速增加,价格也将迅速下降。

随着LED背光液晶出货的增加,未来3～5年LED背光液晶对CCFL液晶的替代速度,预计将会维持15%的速度,因此LED背光液晶的普及化只是时间问题。

二是OLED在2016—2017年会完成市场培育。

作为下一代显示技术的主要代表,OLED在技术性能综合了液晶和等离子两种显示技术的优势,在画质、能耗和使用便利性方面对现有的显示技术将会是一场彻底的革命。中国已经启动在TFT领域的大规模投资计划,一旦建成投产,面板产能将会超过日、韩和我国台湾的总和,占据全球面板产能的50%以上,届时不管是日、韩还是我国台湾面板企业,都将面临与大陆面板企业争夺市场出海口的问题。

5.1.4　行业成本结构分析

企业的产品成本由固定成本和变动成本两部分构成。

如果一个行业固定成本占总成本比重较高,则该行业为高经营杠杆行业。高经营杠杆行业的平均成本随着生产规模的扩大而降低,产销量越大,盈利水平也就越高。

如果一个行业变动成本占总成本的比重较高,那么该行业为低经营杠杆行业。低经营杠杆行业的生产规模扩大对它的平均成本和盈利水平的影响不大。

当产销量波动时,高经营杠杆行业受到影响较大,应该对市场需求风险密切关注,而低经营杠杆行业几乎不受影响,处于相对较有利的位置。

借款人申请贷款的期限很大程度上和行业成本结构有关,高经营杠杆行业的借款人倾向于申请中长期贷款,而低经营杠杆行业的借款人对短期贷款需求较多。

彩电行业的成本结构分析:彩电行业属于高经营杠杆行业,固定成本较高,变动成本相对较低,所以彩电行业经常通过打价格战来提高销量,以降低平均成本。产销量变动对彩电业的影响较大,应注意此类风险。但是彩电行业有其特殊性,现在彩电更新换代较快,原来被认为是固定的成本现在却可能是变动成本了。

5.1.5　行业盈利性分析

1) 行业盈利性水平分析方法

行业的盈利性与行业周期性密切相关,对于贷款来说,一个从扩张到衰退持续盈利的行业,其风险应该是很低的。

在分析行业的盈利能力时,要注意考察现金流量情况。

一个盈利的借款人，不一定有正的现金流量，或现金流量不一定能够满足偿还银行贷款的需要。尤其在一些竞争激烈，大量采取赊销的行业，应收账款余额很大，企业虽有盈利，但现金流量不足。

2）低盈利行业

低盈利行业的平均盈利水平低于全社会行业平均水平。

低盈利行业多为夕阳行业，消费者对该行业产品的需求相对于该行业的总体生产能力而言严重不足，整个行业中的企业总体盈利水平较低，只有极少数的龙头企业尚能维持。如果整个行业的盈利水平在下降，其中大部分企业可能亏损，该行业中的企业作为借款人时，银行就有理由怀疑其继续生存或保持盈利的可能性，因而其未来的还款能力就值得怀疑。即使借款人目前各方面的表现尚能令人满意，但却不能保证在贷款存续期内一直拥有充足的资金来应付还款的需求，所以应该慎重考虑对这种企业的贷款。即使必须向此类行业发放贷款，也只能选择该行业中的龙头企业。

3）高盈利行业

高盈利行业平均盈利水平高于全社会的行业平均水平。

高盈利行业一般是朝阳行业或者比较成熟的行业。这个行业的平均盈利水平高于社会平均盈利水平，在没有行业进入壁垒的情况下，必定吸引更多的投资者进入，竞争者的增加会使行业的整体盈利水平下降。所以银行在给高盈利行业放款的同时需要注意这种超额利润是否能够长久维持。如果这个行业是垄断的，则贷款的风险相对较小。

彩电行业的盈利水平分析：我国彩电行业已经从高盈利行业转变为接近社会平均利润率的行业。近年来，彩电的利润率不断下滑。1999 年彩电全行业的利润率为 2.26％，2000

年为 2.11％,2006 年为 1.7％。2004 年以来液晶为主的平板电视渐成气候,平板电视市场放量启动,彩电行业利润率有所回升。然而,"平板时代"到来仅一年时间,行业利润已经骤降至 3％以下①。

由于彩电市场缺少能够吸引客户并形成稳定忠诚度的能力,初期依靠价格获得的市场份额很容易因其他产品的降价而被夺走。只有在实现了相对较高集中度的情况下,市场份额才能有效地转化为利润,所以,预计目前彩电市场的激烈竞争将继续,各厂商的收益难以出现大幅度的提升。

5.1.6　行业依赖性分析

在分析借款人所在行业的风险时,要确定其他行业对借款人所在行业健康发展的影响程度以及这些行业的风险状况,进而间接分析其他行业的变化对借款人所在行业的影响程度,最终得出该行业的风险状况。如果借款人所在行业对其他行业的依赖程度较大,其他行业的变动可能会影响到借款人所在行业的稳定程度,进而影响借款企业的原材料供应或产品销售,最终影响到该企业的生产成本和盈利水平。

一般而言,某行业对其他行业发展的依赖程度越高,该行业中借款企业的潜在风险就越大,因此,任何一个行业的变化,都有可能对其他行业构成直接影响,进而影响到该行业中的企业。银行应该以行业间的这种共存或普遍联系的观点来分析行业风险,由点到面地分析某个行业变化可能对其他行业构成的影响,以便及早发现引起贷款风险的因素。

彩电行业的依赖性分析:我们在分析彩电行业的风险

---

① 《CRT 电视成为国内彩电企业主要盈利来源》,《北京商报》。http://economy. enorth. com. cn /system /2008 /08 /05 /003624352. shtml。

时,要考虑其上下游行业的影响。

从下游销售渠道来看,彩电行业对家电零售业的依赖度较高。例如,在平板彩电爆发式的增长中,家电连锁业巨头功不可没。平板彩电初入市场之时,由于价格极高,众多消费者对它望而却步。2005年4月初,国美进行了首次价格下调,它在全国范围采购了20万台平板彩电,引发平板彩电的首轮价格雪崩,成功实现了出货量的激增。此举引起永乐、大中、五星等家电连锁巨头们纷纷跟进。自此以后,原被认为是"贵族"的平板彩电才逐渐进入市场普及期。

不过,随着网络的发展,彩电对传统家电零售业的依赖度正在降低。2009年以来,专业的家电网购网站的出现为彩电销售开辟了新的渠道。没有进店费、人力成本低等因素使得家电网上商城能提供更低的价格。网民数量激增成为催热家电网购市场的重要因素。主流国产彩电厂家也成立了类似于"直销部"的部门,专门支持网上业务。

同时,随着液晶电视进入三、四级市场,国产彩电企业历史上长期积累的销售网络优势将得以凸显,这进一步降低了彩电行业对全国性家电连锁渠道的依赖性。

从上游供给来看,随着液晶面板行业的景气下滑和下游彩电整机企业规模的提升,下游整机企业对上游的议价能力增强,产业链的话语权短期内从上游向下游转移。但同时我们应看到,由于液晶面板行业的高度集中(前五大面板厂商占全球85%的份额),面板厂商可以通过调控产能利用率维持面板价格的相对均衡。从中长期来看,虽然液晶面板产能过剩仍将持续,但上游和下游的关系将趋向均衡。

5.1.7 行业可替代性分析

可替代性分析是指那些与某行业的产品有相同、相似功

能或能满足相同需求的产品。行业产品的替代性也是行业间相互影响的表现形式之一。

(1) 一般情况下,没有替代产品或类似产品的行业风险最小,贷款给这些行业是最安全的。

(2) 有少数替代产品或转换成本高的行业,由于替代产品尚不至于构成严重威胁或因转换成本太高而使行业风险可以控制,贷款给这些行业也相对安全,但要随时注意可能产生的风险。

(3) 如果某个行业的产品有数种替代品或转换成本较低,替代品在一定时间之后必然会对该产品构成强大压力,因而行业风险较高,贷款给这种行业需要慎重考虑,如果不是规模效益明显,经验丰富且经营稳定的企业,原则上应该不给予贷款支持。

(4) 如果该行业有许多替代品或没有转换成本,替代品可以即刻对该产品构成压力,行业风险极高,则应禁止向该行业的企业贷款。

彩电行业的产品可替代性分析:目前,能够上网的电视机成为厂商的研究重点。未来的电视将朝着超薄化、3D 化、3C 化、互动化、低碳等方向发展。多元、开放的产业体系必将改变旧有的产业体系,对行业的格局产生颠覆性的影响。

5.1.8 行业集中度分析

很多行业经过一段时间的发展会形成部分企业在一定程度上支配整个行业的现象,我们可以用行业集中度来反映这一现象和程度。所谓行业集中度,又称为市场集中度market concentration rate,是指市场上的少数企业的生产量、销售量、资产总额等方面对某一行业的支配程度,它一般是用这几家企业的某一指标(大多数情况下用销售额指标)占该行业总量的百分比来表示。行业集中度分析方法如图5-4所示。

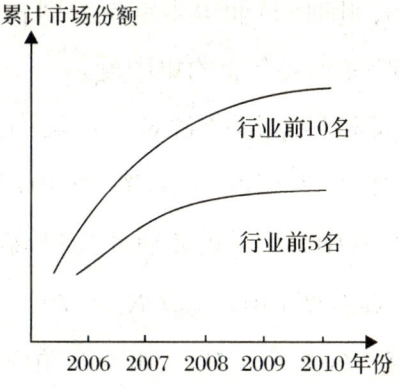

分　析　方　法	分　析　方　法
累计市场份额 （图：行业前10名、行业前5名曲线，横轴2006 2007 2008 2009 2010 年份）	• 行业集中度反映一个行业的整合程度和竞争能级。 • 如果集中度曲线上升迅速,表明行业竞争激烈,优势企业纷纷采用渠道扩张、降价等方式来扩大市场,而稳定的集中度曲线则表明市场竞争结构相对稳定,领导厂家的优势地位业已建立。 • 一般而言,处于集中度迅速上升中的行业蕴含发展机会,此时加大市场投入,加快渠道建设往往能获得一定的成效。 • 而处于集中度稳定的行业则机会不多,企业扩张的努力会受到领先厂商的集体抵制,此时细分化、差别化的发展策略才能见效。

图5-4　行业集中度分析方法

行业集中度指数(concentration ratio,CRn)是测算行业集中程度最常用的方法,行业集中度指数的计算有两种情形:

第一,已知该行业所占市场份额的情况下,其计算公式为:

$$CR_n = \sum_{i=1}^{n} S_i$$

式中　S_i 为第 i 个企业所占的市场份额;

　　　　n 为这个行业中企业的总数。

第二,已知该行业的企业的产值、产量、销售额、销售量、职工人数、资产总额等的情况下,其计算公式为:

$$CR_n = \frac{\sum (X_i)_n}{\sum (X_i)_N} \quad N > n$$

式中　CR_n 为规模最大的前几家企业的行业集中度；

　　　　X_i 为第 i 家企业的产值、产量、销售额、销售量、职工人数、资产总额等；

　　　　n 为产业内规模最大的前几家企业数；

　　　　N 为产业内的企业总数。

通常 $n = 4$ 或者 $n = 8$，此时，行业集中度就分别表示产业内规模最大的前 4 家或者前 8 家企业的集中度。

根据美国经济学家贝恩和日本通产省对产业集中度的划分标准，将产业市场结构粗分为寡占型（$CR_8 \geqslant 40$）和竞争型（$CR_8 < 40\%$）两类。其中，寡占型又细分为极高寡占型（$CR_8 \geqslant 70\%$）和低集中寡占型（$40\% \leqslant CR_8 < 70\%$）；竞争型又细分为低集中竞争型（$20\% \leqslant CR_8 < 40\%$）和分散竞争型（$CR_8 < 20\%$），如表 5-5 所示。

表 5-5

美国贝恩对市场结构进行的分类

集中度 市场结构	CR_4 值（%）	CR_8 值（%）
寡占 I 型	$CR_4 \geqslant 85$	
寡占 II 型	$75 \leqslant CR_4 < 85$	$CR_8 \geqslant 85$
寡占 III 型	$50 \leqslant CR_4 < 75$	$75 \leqslant CR_8 < 85$
寡占 IV 型	$35 \leqslant CR_4 < 50$	$45 \leqslant CR_8 < 75$
寡占 V 型	$30 \leqslant CR_4 < 35$	$40 \leqslant CR_8 < 45$
竞争型	$CR_4 < 30$	$CR_8 < 40$

彩电行业的集中度分析[①]：彩电行业是典型的竞争性行业，但经过多年残酷竞争之后，市场格局相对稳定，市场集中度已较高且呈提升趋势。目前，有能力参与市场竞争的国内

---

① 《彩电行业：在春天中起舞》，联合证券。

品牌已极少(6个,分别为海信、创维、TCL、康佳、长虹、海尔),仍在坚守且具备发展潜力的外资品牌仅剩5个("3S"——三星、索尼、夏普、LG和飞利浦),其他外资品牌竞争力明显下降(三洋、东芝),二线彩电品牌(包括新进入者)并未且难以获得竞争优势。

5.1.9 行业风险综合评价

行业风险综合评级如表5-6所示。

表5-6

行业风险综合评价

行业特征	低风险	中等风险	中高风险	高风险
成本结构	低经营杠杆,低固定成本,高变动成本	固定成本与变动成本平衡	固定成本略高于变动成本	高经营杠杆,高固定成本,低变动成本
成熟性	成熟行业——销售和利润仍以合理比率增长	正在成熟的行业——摆脱了成长的主要问题。高度成熟行业——处于衰退的边缘	新兴行业——仍迅速成长,弱的竞争者开始退出衰退行业——销售和利润下降	新兴行业——以爆炸性速度成长
周期性	不受经济周期影响	销售增长或下降较温和,能反映经济的繁荣和萧条	销售受繁荣和萧条的轻度影响	高度周期性或反周期性
盈利性	从扩张到衰退持续盈利	在衰退期持续盈利,但低于平均水平	在扩张期盈利,衰退期不盈利	扩张期和衰退期都不盈利
依赖性	高度多样化的顾客群和供应商	顾客和供应商限于某些行业,但其中任何一个都不占有10%以上的购销额	顾客和供应商限于某些行业,其中某些可以占有20%～30%的购销额	高度依赖于一两个行业或顾客

彩电行业案例分析结论:我们先应作出是否可以进入该行业的判断。彩电行业是我国比较成熟的产业,原本已经进入微利时代,竞争激烈。2009年以来,我国经济回暖,国内在平板产业链上游实现突破——从零到全球第三,正值我国居民家电更新换代的高峰,再加上国家一系列的政策刺激,应该说此时可以考虑向彩电行业投放信贷。

但同时应考虑行业的激烈竞争带来的风险。之前很长一段时间内我国彩电生产企业基本上不掌握显示屏的核心技术,主要是在产品外形工业设计等方面下工夫,导致产品之间没有本质的差异。为了获得相对高的利润率,整个产业新品发布频率非常高,部分国内企业全年发布系列新品四五次或更高。不断推出新品导致产品生命周期迅速缩短,企业的投入得不到充分的回报,毛利率无法维持在高位置。近两年,国内开始加大显示技术的改革升级力度,但与国外领先一步的技术相比,我国在成本和技术层次上还是有一定差距的。这种状况在短期内可能依然难以改变。因此在考虑某企业进行信贷投放时,要注重对企业技术方面的专业性考察,包括技术的实现周期、成本等。

另外,还要综合考虑企业自身的资金、技术人才因素,不能忽视外贸环境复杂、人民币持续升值等带来的不利影响。

5.1.10 行业财务风险评价指标

行业分析涉及面广,影响行业发展的风险因素众多,其中不少因素难以用指标量化反映。相对而言,行业财务风险可用一些指标进行衡量,如表5-7所示。

表5-7

行业财务风险评价指标

序号	指标名称	指标计算	指标说明
1	行业净资产收益率	净利润/平均净资产×100%	该指标是衡量行业盈利能力最重要的指标,指标数值越高越好
2	行业盈亏系数	行业内亏损企业个数/行业内全部企业个数＝行业内亏损企业亏损总额/(行业内亏损企业亏损总额＋行业内盈利企业盈利总额)	该指标是衡量行业风险程度的关键指标,数值越低风险越小
3	行业产品产销率	行业产品销售量/行业产品产量×100%	该指标越高,说明行业产品供不应求,现有市场规模还可进一步扩大
4	行业销售利润率	行业内企业销售利润总和/行业内企业销售收入总和×100%	该指标越高,说明行业产品附加值越高,市场竞争力越强,发展潜力越大
5	资本积累率	行业内企业年末所有者权益增长额总和/行业内企业年初所有者权益总和×100%	该指标评价行业的发展潜力,越高越好
6	劳动生产率	＝(截至当月累计工业增加值总额×12)/(行业职工平均人数×累计月数)×100%	该指标在一定程度上反映出行业间的相对技术水平,该指标越高表明其生产技术越先进,单位员工产出越多

在行业财务风险分析中,可以计算出某个行业的上述6个指标,并按照时间序列进行趋势分析,评价行业所处的发展周期,为进入或退出某个行业的决策提供一定的参考。

5.2 贷款发放前的筛选

5.2.1 别把贷款给错了人——借款人分析

5.2.1.1 经营风险分析

1）对于企业规模的衡量和判断方法

规模效益是指：当企业达到一定的规模，使得固定资产能够得到充分的利用，这个时候企业的单位成本会降到最低，只要企业的产品有销路，企业的盈利将会最大化。

银行在分析企业规模问题时，必须注意以下几点：

第一，衡量企业规模的指标应该选择企业的销售量。

需要注意的是这里是销售量而不是生产量，因为企业生产出来的产品必须为消费者所接受，实现销售收入，才可能产生利润。否则如果产量很高，却不能销售出去，则只能增加库存，这不仅会对流动资金造成压力，而且最终可能导致企业的破产。因而建立在销售量基础上的企业规模，一般情况下越大越好，但随着企业规模的过度扩大，导致经营成本上升而产品价格下降时，销售越多，亏损反而越大。

第二，规模是一个相对概念。

规模只有与同行业的其他企业比较才有意义，比较不同行业的企业规模是没有实际意义的。有些行业是资本密集型行业，需要很大的规模，如一个 20 亿元资产的汽车制造企业在汽车行业中可能只能算是一个小企业。而有些行业是劳动密集型行业，例如，一个 20 亿元资产的服装公司则可能是本行业中的大型企业。

第三，适当的规模是保证企业生存、发展的必要条件。

一般情况下,企业规模越大,市场份额也就越大,企业经营也就越稳定,抗风险能力也就越强;反之,规模越小,市场份额越小,就越容易被竞争对手挤出市场,抗风险能力也就越差。企业为了抵抗风险,在没有达到适度规模之前,其最主要的经营战略就是扩大规模,通过规模的扩大增加销售,降低经营成本在销售收入中所占的比例,从而确保企业能够实现盈利。然而在这种状态下企业的经营风险实际上是很大的,在其扩张过程中,很可能由于某一步的失误而导致整个企业的破产。这是因为扩张初期的企业通常十分脆弱,抗风险能力较弱,不能有效地规避风险。所以银行在给这类企业贷款的时候需要慎重,综合考虑该企业的管理者素质、项目前景、已经取得的业绩等,并密切关注企业发展的过程,随时作出调整。

但是,企业的规模也应该保持在一定范围之内,而不是越大越好。规模越大,生产管理难度越大,企业经营策略调整的困难越大,甚至可能产生规模负效应,影响企业的盈利水平。如果企业规模过大并形成行业垄断局面的话,可能破坏自由竞争的环境。企业也会因外部竞争压力不足而缺少在内部改革、创新、控制成本的动力。

企业常常利用垄断地位,采用垄断定价等方式谋求不合理的垄断利润。在垄断情况下,即使产量很低,价格仍可能很高,企业还是能获得高额利润。这容易造成企业不注重科学技术的研发与利用、放松管理和成本控制、不思进取而逐渐丧失活力,同时也会招致消费者、同业、政府的干预,最终可能导致银行问题贷款的形成。

因此,维持适度的规模有其合理的一面。对特定行业而言,企业规模应该适度,如何寻找这个"适度"的规模不仅是

企业自身应该研究的问题，也是银行应该研究的问题，银行应该监督企业，防止其过分扩张。

按照微观经济学中有关规模经济的相关理论，经济规模有以下几种表现形式：起始经济规模、合理经济规模、最佳经济规模和最大经济规模。

图5-5反映了固定资产投资项目的收入、成本和产量相互间的变化规律，并可直观地显示规模经济的各种表现形式。

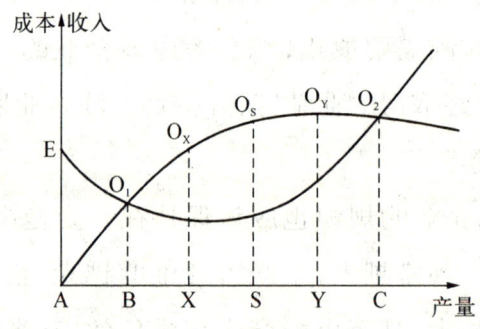

图5-5　合理经济规模分析

图中：EO_2 为成本曲线；

　　　　$O_{XX} \sim O_{YY}$ 为合理规模；

　　　　AO_2 为销售收入曲线；

　　　　O_sC_s 为最佳经济规模；

　　　　O_1B 为起始规模；

　　　　O_2C 为最大销售规模。

其分析方法如下：

第一步：分析影响项目生产规模的主要因素。

第二步：确定项目的起始规模（达到盈亏平衡的规模）。

第三步:确定项目的合理规模(具有一定安全边际的规模)。

第四步:对照国家制定的《固定资产投资项目的经济规模标准》审查可研中拟定的生产规模方案是否可行。

第四,规模扩大的方式。

企业扩大规模的方式可以是多种多样的,如同行业收购兼并、跨行业收购兼并、多元化经营、筹建分支机构、股东注资、企业联合等。企业规模的扩大并不意味着企业的盈利状况一定会好转,但不同的扩大规模方式可以实现不同的目标。不同的扩张方式及企业管理水平的高低决定了企业能否达到规模效益。有些企业因管理水平不能胜任企业规模的过快扩张,虽然规模扩大了,但成本增长快于销售收入的增长,结果使企业的获利能力下降了,一些企业可能因摊子铺得过大、成本增长过快、流动资金短缺、银行负债总量过大或增长过快等原因而不能继续维持生存。

我国企业大多采取跨行业收购兼并或多元化投资的方式迅速达到规模扩张的目的,由于收购兼并后的企业整合情况不理想、管理跟不上和对新进入行业的不熟悉,企业很可能危机四伏。如投资项目资金短缺、大量拖欠银行贷款、延迟支付工资、拖欠税金等。银行信贷人员对这种情况应该给予足够的重视,为慎重起见,银行信贷人员对任何以这种方式扩大规模的企业都要保持一份戒心,密切关注企业规模扩大的各种表现,力求提前发现企业陷入危机的信号。

综观国际上许多成功的大企业,多数是以专业化经营作为基本的经营策略的,在此基础上通过同行业或相关行业的收购兼并实现规模扩张的目的,这些多少会给我国企业一些

187

启示。

2）企业所处的发展阶段分析

企业的发展阶段可以分为创立、快速发展、成熟稳定、退出行业或破产倒闭等。企业所处的发展阶段与行业所处的发展阶段之间有一定的联系，如果行业处于快速发展阶段，那么就为企业的快速发展提供了良好的行业环境，当然企业的发展阶段又有相对独立的一面。

- 当企业处于创业时期时，无论行业技术是否成熟，此时的新兴企业都需要资金用于技术研发或购置新设备等，投资项目的不确定性较大，企业前景也因缺乏历史借鉴而无法预测。
- 当企业进入快速成长阶段时，所需要的资金多用于添置设备和流动资金，此时企业经营的前景具有一定的可推测性。
- 当企业进入成熟稳定阶段时，企业经营管理的各方面都已经稳定，所需要的资金多用于更新设备、补充流动资金。
- 而管理不善或其他方面存在缺陷的企业，可能会因盈利状况恶化难以维持生存而不得不退出行业。

对银行信贷工作人员而言，新成立企业和面临困境企业的借款需要严格监控，特别是对这类企业发放新贷款时更应格外慎重。

新成立的企业未来不确定性很大，虽然里面存在一些未来很有潜力的企业，但在企业发展初期，企业是否能够发展壮大的特质并没有完全显示，所以银行需要细心鉴别，谨慎贷款。

同样，对于陷入困境的企业，银行应该本着不再发放新贷款的原则，认真考虑研究该企业能否走出困境，如果认为该企业已无复苏的希望，则需要尽早催还贷款，使损失降到最低。总之,应该在保证安全性的前提下考虑贷款的发放。

3)产品多样化分析

产品多样化是分散经营风险的一种方式,在分析产品多样化时要注意几点:

第一,产品单一并不一定就有风险,如果该产品的技术含量较高或具有专利技术,则在相当长的时间内由于技术开发及完全掌握有困难而不可能出现强有力的新竞争产品,在市场上找不到其他的类似产品,此时的产品单一并不能构成即时风险。垄断行业和公共事业就存在这样的特点。

第二,客户单一且产品用途少,会使得企业对客户的依赖性增强,如某一品牌汽车的配件供应商能够获得长期稳定的订货,则企业风险可以得到控制,这种情况下,产生问题贷款的可能性较小。

第三,随着消费者消费水平的提高,消费者对具有个性化的产品或服务的需求逐渐增多,层次也随之提高,因而产品多样化、系列化是必然趋势,如手机行业,个性化已经成为人们选择手机品牌的重要因素。一个缺乏创新的、守旧的企业的风险一定会随时间的推移而增加,银行贷款的投放需要注意避开这类企业。

4)产品市场供求关系分析

第一,产品分析。

产品分析简而言之就是确定产品在社会生活中的重要性、特性、质量、买方定位和价格等方面的问题,目的是确保产品具有使用价值、价值,为市场所乐于接受等。

第二,市场分析。

市场分析主要是围绕市场竞争的激烈程度、企业对市

场价格和需求的控制能力、客户的分散程度以及销售方法等方面展开。企业要在市场竞争中生存、发展，必须根据市场需求开发、设计、生产商品，并通过适合的营销手段将产品推销出去，最终实现盈利。

现实中有相当一部分企业的产品设计因为没有反映市场变化而缺乏竞争力，他们中的大多数没有建立起有效的市场分析体系，没有根据市场需求的变化趋势和竞争对手的产品特点开发生产合适的产品，造成产品在性能、式样、颜色、材料、个性化、包装、质量等方面落伍，从而不可避免地形成库存积压。

银行在对借款人的情况进行分析时，要注意企业的产品特性和市场营销的组织能力。

5）采购环节风险评价

采购环节的风险主要有原材料价格风险、购货渠道风险和购买量风险。

第一，原材料价格风险。

原材料价格直接影响企业的生产成本，如果能够降低原材料价格，企业的生产成本就低，盈利空间就大；否则企业会因原材料成本过高而出现无法盈利的局面，最终可能导致问题贷款的产生。

第二，购货渠道风险。

原材料购货渠道的多少也是影响企业风险的重要因素。如果企业原材料的购货渠道单一，一方面一旦购货渠道出现风险时，企业无法从别的渠道获得原材料，可能造成无法按时完成生产任务；另一方面企业也可能会因为讨价还价能力差而无法有效降低生产成本，出现成本偏高的局面。

一些企业的关键原材料国内不能生产,主要依赖进口,而且进货渠道单一。这些企业对进口过分依赖,讨价还价能力较弱,不得不以较高的价格进口原材料,有些时候甚至为了保持稳定的供货关系而不得不承担大量的购货以外的支出(如提供押金,承担昂贵的运输费用等)。这种局面的存在必然导致生产成本的提高,导致这些企业的盈利能力降低,使企业产品的大部分利润被国外企业攫取,而国内企业处于产业链的低端部分,得到的仅仅是低廉的加工费用。

对银行而言,企业不能按时完成生产任务或生产成本过高,都可能使得企业无法按时偿还贷款。

第三,购买量风险。

原材料的购买量与企业的存货管理计划、生产规模、原材料的购买费用、原材料的储存费用、原材料价格走向、原材料的紧缺程度、企业的资金实力等有关。

存货库存过低可能出现因原材料短缺而无法继续生产,或者因原材料涨价而不得不支付较高的购货成本;存货库存过高不仅占用了大量的资金,而且还有可能因原材料价格大幅下降而蒙受损失。

随着技术升级换代的速度加快,有些原材料的价格变化较快,存货量的大小可能对企业的生产成本构成决定性的影响,如一些电子元件的价格因技术进步而呈快速下降的趋势,如果库存过高而电子产品价格下降又较快,企业可能因此而亏损。

所以银行应该仔细分析企业的采购环节,任何影响采购环节的因素,银行都应该给予特别的注意,防止问题贷款的产生。

6）生产环节风险评价

企业生产环节中可能对贷款偿还构成影响的因素有生产的连续性、对生产技术更新的敏感性、抵御灾难的能力、环境保护和劳资关系等。

银行应该对企业生产的连续性密切关注，搞清楚是正常原因还是非正常原因造成企业停产，如果是非正常原因停产，则企业借款成为问题贷款的可能性就相当大，如果非正常原因导致企业停产已经发生，那么银行就需要研究：这些原因会造成企业长期停产还是短期停产？能否消除？消除的难度有多大？企业本身是否具备这个能力？企业是否正在采取合适的措施等。然后，认真分析这些问题及其可能对贷款安全造成的影响。

7）销售环节风险评价

销售环节关系到企业能否顺利地将产品送到目标客户手中，它是企业实现利润的重要环节。运输、付款方式等方面也会影响消费者的购买欲望。

一些企业仍对产品促销的重要性认识不足，这不仅影响了产品的销售，而且也影响到产品的售价。"酒香不怕巷子深"的传统营销观念仍然影响着企业，并阻碍着他们学习、接受现代的营销理念，甚至有些企业仍然企图通过政府或地方保护，以计划手段推销产品。银行对债务人的非财务因素进行分析时需要注意这些，因为促销能力对债务人未来的还款能力有着极其重要的影响，甚至可以说：不具备较强促销能力的企业是危险的不可能长久生存的企业。银行应该限制向这类企业发放贷款。

8）企业经营风险综合评价

企业经营风险的综合分析如表 5-8 所示。

表 5 - 8

企业经营风险综合分析

经营风险评估内容	低 风 险	中等风险	中高风险	高 风 险
规模	销售量、资产、盈利和市场份额名列前茅	中等规模的售量、资产、盈利和市场份额	销售量、资产、盈利和市场份额较小	销售量、资产、盈利和市场份额最小
发展阶段	稳步增长	趋于稳步增长;弱者被挤出市场	快速增长,但速度不是爆炸性的	以爆炸性的速度增长,销售量和资产连年下降
产品多样化	产品多样;没有一种产品的销售或利润占到10%	产品多样;用途有限,但客户较分散;一种产品的销售或利润占到20%～30%	品种有限,用途也有限;一种产品的销售或利润占30%以上	产品单一或者客户单一
产品重要性	常用品,需求稳定且可以预测	必需品,但为可推迟消费品;需求有周期性	奢侈品;市场小但稳定	极度奢侈品,市场小且不稳定
差异	产品非常与众不同;几乎没有替代品;专利得到很好的保护;信誉好	产品有些独特;可能因为产品的复杂性,替代品很有限;信誉较好	产品无独特之处,有一些现成的替代品;信誉好	产品无独特之处,有许多好的替代品;质量一般
市场竞争	没有直接竞争对手	有一些直接竞争对手,但总体上胜过对手	面临来自大公司的轻度竞争	面临来自大公司的激烈竞争
讨价还价的能力	对其主要产品销售价格有相当大的控制	对价格有重要影响	对价格有最低限度的影响	顾客对公司产品的价格有重要的控制
需求	对产品需求有实质性的控制	对需求有有限的控制	对需求无控制	顾客对需求有重要的控制

（续表）

问题贷款识别与防范

经营风险评估内容	低 风 险	中等风险	中高风险	高 风 险
集中	顾客基础高度多元化；无占销售额10%以上的顾客或企业群	顾客基础多元化；一个顾客或企业群占销售额的10%以上；失去这种份额会有临时性的不利影响	顾客基础轻度多元化；基本依赖于少数顾客	顾客基础未多元化；一至两个顾客的销售额占100%；失去这些份额将是致命的
销售方法	销售循环短，扩大销售和控制成本的方法适当	与顾客接触一次以上才能售出产品；公司不清楚哪些销售方法最好	与顾客接触多次后才能售出产品；销售成本高或销售渠道重复	销售循环长；需要与顾客多次接触，决策环节多，公司运用太多或太少的方法
原料价格	对原料价格有实质性的控制	无控制，但供应商的竞争确保了价格的公平	原料价格受供应商的影响	原料价格受供应商的控制
受供给变化的影响	能轻易地预测供给的变化	可合理地预测供给；正常的变动不会有太大的影响	可合理预测供给，但变化很大，足以对利润产生大的影响	很难预测供给变化；其变化可能导致利润的重大变化
购买	有记录表明，长期以来采购都很适量	偶然的供给过量或供给不足，对利润无大的影响	定期性的供给过量或供给不足，导致利润有一些变动	经常性的供给过量或供给不足，导致利润有重大变化
生产的连续性	经营没有困难；停工不影响生产计划或成本	偶然有严重的停工或生产问题；对生产计划和成本有轻微的影响	生产经常有意外的中断，对成本和交货有较大的影响	生产经常有意外中断；对成本有重大影响，是成本变动的重要原因

(续表)

经营风险评估内容	低 风 险	中等风险	中高风险	高 风 险
技术上的弱点	在利用最新技术方面处于行业领先地位;但避免了因引进太快所可能带来的害处	生产计划和成本轻微的受紧跟技术的变化影响;引进新技术较慢	引进新技术较慢;在技术转换方面有弱点;但不会立刻引起致命弱点	技术转换迅速;有很大的弱点;主要的转换可能是致命的
抵御灾难的能力	没有弱点或足以应付任何可想象的事件	有轻度弱点;足以应付灾难后果而对利润无大的影响	灾难可能有重要影响,但不是致命的	灾难是致命的
环境考虑	不产生或处理受法律管制的废料	产生或处理受法律管制的废料,但这些废料是无毒的	产生或处理任何有毒废料	定期产生或处理对环境有潜在严重影响的有毒废料
劳资关系	有较长历史的融洽的劳资关系	有偶然的持续时间较短的罢工或停工;工会与管理层之间有良好的工作关系	有持续时间较长的偶然罢工;有一些意外的停工	有一定历史的恶化的劳资关系;罢工将是长期而惨重的
销售范围	所有目标客户	非常目标顾客	一些目标顾客	非常有限,没有争取到多少目标顾客
促销能力	控制销售的所有环节;能完全控制产品的促销	控制销售链的重要部分;可能促进产品销售或影响采购决策	批发商或分销商持有有限的替代品,能最低限度地控制销售	批发商或分销商持有许多替代品;无法控制销售
灵活性	能根据销售的需要迅速合理地作出反应;能对未来几年的变化作出预测和计划	销售情况经常发生变化,但可以预测;这些变化对利润的影响较小	销售情况变化很快;管理层一般能对这些变化作预测;预测错误的代价很大,但不是致命的	销售形势的变化对公司是致命的;变化很快,几乎无法预测并作出反应

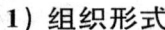

5.2.1.2　管理因素评价

1）组织形式

当前,随着我国国有企业改革的深入和市场经济体制的完善,企业间的兼并、收购以及企业改制成为一种普遍现象,有的企业通过上述行为盘活了资产、扭亏为盈,重新获得生机。与此同时,借兼并、破产、重组、改制之机"逃废"银行债务的现象也很多。因此,银行必须密切关注企业的此类行为,并判断这一因素对贷款可能产生的影响及其程度。另外,企业因第三方企业的上述行为受到牵连的情形也值得银行注意。

2）管理层稳定性

企业管理层的不稳定对贷款安全的影响一般表现在以下几个方面:新管理层对其任期以外的借款大多采取"拖"的态度,或者持不配合甚至不认账的态度;新管理层可能重新选择往来银行而使银企关系发生重大变化或躲避贷款银行的监控等。这些变化都会影响到贷款的按期偿还,也特别容易因此而形成新的问题贷款。

3）管理层的素质和经验

管理层的管理经验是决定其管理能力的主要因素之一,如果高级管理人员只掌握狭窄的技能而没有技术、营销、管理等方面的综合能力,或管理人员没有处理过行业特殊风险或危机的经验,缺少控制经营风险的能力,那么,这样的管理层能否很好地驾驭市场和环境的变化就值得怀疑,这可能最终会影响到企业的未来发展方向和发展前景。管理层的风险评估如表5-9所示。

4）资金运营管理

现金控制涉及集权与分权的管理体制,也就是在企业集

表 5 - 9

管理层风险评估

	低 风 险	中 等 风 险	中 高 风 险	高 风 险
经验	经验丰富	经历过不少行业周期	经验有限,只知道一些常见的行业问题	经验很有限,连最常见的行业问题也不知道
深度	所有职能部门都有持续深入的管理	足够的管理深度,各个关键部门均有合格的管理人员	管理不够深入,需要招聘人员来充实一些次要岗位	管理不够深入,关键岗位有空缺,风险很大
广度	所有主要部门都有经验丰富的管理人员	有一位关键的管理人员经验略显不足,但是学得很快	只有一个关键部门缺少有经验的管理人员,其他管理人员可以照看这个部门	不止一个关键部门缺少有经验的管理人员,其他管理人员很难照看过来
人品	有口皆碑,不管在顺境和逆境中都能保持正直的品德	在当地商界有良好的声誉	管理人员为银行所熟悉;没有理由怀疑管理人员的品行	管理人员最近才与银行交往;没有理由怀疑他的人品,但是他的名声不大好
董事会	由全国知名的商界领袖组成的积极的董事会,对管理层能形成有效制约	有些外部董事的作用不是很重要,只对管理层形成一般的制约	外部董事(如果有的话)不能有效制约管理人员	董事会中没有外部董事,不履行一般性职责
以往完成经营目标的情况	长期以来都能完成经营目标	有大约一半时间能完成经营目标	在完成经营目标方面较差	很少能完成经营目标;有些年好,有些年差

团内部所属各子公司或分部是否有资金决策权、经营权。由于现金控制的目标是防止企业发生支付危机,保持现金流动的均衡性,并通过现金流动有效控制企业的经营活动和财务

第 5 章　如何预防和管理与问题贷款有关的信用风险

活动,获取最大收益,所以,现金控制的集权与分权的程度、集团组织架构的变化、战略等,都会影响现金流入和流出的平衡,影响企业集团经营和财务活动的效率。需要注意的是,企业集团资金控制的模式有多种,任何企业在不同的经营环境和体制下,可以依据企业不同的情况选择最适合本企业的资金控制模式,只要能使自身的资金管理达到均衡和高效,就是最优的管理模式。

一般而言,集团公司货币资金有五种控制模式:

第一,统收统支模式。

该模式是指企业的一切现金收付活动都集中在企业的财务部门,各分支机构或子公司不单独设立账号,一切现金支出都通过财务部门付出,现金收支的批准权高度集中在经营者,或者经营者授权的代表手中。统收统支的模式有助于企业实现全面收支平衡,提高现金的流转效率,减少资金的沉淀,控制现金的流出;但是不利于调动各层次开源节流的积极性,影响各层次经营的灵活性,以致降低集团经营活动和财务活动的效率。

第二,拨付备用金模式。

拨付备用金是指企业按照一定的期限统一拨给所属分支机构和子公司一定数额的现金,备其使用。待各分支机构或子公司发生现金支出后,持有关凭证到企业财务部门报销以补足备用金。与统收统支方式相比较,其特点有两个:一是集团所属各分支机构有了一定的现金经营权;二是集团所属各分支机构或子公司在集团规定的现金支出范围和支出标准之内,可以对拨付的备用金的使用行使决策权。但是集团所属各分支机构或子公司仍不能独立设置财务部门,其支出的报销仍要通过集团财务部门的审核,现金收入必须集中到集团财务部门,超范围和超标准的支出必须经过经营者或

其授权的代表批准。

上述两种模式只适用于同城或相距不远的非独立核算的分支机构。

第三,设立结算中心模式。

结算中心通常是由企业集团内部设立的,办理内部各成员或分公司现金收付和往来结算业务的专门机构。它通常设立于财务部门内,是一个独立运行的职能机构。

第四,设立内部银行模式。

内部银行是将商业银行的基本职能与管理方式引入企业内部而建立起来的一种内部资金管理机构,主要职责是进行企业或集团内部日常的往来结算和资金调拨。

第五,财务公司模式。

财务公司是一种经营部分银行业务的非银行金融机构。其经营范围除抵押贷款以外,还有外汇、联合贷款、包销债券、不动产抵押、财务及投资咨询等业务。我国的财务公司大多是在集团公司发展到一定水平后,由中国人民银行批准,作为集团公司的子公司而设立的,所以,它还担负着集团公司的理财任务。

5.2.2 问题贷款的缓冲垫——担保的设定和评价

5.2.2.1 担保的种类和作用

担保有很多种类,包括抵押、质押、保证、留置等,一笔贷款可以有几种担保,但一般而言,担保与用于还款的现金来源之间有一定的联系,某些种类的担保可能更适合特定种类的贷款,例如,存货与应收账款就不适合作为房地产开发贷款的担保。

在众多种类的担保中,抵押、质押、保证是三种最重要的担保形式。对抵押(包括质押)的分析,主要针对抵押物和质

押物的法律效力和定值,即银行是否依法取得抵押或质押权,并对抵押或质押物进行有效的管理和控制;抵押或质押物的价值是否能够保证贷款本息的全部偿还。对保证的分析,主要针对保证人的保证能力和履约意愿,即保证人是否有财务实力偿还其负债,是否愿意履行相应的义务。

我国《担保法》中规定的担保方式主要有保证、质押和抵押三种,相应地,我国目前的担保贷款也包括保证贷款、质押贷款、抵押贷款三种。

1)保证担保方式

保证是商业银行贷款活动中经常采用的担保方式。根据我国《担保法》的规定:

> 保证是指保证人和债权人约定,当债务人不履行债务时,保证人应按照约定,履行债务或者承担责任的行为。

我国《担保法》中规定的保证方式包括一般保证和连带责任保证。当事人在保证合同中约定,债务人不能履行债务时,由保证人承担保证责任的,为一般保证。当事人在保证合同中约定保证人与债务人对债务承担连带责任的,为连带责任保证。银行发放保证贷款,贷款保证人就应当按照法律规定承担贷款债务的一般保证或连带责任保证责任,当债务人不能履行还款责任时,由保证人负责偿还。为了使商业银行的债权及时得以实现,在保证形式方面,商业银行应当采用连带责任保证。

2)质押担保方式

> 质押是指为担保一定债权而成立的债权人对于债务人或第三人移转占有而供担保的特定财产或权利就其交换价值优先受偿的物权。

质押分为动产质押和权利质押两种。动产质押是指债务人或者第三人将其动产移交债权人占有，将该动产作为债权担保的一种方式。债务人不履行债务时，债权人有权依法以该动产折价或者以拍卖、变卖该动产优先受偿。权利质押是指以权利作为质押标的，在债权人届期不履行债务时，债务人有权将该权利转让以优先受偿的债权担保方式。

商业银行在采用质押担保方式发放贷款、签订合同时，应注意两个方面的问题：首先，审查质押标的。无论出质人以动产作为质押物，还是以权利作为质押标的，银行都要认真审查。只有法律允许流通的动产和我国《物权法》、《担保法》所规定的法定权利，才能作为质押的标的，其他财产和权利均不能成为质押物。其次，无论以何种权利出质，出质人与质权人（商业银行），都应当签订书面质押合同，并依据不同的质押标的办理相应的法定手续，使合同依法成立、生效。

3）抵押担保方式

抵押是指债务人或者第三人不转移财产的占有，而将该财产作为债权的担保，在债务人不履行债务时，债权人有权依法以该财产折价或以拍卖、变卖的价款优先受偿。抵押担保是商业银行采取的最主要的担保方式。商业银行在信贷活动中，在签订抵押借款合同时，必须要依法订立书面的抵押合同，才能获得法律保护的抵押权。同时，商业银行应遵循以下抵押审核的基本原则：

●严格执行抵押贷款的规范管理，确保手续合法、抵押有效。要按照有关规定签订《抵押借款合同》，使合同在手续形式和抵押内容上做到一致后，再审查和确定抵押物与实物是否相符。

● 坚持按适用适销、易于变现的原则确定抵押物，如地处偏僻的厂房、陈旧或已被淘汰的设备等不得作为抵押物。同时，要求借款人将抵押财产向保险公司投保财产保险，并指定银行为第一受益人。

● 依法、据实对抵押物品的实际价值进行评估计价，核准抵押价值。

5.2.2.2 担保条件和方式的评价

预防问题贷款的发生，首先应该以选择较优的借款人为主要手段，但担保条件的选择同样有助于减少问题贷款的发生。为促使借款人全面履行借款合同，按期归还借款本息，保证信贷资金安全、有效，商业银行应在签订借款合同时，依法设定担保。

贷款担保方式的选择是保证贷款安全的基本因素。抵押、质押、保证所提供的财产流动性越强，贷款风险也就越小；反之，风险越大。中国人民银行对具有不同担保方式的贷款和风险系数的规定如表 5-10 所示。

表 5-10

不同担保方式的贷款和风险系数

担　保　方　式	担保风险系数（％）
信用贷款、透支	100
一、保证贷款	
1. 商业银行及政策性银行保证	10
2. 非银行金融机构的保证	50
3. 中国境内注册外资或中外合资银行保证	10
4. 中国境内注册的外资或中外合资非银行金融机构保证	50
5. 中国境外注册的金融机构保证	20
一级国家和地区	50
二级国家和地区	100
6. 国家特大型企业保证	70
7. 国家大型企业保证	100

（续表）

担　保　方　式	担保风险系数(%)
8. 其他企业保证	100
9. 其他保证	100
二、抵押贷款	
1. 土地房屋产权转让抵押	50
2. 居住楼宇抵押贷款	50
3. 动产物业抵押	50
4. 其他抵押	100
三、质押贷款	
1. 人民币存单质押	0
2. 外币存单质押	10
3. 一级国家及地区和中国政府的国债质押	0
4. 二级国家及地区的国债质押	10
5. 现汇质押	10
6. 金融债券质押	10
7. 商业银行及政策性银行承兑票据贴现	10
8. 商业承兑汇票贴现	50
9. 其他质押	50

第5章　如何预防和管理与问题贷款有关的信用风险

　　担保贷款是指银行要求借款人根据我国《担保法》规定的担保方式提供贷款担保而发放的贷款。担保贷款在银行贷款中占有很大的比重。在多年的信贷工作实践中，商业银行都形成了一套严谨、规范的贷款担保制度，但由于一些银行法律意识不强、内控机制不健全、执行制度不严格，致使担保纠纷和保证人免除担保责任的情况屡见不鲜，其结果是部分担保贷款实际上缺乏有效的担保，形成潜在风险隐患。因此，尽快健全和完善对保证人的准入调查、审查制度和动态跟踪管理及风险预警机制，确保担保贷款发放的质量与安全，已成为商业银行信贷管理的一个重要内容。

　　除了全额货币、政府债券质押、银行承兑汇票贴现质押、全额保证金承兑、担保、银行保函、备用信用证担保、单证相符的

出口押汇、买入票据、票据贴现等业务可以放松对借款人的要求外，银行在操作其他任何形式的融资业务时，除需要严格审查借款人的经营状况外，还应该严格审核担保条件，使担保条件真正能够起到降低偿还风险的作用，而不仅仅是一种形式。

因此，在对银行的贷款质量和信贷管理进行检查时，检查人员需要对抵押、质押和保证等担保措施的有效性及充分性进行分析和评估。

银行应对贷款的保证担保方式进行检查和管理，一旦保证人的合法资格、信用等级、偿债能力、经营机制和组织结构发生变化，使得保证人不能正常履行保证责任，银行应及时对该笔贷款进行处理，并依照借款合同、担保合同等法律法规尽快采取安全措施，使银行能够及时收回贷款，减少损失。

案例 5 - 1[①]

重复抵押的受偿风险

某橡胶厂为了获得贷款引进一条生产线，将自己所拥有的一项价值1 000万元的房产抵押给银行，取得贷款 300 万元，贷款方考虑到该房产的价值及所处的环境，认为没有还款风险，与该厂签订了借款合同及抵押担保合同，但实际在该房产上，抵押人已设置了两个抵押权，合同期满后该橡胶厂因经营不善无力还款，该银行才知道真实情况但已无可奈何，该房产变卖后按顺序偿还欠款，银行蒙受了巨大损失。

分析：该案例说明银行未严格按照抵押审核原则进行抵

---

① 李茂荣：《防范和遏止逃废银行债务指南》，中国金融出版社 2005 年版。

押品审核,未能发现借款企业重复抵押登记,以致没有实现防范借款企业逃废抵押权。商业银行应遵循贷款担保制度,减少问题贷款的发生。

5.2.3 给借款人的信用排队——信用评级

通过对借款人进行信用分析,银行可以了解该客户履约还款的可靠程度,从而为防范信用风险提供依据。信用评级是一种测量信用风险的基本方法,目前已经比较成熟,应用相当广泛,是银行风险管理不可缺少的一种基本手段。

5.2.3.1 什么是信用评级

什么是信用评级? 简单地说,信用评级就是对信用风险的大小进行评估。更确切地说,是对信用风险中的预期损失大小进行评估。在国际上一些管理水平先进的银行中,一笔贷款做不做,不仅仅需要几个专家用经验进行定性判断,还需要用一套既定的方法进行量化的信用评级,得出 AAA 级、A 级或者 B 级,这不光是为贷款决策提供参考,还要为贷款定价提供参考。

信用评级有两类:一类叫做外部评级,由专业评级机构进行评估。著名的有穆迪和标准普尔两个机构,它们的评级被全球普遍认可。银行可以采用现成的外部评级机构的评级结果,为自己所用。但是,这还远远不够,因为被外部评级的企业毕竟是少数,大部分银行客户不可能有外部评级。另一类叫做内部评级,是银行内部对自己的客户进行的评级,评级结果一般不对外公布,只是自己使用,有的甚至对被评客户也保密。我们这里所讲的就是内部评级。

特别应指出的是:现代银行对客户的信用评级,不论是外部评级还是内部评级,最直接、最重要的功能在于:它应该能科学地预测出客户的违约概率。

5.2.3.2　预期损失（EL）的计算

要讲信用评级，先要解剖预期损失的构成因素，即预期损失由哪几个部分组合而成。

假设要对 A 客户的一笔 100 万元的房屋抵押贷款进行评级，计算出它的预期损失。我们可以把这个问题拆分成三个具体问题：

第一，客户不能正常归还贷款的可能性有多大？即客户的违约概率 PD。对一个特定客户而言，要么违约，要么不违约，没有多少比例违约的问题。但对一类这样的客户而言，就有一个违约比例的问题，比如 100 个这类客户中有两个违约，那么违约率就是 2%。

第二，客户不能正常归还贷款后，这类贷款最终会损失的比例是多少？也就是违约损失率 LGD 是多少？因为客户不能正常归还贷款，并不表示银行就放弃贷款了，银行还可以通过不良资产清收，追讨保证人或拍卖抵押物（如果有的话），甚至破产了还能获得一定比例的清偿来收回全部或者部分贷款，因此某一类贷款在发生客户违约后最终发生的损失比例也是需要评估的。比如，房屋抵押贷款的违约损失率为 60%。

第三，贷款金额有多少？也就是所谓的信用敞口（EAD）。前面两项都是比例，最后的损失总要落实到具体金额，因此贷款金额是一定要估计的。信用敞口的确定有时是极其简单的，就是贷款金额（如上面的这笔贷款的信用敞口就是 100 万元），或者一笔分期还款的长期贷款，信用敞口是按尚未归还的贷款余额计算的。但有时要确定信用敞口却不是那么容易的，比如给客户一个授信额度，什么时候提款，提多少，都由客户决定，银行预先是无法知道的，因此当然也不知道如果将来违约的时候余额是多少。对于表外项目，比

问题贷款识别与防范

206

如对外担保,往往也难以确定信用敞口的大小,到真出事的时候,银行要承担多少担保责任取决于受益人实际的损失等情况,这些损失银行预先也是很难估算的。尽管如此,银行在实践中还是积累了一些经验数据,这里,只简单讲一点,就是如果贷款由存单、国债或其他类似流通性强、价值稳定的有价证券质押,在计算信用敞口时,一般是扣除这些价值的,比如1 000万元的贷款,由800万元国债抵押,那么信用敞口就是200万元。但如果是房屋之类的抵押,就不是在信用敞口中扣除,而是把房屋抵押贷款当成一类业务进行违约损失率评估。

如果我们分别得到了上面三个组成部分,那么信用风险中的预期损失,即平均损失就可以按照以下公式计算:

预期损失(EL)=客户违约概率(PD)×违约损失率(LGD)×信用敞口(EAD)

如果客户违约率为2%,违约损失率为60%,信用敞口为100万元,则预期损失就是1.2万元(2%×60%×100)。

信用评级就是计算一笔业务信用风险中的预期损失,也就是计算"客户违约率×违约损失率×信用敞口"。因此,就信用评级而言,要解决的核心问题是客户违约率及违约损失率的计算。实践中,延伸出两种不同的信用评级方法:一种是二维评级法,把信用评级分成两个独立的体系,一个是用户信用评级体系,专门计算客户违约率,另一个是债项评级体系,专门计算违约损失率。另一种是一维评级法,不区分客户违约率和违约损失率,而是笼统地把客户和业务放在一起,统一测算一个损失率,这时预期损失就等于损失率与信用敞口的乘积。

一维评级法相对简单,早期采用得比较多,现在虽然还有不少银行仍在采用,但发展趋势是二维评级法,巴塞尔新资本协议也鼓励使用二维评级法。但住房贷款、汽车贷款、消费贷款等个人资产业务,往往更适合采用一维评级法。

5.2.3.3　客户信用评级的方法

客户信用评级对国内银行来说,并不陌生。社会上不少机构也有类似的评级服务,但可以肯定地说,到目前为止中国还没有真正意义上的客户信用评级。

客户信用评级究竟分成几级并没有一个客观的标准,但大部分介于10~20级之间,有的银行简单地从高到低以一级、二级……表示,有的银行则是参照专业评级公司的做法,例如,标准普尔用 AAA、AA…表示客户信用等级,级别数量可以不等,名称可以不同,但每一级别对应的违约率一般都尽量地与穆迪或标准普尔的评级等级相对应。以穆迪为例,一共分为 20 个等级,最高的 Aaa 级对应的违约率为0.02%,最低的 D 级,对应的违约率为 20%。中间各个等级都有相应的违约率,银行一般也可拿这些违约率数字对应其等级。这样做的目的是便于内部评级与外部评级的校验。由于这些外部评级机构专业水平较高,数据积累也丰富,远不是一家普通银行所能企及的。因此,通过与外部评级的定期校验,可以修正内部评级的偏差,从而提高它的有效性。比如,内部评级对某个公司评定的级别是 A,而穆迪是 Aaa,两者相差两级,如果这样的情况多了,银行就可能需要对内部评级体系作修正了。这样通过有限几个内、外都有评级的公司之间的对比,可以使银行整个内部评级体系的有效性得到很大的提高。

下面我们结合实际案例介绍几种常用的信用评级方法。

> **案例 5 - 2**

信用评级模型的应用

A 公司为钢铁制品类企业,具有 30 多年的生产历史,产品远销国内外市场。但是,近五年中,国外同类进口产品不断冲击国内市场,由于进口产品价格较低,国内市场对它们的消费持续增长;国外制造商凭借较低的劳动力成本和技术上先进的设备,其产品的成本较低。同时,市场上越来越多的日用制品都采用了铝、塑料等替代性材料,A公司前景并不乐观。公司股票 2011 年年末市值为每股 4 元。

对此,公司希望通过一项更新设备计划来增强自身的竞争力,拟向银行借款 800 万元来投资新设备。投产后,产量将提高,产品质量可以得到进一步的改善,同时可以降低产品单位成本。公司 2010 年(上一年)有关财务资料如表 5-11和表 5-12 所示。

表 5-11

A 公司利润表

2010 年 单位：千元

项　　　　目	金　　　额
销售收入	2 537 500
减：销售成本	1 852 000
毛利	685 500
减：营业费用	
销售费用	325 000
管理费用	208 000
折旧费用	76 000
营业费用合计	609 000
营业利润	76 500
减：利息费用	46 500
税前净利润	30 000
减：所得税(40%)	12 000
税后净利润	18 000

表 5 - 12

A 公司资产负债表

2010 年 12 月 31 日　　　　　　单位: 千元

资　　产	年初数	年末数	负债和所有者权益	年初数	年末数
流动资产			流动负债		
货币资金	12 050	12 500	应付票据	185 000	155 500
应收账款	381 950	402 778	应付账款	200 250	115 000
存货	381 722.5	350 312.5	预提费用	50 451	37 500
流动资产合计	775 722.5	765 590.5	长期负债	350 000	582 625
固定资产			负债合计	785 701	890 625
固定资产原价	845 853.5	1 046 909.5	所有者权益		
减: 累计折旧	174 000	250 000	股本	75 000	75 000
固定资产净值	671 853.5	796 909.5	资本公积	96 875	96 875
			留存收益	490 000	500 000
			所有者权益合计	661 875	671 875
资产总计	1 447 576	1 562 500	负债和所有者权益总计	1 447 576	1 562 500

1) 贷款违约率计算模型

该模型由美国经济学家 Delton L. Chesser(1947)在《贷款违约的预测》一文中提出,主要用来预测借款人违约可能性的大小。模型中的违约行为包括借款人拖欠本息、减少或放弃利息甚至是本金的支付。模型变量包括:

$X_1 =$(现金+变现性较强的证券)/总资产

$X_2 =$净销售额/(现金+变现性较强的证券)

$X_3 =$息税前利润/总资产

$X_4 =$总负债/总资产

$X_5 =$固定资产总值/净值

$X_6 =$营运资金/净销售额

Chesser 通过抽取样本进行多元线性回归得出借款人违约倾向指数模型:

$$Y = -2.043\,4 - 5.24X_1 + 0.005\,3X_2 - 6.650\,7X_3$$

$$+ 4.400\,9X_4 - 0.079\,1X_5 - 0.102X_6$$

借款人的违约概率 P 的大小与借款人的违约倾向指数 Y 值有关:

$$P = \frac{1}{1 + \left(\dfrac{1}{e}\right)^{-Y}}$$

式中 $e = 2.718\,28$。

该公式表明:借款人的违约倾向指数 Y 值越大,该借款人的违约概率越高。商业银行可以根据本行历史贷款情况,确定一个违约概率临界值,大于此值的借款人归于违约组,小于此值的归于非违约组。

该模型预测信贷风险的准确度随着预测期的延长而下降,一年后的准确度为 75%,两年后的准确度为 57%。该模型既可用来评分,为商业银行的贷前决策提供参考依据,也可用于贷后复审。

第一步,案例 5-2 中 A 公司违约率的计算。

$X_1 =$(现金+变现性较强的证券)÷总资产

$= (12\,500 + 0) \div 1\,562\,500 = 0.008$

$X_2 =$净销售额÷(现金+变现性较强的证券)

$= 2\,537\,500 \div 12\,500 = 203$(千元)

$X_3 =$息税前利润÷总资产

$= 76\,500 \div 1\,562\,500 = 0.048\,96$

$X_4 =$总负债÷总资产

$= 890\,625 \div 1\,562\,500 = 0.57$

$X_5 =$固定资产总值÷净值

$= 1\,046\,909.5 \div 796\,909.5 = 1.314$

$X_6 =$营运资金÷净销售额

$= 597\,540.5 \div 2\,537\,500 = 0.235\,5$

$$Y = -2.043\,4 - 5.24 \times 0.008 + 0.005\,3 \times 203 - 6.650\,7 \times 0.048\,96$$
$$+ 4.400\,9 \times 0.57 - 0.079\,1 \times 1.314 - 0.102 \times 0.235\,5$$
$$= -2.043\,4 - 0.041\,92 + 1.075\,9 - 0.325\,618\,272$$
$$+ 2.508\,513 - 0.103\,937\,4 - 0.024$$
$$= 1.045\,5$$

$$P = \frac{1}{1 + \left(\frac{1}{2.718\,28}\right)^{-1.045\,5}} = \frac{1}{3.844\,8} \times 100\% = 26.0\%$$

第二步,结论分析。

由于该模型中各变量的系数测定使用的是国外银行的数据,对于中国企业的适应性未经过检验,所以可能出现违约率计算结果偏高的情况,但这在一定程度上说明了该企业的信用风险较大,银行在采用此种方法时应注意结合历史数据合理确定各违约率区间所对应的信用等级。

2) z 计分模型

该模型最早由美国学者 Edward I. Altman(1968)提出,主要通过一些关键的财务比率来预测借款人破产的可能性。该模型主要选用下述五大变量:

X_1 = 营运资本/总资产

X_2 = 留存收益/总资产

X_3 = 息税前利润/总资产

X_4 = 借款人股本的市场价值/负债总额的账面价值

X_5 = 销售额/总资产

Altman 经过大量统计分析得出 z 模型:

$$z = 1.2X_1 + 1.4X_2 + 3.3X_2 + 0.6X_4 + 1.0X_5$$

判别借款人是否违约的临界值 z 分别为 1.81 和 2.675(统计分析得到的数据),如果 z 值小于 1.81,借款人违约的可能性较大,很可能破产;如果 z 值大于 2.675,贷款比较安全；如果 z 值在 1.81 与 2.675 之间，模型判断的失误率较高，此区域为"未知区"。

z 模型经实践证明，如果权数适当，其预测借款人破产的准确性可达 97.6%，且破产一般发生在借款人第一次 z 打分出现负值后的 3 年内。

第一步，A 公司 z 值的计算。

$$X_1 = 营运资本 \div 总资产$$
$$= (765\,590.5 - 15\,550 - 115\,000 - 37\,500) \div 1\,562\,500$$
$$= 597\,540.5 \div 1\,562\,500$$
$$= 0.382$$

$$X_2 = 留存收益 \div 总资产 = 500\,000 \div 1\,562\,500 = 0.32$$

$$X_3 = 息税前利润 \div 总资产 = 76\,500 \div 1\,562\,500 = 0.048\,96$$

$$X_4 = 借款人股本的市场价值 \div 负债总额的账面价值$$
$$= 4 \times 75\,000 \div 890\,625$$
$$= 0.336\,8$$

$$X_5 = 销售额 \div 总资产 = 2\,537\,500 \div 1\,562\,500 = 1.624$$

$$z = 1.2X_1 + 1.4X_2 + 3.3X_3 + 0.6X_4 + 1.0X_5$$
$$= 0.458\,4 + 0.448 + 0.161\,568 + 0.202\,08 + 1.624$$
$$= 2.89$$

第二步，结论分析。

z 值大于 2.675，此模型判断贷款较为安全。

该模型以借款人的经营环境和经营状况按照目前的趋势基本稳定地向前发展为假设前提。z 模型权数的确定需要通过对大量样本进行分析才能得出，因而比较困难。由于我国企业的生存历史一般较短，因而在运用上述模型时存在一定的困难，但 z 模型具有一定的适应性和合理性，在建立适合国内需要的 z 模型时，只要权数选取得当还是可以在信用评级中取得一定成功的。

第 5 章　如何预防和管理与问题贷款有关的信用风险

3）企业失败判别模型

该模型由高培业、张道奎先生经过大量研究得出,并发表在 1999 年 12 月 13 日的《金融早报》第四版上。

高培业、张道奎先生在借鉴国外企业失败判别研究的理论、方法和模型的基础上,结合深圳市的非上市企业 1997 年的会计数据,运用实证研究方法,借助 SAS 统计分析软件的强大功能,对数据进行充分的数理分析之后得出下述模型:

制造企业:

$$z = 1.149\ 4 + 1.013X_2 + 5.974X_3 + 1.464X_4 - 5.173X_1$$

非制造企业:

$$z = -2.03 + 2.13X_2 + 0.86X_3 + 0.28X_4 + 7.03X_1$$

其中:X_1＝营运资本÷总资产;

X_2＝留存收益÷总资产;

X_3＝息税前收益÷总资产;

X_4＝销售收入÷总资产;

z＝企业健康(不失败)指数。

判别规则:模型的阈值为 0,即若样本的 z 值大于 0,则判定该企业为非失败类企业;否则判定为失败类企业。

第一步,A 公司 z 值的计算。

$$X_1 = 597\ 540.5 \div 1\ 562\ 500 = 0.382$$

$$X_2 = 500\ 000 \div 1\ 562\ 500 = 0.32$$

$$X_3 = 76\ 500 \div 1\ 562\ 500 = 0.048\ 96$$

$$X_4 = 销售额 \div 总资产 = 2\ 537\ 500 \div 1\ 562\ 500 = 1.624$$

该企业属于制造业,用第一个公式:

$$z = 1.149\ 4 + 1.013X_2 + 5.974X_3 + 1.464X_4 - 5.173X_1$$

$$= 1.149\ 4 + 0.324 + 0.292 + 2.378 - 1.976$$

$$= 2.167\ 4$$

第二步,结果分析。

因为 z 值大于 0,所以 A 公司为非失败类企业。当然,企业失败判别模型如果用于信用评级,还需要划分 z 值的区间,并与相应的信用等级相对应。

4) Alexander Bathory 模型

该模型广泛运用于美国银行信贷分析报告和软件中,发明者为 Alexander Bathory,故模型以其名字命名。该模型适用于所有行业,且不需要经过复杂的计算。模型中的变量如下:

$a=$(税后利润+折旧+递延税款)÷流动负债(银行借款,应付税金)

$b=$税前利润÷营运资本

$c=$股东权益÷流动负债

$d=$有形资产净值÷总负债

$e=$营运资本÷总资本

$Y=a+b+c+d+e$

Y 值较低或呈现负值时表明公司前景不妙,Y 值越高说明公司实力越强。因此,该模型预测公司破产的准确率可达95%,同时,也能用于衡量公司的实力大小。

第一步,A 公司 Y 值的计算。

$a=$(税后利润+折旧+递延税款)÷流动负债(银行借款,应付税金)

$=(18\,000+76\,000)÷(155\,500+115\,000+37\,500)$

$=94\,000÷308\,000=0.305$

$b=$税前利润÷营运资本$=30\,000÷597\,540.5=0.05$

$c=$股东权益÷流动负债$=671\,875÷308\,000=2.18$

$d=$有形资产净值÷总负债$=1\,562\,500÷890\,625=1.75$

$e=$营运资本÷总资本$=597\,540.5÷671\,875=0.89$

$Y=a+b+c+d+e=0.305+0.05+2.18+1.75+0.89=5.175$

第二步,结果分析。

仅仅计算出 Y 值并没有实际意义,因为缺少可参照的评价标准体系,而这个体系需要银行数据库的建立,将计算结果同银行的标准相比较后才能够确定信用等级。

需要注意的是:

> 任何数学模型的结论都无法代替人脑的分析,但正如有的学者所言:"尽管这些模型几乎没有用来作最终决策的,但作为筛选机制和辅助决策的工具可能是很有价值的。"

5) 打分卡

第一,打分卡简介。

对于我国目前的状况而言,实践中最可行的方法就是利用打分卡来进行信用评级,以下将重点介绍打分卡技术并举例说明。

打分卡是通过客户的一系列财务指标、非财务指标与预先设定的客户所属行业的标准值进行比较,得到相应的分数和权重,最后汇总得到一个分值和相应的评级,再通过"映射"的方法得到客户的违约概率。

需要说明的是:风险量化中的打分卡技术,与过去我国银行对企业的打分形式虽然大体相同,但却有着本质的区别:它需要不断地回测、修正,有一套科学严密的要求。而且,它所计算的分值要"映射"到违约概率,起到量化风险的作用,最终获得每个客户的违约概率。

下面通过问题形式,对打分卡的基本概念作进一步介绍。

问题 1:打分卡是什么?

> ● 它使用一套简单的财务指标和非财务指标来预测借款人未来的信用风险状况。

- 这些指标可以被清晰地定义和标准化，因此银行能通过打分卡进行相似的评估从而达到风险政策和风险文化贯彻执行的一致性。
- 它是一种快速考察借款人在所属行业中的相对信用风险状况的方法。
- 它提供了一个衡量银行贷款组合的整体信用风险随时间迁移而发生变化的平台。

问题2：打分卡能用来做什么？

- 评级方面的应用：打分卡是银行内部信用风险评级的一个重要组成部分，它与违约率模型、信贷人员的专家判断结合在一起可以得出对某客户的最终信用评级。
- 战略方面的应用（组合分析）：打分卡可以用来衡量借款人未来的信用风险趋势，通过打分卡汇总各行业贷款风险暴露的整体趋势并进行比较分析，可以确定各行业贷款余额水平是否合适。
- 策略方面的应用（提高信用分析流程的效率）：使信用评估流程更顺畅，比如，对于那些得分低而信用风险高的借款人，可以让信贷人员更专注于定性的、主观的风险分析。

问题3：打分卡不能做什么？

- 不能百分之一百准确无误地预测单个借款人的信用风险。
- 如果借款人使用了复杂的会计欺诈手段，则不能正确地评价其信用风险。
- 永远不能替代专家的深度信用风险分析，即使打分卡中含有"定性"指标。
- 不能覆盖所有解释客户为什么违约的各种因素和趋势，而只是主要因素。

问题 4：一般而言，对打分卡存在哪些误解？

● 评级因素越多越好，尽量将所有借款人各方面的信用风险因素考虑进去。这是很多人对打分卡设计时最大的一个误解，有一些人为了表示自己的打分卡"全面"，往往设定了二三十个因素。看起来似乎考虑得非常全面，实际上由于因素间可能高度相关，例如流动比与速动比，这会减轻最重要的风险因素的权重，而且也搞不清楚究竟是哪些因素决定了最后的评级。

● 在设计好打分卡以后，银行就可以高枕无忧地使用打分卡了。事实上，没有一个打分卡或者模型能够永远都有效，打分卡必须通过不断地返回测试和修正以保证有效性。

问题 5：如何看待打分卡在信贷分析中的作用？

很多人会关心是不是说打分卡打出的分值太低，我们就会拒绝这笔贷款，事实上并不完全如此。风险管理人员在对贷款进行评估时，通过审查证据对借款人提出的信息进行分析和质疑，寻找出可能的缺点和欠准确之处，并对未来可能发生的问题进行预测。即使找到了借款人信息中存在的一些疑点，也不能就此拒绝贷款。但是在这种情况下，还要坚持做这笔业务，就必须提出更加强有力的证据来解释。

第二，打分卡实例。

借款人所具有的道德水准、资本实力、经营水平、担保和环境条件等都各不相同，这使得不同的借款人的还款能力和贷款风险也不尽相同。因此，许多商业银行对客户的信用分析就集中在这五个方面，即所谓的"五 C"：品德（character）、资本（capital）、能力（capability）、担保（collateral）及环境条件

(condition)。也有些商业银行将信用分析的内容归纳为"五W"因素,即借款人(who)、借款用途(why)、还款期限(when)、担保物(what)及如何还款(way)。还有的银行将这些内容归纳为"五P"因素,即:个人因素(personal)、目的因素(purpose)、偿还因素(pay-ment)、保障因素(protection)和前景因素(perspective)。

借鉴国外商业银行的经验,结合我国国情,我们将具体按照领导者素质、经济实力、资本结构、经营效益、信誉状况、发展前景对借款人进行打分,最后得到综合评分,具体分值赋值如表 5 - 13 所示[①]。

表 5 - 13

信用评级打分标准

项　　目	分值	内容及计算公式	分数段及取值
一、领导者素质	10		
1. 品质	2	企业法定代表人遵纪守法、诚实守信情况	好,2分;一般,1分;差,0
2. 经历	2	企业法定代表人或主要经营者从事本行业年限	>5年得2分;≥2年得1分;<2年得0
3. 学历	2	正副厂长(经理)、总工程师、总经济师等企业主要领导中大学本科以上学历的比重	≥80%得2分;≥60%得1.5分;≥50%得1分;≥30%得0.5;<30%得0
4. 能力	2	① 经营管理能力　　② 企业领导层威信	强,1分;一般,0.5分;差,0　　高,1分;一般,0.5分;低,0

---

① 江其务,周好文:《银行信贷管理学(第二版)》,中国金融出版社 2001 年版。

(续表)

问题贷款识别与防范

项 目	分值	内容及计算公式	分数段及取值
5. 业绩	2	企业法定代表人近3年的业绩情况	3年内获省部级(含)以上优秀企业称号或业绩较为出色得2分;业绩一般得1分;其他得0
二、经济实力	10		
6. 实有净资产	4	资产总额-负债总额-待处理资产损失(单位:万元)	生产企业:≥5 000得4分;≥4 000得3.5分;≥3 000得3分;≥2 000得2.5分;≥1 000得2分;≥500得1.5分;≥100得1分;<100得0 流通企业:≥1 000得4分;≥500得3.5分;≥400得3分;≥300得2.5分;≥200得2分;≥100得1.5分;≥50得1分;<50得0
7. 有形长期资产	3	固定资产净值+在建工程+长期投资(单位:万元)	生产企业:≥5 000得3分;≥3 000得2分;≥1 000得1分;≥500得0.5分;<500得0 流通企业:≥1 000得3分;≥700得2分;≥500得1分;≥300得0.5分;<300得0
8. 人均实有净资产	3	$\dfrac{\text{实有净资产}}{\text{在册职工数}+\text{离退休职工数}}$(单位:万元/人)	生产企业:≥5得3分;≥4得2分;≥3得1分;<3得0 流通企业:≥3得3分;≥2得2分;≥1得1分;<1得0
三、资本结构	20		

(续表)

项　　目	分值	内容及计算公式	分数段及取值
9. 资产负债率	10	$\dfrac{负债总额}{资产总额}(\%)$	生产企业：≤50 得 10 分；≤55 得 9 分；≤60 得 8 分；≤65 得 7 分；≤70 得 6 分；≤75 得 5 分；≤80 得 4 分；≤85 得 3 分；≤90 得 2 分；>90 得 0 流通企业：≤60 得 10 分；≤65 得 9 分；≤70 得 8 分；≤75 得 7 分；≤80 得 5 分；≤85 得 4 分；≤90 得 3 分；≤95 得 2 分；>95 得 0
10. 流动比率	5	$\dfrac{流动资产}{流动负债}(\%)$	生产企业：≥150 得 5 分；≥130 得 4 分；≥120 得 3 分；≥110 得 2 分；≥100 得 1 分；<100 得 0 流通企业：≥120 得 5 分；≥110 得 4 分；≥100 得 3 分；≥95 得 2 分；≥90得1分；<90 得 0
11. 速动比率	2	$\dfrac{流动资产-存货}{流动负债}(\%)$	生产企业：≥100 得 2 分；≥80 得 1.5 分；≥50 得 1 分；<50 得 0 流通企业：≥80 得 2 分；≥60 得 1.5 分；≥40 得 1 分；<40 得 0
12. 经营活动现金净流量	3		≥(全部短期借款＋1 年内到期的长期借款)得 3 分；≥(本行短期借款＋1 年内到期的本行长期借款)得 2 分；≥0 得 1 分；<0 得 0 分；无现金流量表的企业得 0
四、经营效益	20		

(续表)

项　目	分值	内容及计算公式	分数段及取值
13. 总资产利润率	5	$\dfrac{利润总额}{资产总额}(\%)$	生产企业:≥4得5分;≥3得4分;≥2得3分;≥1得2分;≥0得1分;<0得0 流通企业:≥3得5分;≥2.5得4分;≥2得3分;≥1得2分;≥0得1分;<0得0
14. 销售利润率	5	$\dfrac{销售利润}{销售收入净额}(\%)$	≥25得5分;≥20得4分;≥15得3分;≥10得2分;≥5得1分;≥0.5分;<0得0
15. 利息保障倍数	4	$\dfrac{利润总额+财务费用}{财务费用}$	≥5或财务费用<0得4分;≥4得3分;≥3得2分;≥1得1分;<1得0
16. 应收账款(票据)周转次数	3	$\dfrac{赊销收入净额}{应收账款(票据)平均余额}$	生产企业:≥8得3分;≥4得2分;≥1得1分;<1得0 流通企业:≥10得3分;≥6得2分;≥3得1分;<3得0
17. 存货周转次数	3	$\dfrac{产品销售成本}{平均存货成本}(\%)$	≥6得3分;≥3得2分;≥1得1分;<1得0
五、信誉状况	30		
18. 贷款质量	12		无逾期、呆滞、呆账贷款,且无次级、可疑、损失贷款者,得9分;有呆滞、呆账、损失贷款之一者,得0
19. 贷款付息	12	应付贷款利息余额	无欠息得12分;≤一个季度应计利息额得10分;≤两个季度应计利息额得6分;>两个季度应计利息额得0

（续表）

项　　目	分值	内容及计算公式	分数段及取值
20. 存贷款占比	6	$\dfrac{\text{存款占比}}{\text{贷款占比}}$（%）	≥100 得 6 分；≥80 得 5 分；≥60 得 3 分；≥50 得 1 分；<50 得 0
六、发展前景	10		
21. 近 3 年利润情况	2	近 3 年利润总额增长情况；其中亏损企业考察期减亏情况	连续 3 年增长（或减亏）得 2 分；连续 2 年增长（或减亏）得 1.5 分；3 年内有增长（或减亏）得 1 分；3 年内无增长（或减亏）得 0
22. 销售增长率	2	$\dfrac{\text{本年销}-\text{上年销}}{\text{上年销售收入}}$（%）	≥10 得 2 分；≥8 得 1.5 分；≥5 得 1 分；≥0 得 0.5 分；<0 得 0
23. 资本增值率	2	$\dfrac{\text{期末所有}-\text{期初所有}}{\text{期初所有者权益}}$（%）	≥7 得 2 分；≥5 得 1.5 分；≥2 得 1 分；≥1 得 0.5 分；<0 得 0
生产企业			
24. 行业发展状况	1	本行业所处的发展阶段	新兴行业得 0.5 分；成熟行业得 1 分；衰退行业得 0
25. 市场预期状况	1	主要产品的预计市场供求状况	供不应求得 1 分；供求平衡得 0.5 分；供大于求得 0
26. 主要产品市场生命周期	2	根据三种主要产品所处市场生命周期分别测算得分，并根据销售额加权平均	投入期得 1.5 分；成长期得 2 分；成熟期得 1 分；衰退期得 0
流通企业			

第 5 章　如何预防和管理与问题贷款有关的信用风险

(续表)

问题贷款识别与防范

项　　目	分值	内容及计算公式	分数段及取值
27. 地理环境、购物环境及销售渠道	4		位置在繁华商业区且购物环境好或供销渠道稳定得4分;位置在一般商业区但经营有特色或供货渠道不稳定、销货渠道稳定得3分;位置不在商业区但有稳定顾客群或供货渠道稳定、销售渠道不稳定得2分;位置不在商业区且购物环境一般或供销渠道均不稳定得1分
七、综合评分	100	前面得分加总	≥90 为 AAA 级;≥75 为 AA 级;≥60 为 A 级;≥45 为 BBB 级;≥30 为 BB 级;<30 为 B 级

特别规定:

在综合评分和初步评级后,应对照以下特别规定,对企业信用等级进行调整:

● 应付贷款利息余额超过一年应计利息额的企业,信用等级调降为 B 级。

● 应付贷款利息余额超过半年应计利息额的企业,信用等级调降为 BB 级。

● 应付贷款利息余额超过一个季度应计利息额的企业,信用等级调降为 BBB 级。

● 有不良记录,或被中国人民银行信贷登记系统公布为不良信用的企业,信用等级调降为 BB 级(含)以下。

● 向本行提供虚假财务报表的企业,一经认定,信用等级调降为 BB 级(含)以下。

新成立的工商企业以及不适用于统一评级标准的垄断性企业、行政事业单位、社会团体、个体工商户、自然人等,为了按风险管理的操作要求掌握贷款,可按一定的原则进行信用等级定性认定。

对借款人的评价,既要进行静态分析,又要进行动态分析,既要注重定性分析,更要注重定量分析。每年年初根据企业上一年度经营情况对本期信用等级进行评定和调整。年度信用等级评定所使用的企业财务数据从企业年度财务报表中取得,因此是一年一评。即期信用等级评定是指年中某一时点对企业信用等级进行评定。即期信用等级评定所使用的财务数据从企业上月末财务报表中取得,因此可以做到一月一评。

5.2.4 可以给你,但不完全满足你——信贷配额的确定

5.2.4.1 信贷配额的作用

当银行决定同意企业的贷款申请时,马上就会遇到另外一个问题,即给予企业多少的信用额度才不至于出现对企业贷款过度的情形。

从企业的角度来说,负债经营是可以的,但随着负债率的提高,融资成本将逐渐升高,因而企业不可能无限制地负债。特别是在市场机制比较完善,利率市场化程度比较高的情况下,融资成本随着负债率的升高而上升。即使在利率固定的情况下,企业过高的负债也对其管理资产流动性的能力提出了较高的要求,否则可能因资产运作失误,导致资产流动性较差而不能偿还到期债务,进而可能因支付危机而面临破产。

另外,过度负债往往与企业过强的投资欲望有关,因而

投资项目的好坏直接决定了企业的未来命运。只要市场竞争存在,企业总资产回报率不可能永远高于银行借款利率。当负债达到或接近边际状态时,企业将因负债增加而降低资产回报率。

我国企业普遍存在自有资金过少、负债过多的现象,因而负债成本在企业的经营成本中占有较高的比重,不少企业生产所获得的收益大部分用于支付银行贷款利息。一方面过高的利息负担使企业无法壮大,无法有效控制成本;另一方面企业又不得不依靠银行贷款维持正常经营,一旦外部经济环境发生变化,如产品降价、滞销等,企业就必然面临无力偿债的危机。因此,银行贷款不得不逐年延期而成为企业的铺底资金。而且,当企业抵抗市场风险的能力相对较差时,银行贷款也因此时刻处于危险之中。企业的这种先天不足使其无法通过自身积累迅速加大科研投入和技术设备的更新,无法获得持续发展的动力。

企业过度负债还将导致以下负面影响:

(1)当企业因负债过多而面临困境时,股东可能放弃使企业起死回生的机会而听任其破产,因为挽救企业需要偿还高额负债,而听任企业破产只需损失较少的所有者权益,从而损害了债权人的利益。

(2)企业过度负债还可能使股东通过其他方式,如加大现金分红的比例、关联交易等短期化行为损害债权人的利益,因为两者对企业经营状况的关心角度不同,两者之间存在矛盾,企业过度负债的现实可能促使这种矛盾激化。

(3)企业过度负债可能引发管理人员的道德风险,如转移财产、采取种种方式逃废债务、信誉丧失、拉拢腐蚀银行信贷人员等。

由于我国企业的公司治理结构普遍存在较为严重的缺陷，外部监督机制又未能充分发挥监督作用，企业经理人员的委托代理风险和道德风险很大。特别是当企业因过度负债而陷入困境时，这些经理人员不会自觉维护股东利益，更不会自觉维护债权人的利益。

此外，银行对企业发放贷款时，应考虑对企业过度贷款可能产生的后果。通常的情况是，如果企业能够轻易地从银行获得贷款，则其投资欲望可能被激发而自我约束能力减弱，出现投资论证草率和盲目投资的现象，使投资失误的可能性增大，银行贷款承受的风险加大。因此，如果银行对企业的贷款申请过于轻易地作出肯定承诺，就等于鼓励企业增加投资或冒险。

信贷配额方法可以弥补银行一贯采用的风险升水贷款定价方法的不足，最大限度地降低银行信贷风险。另外，信贷配额方法为每个借款人制定一个贷款限额，这在一定程度上起到了信贷资产分散化的作用。

5.2.4.2 信贷配额的计算——营运资产分析模型

该模型的原理为：营运资本是衡量借款人能否偿还到期债务的重要数据，因为流动资产与流动负债的差额越大，借款人按时偿还流动负债的能力就越强。该模型的具体运算过程如下。

1）计算营运资产

$$营运资产 = \frac{营运资本 + 净资产}{2}$$

其中：营运资本＝流动资产－流动负债

净资产＝企业账面净资产－无形资产－递延摊销资产－其他无效资产

2）计算资产流动性和资本结构评估值

企业资产流动性和资本结构评估值 $X = X_1 + X_2 - X_3 - X_4$

其中:X_1(流动比)＝流动资产/流动负债

X_2(速动比)＝(流动资产－存货)/流动负债

X_3(流动负债权益比)＝流动负债/净资产

X_4(负债权益比)＝总负债/净资产

该评估值 X 越大,表明企业资产流动性越强,资本结构比率越大,企业负债就越大。

3）确定评估值与信用限额的对应值

根据经验数据确定评估值与信用限额之间的对应百分比关系,即根据评估值确定此种情况下银行所能给予企业的信用限额应占其营运资产的多大比例才是合适的。

4）确定信用限额

信用限额＝营运资产×评估值相对应的经验性百分比

根据营运资产分析模型得分(评估值 X),对信用限额基数按评估值相对应的经验性百分比进行调整,从而确定信用限额,具体调整方式如表 5 - 14 所示。

表 5 - 14

信 用 限 额

模型得分 X	调整幅度	举例 $X\%$	信用限额基数	信用交易限额
0～20	0	18	10 000	10 000
21～45	1＋$X\%$	40	10 000	14 000
46～65	1.5＋$X\%$	50	10 000	20 000
66 以上	2＋$X\%$	70	10 000	27 000

该模型的关键在于:如何确定信用限额占营运资产百分比的等级和调整幅度。实际操作中,一般要结合实证分析和管理综合考虑并根据实际情况变化而作出相应调整,以便较为准确地确定模型评估值与信用限额之间的对应关系。另外,所谓的分析模型与企业信用评级模型较为相似。

228

5.2.5 把鸡蛋放在几个篮子里——信贷资产分散化

5.2.5.1 1+1≤2——资产组合管理的原理

所谓资产组合管理,通俗地说,就是对银行资产结构进行管理,目的是要优化资产的各种结构,尽量把风险进行内部抵消,尽量把收益提高,保证在一定收益的前提下银行所承担的风险最小,或者在承担一定风险的前提下银行获得的收益最大。

组合管理之所以能够降低风险,原因在于风险分散效应,也就是说两笔业务的综合风险小于每一笔业务的单个风险之和。

我们举例说明这个道理:

假设你有1 000元,想买股票,有A、B两只股票可以选择。全部买任何一只股票,你都可以获得100元盈利,但要承担相应的风险,90%可能的情况下最大损失值为200元。

现在,我们来进行投资组合,A、B两只股票各买一半,即各投资500元。因此,在A股票上可获盈利50元,承担风险为损失100元,在B股票上也一样。我们把两只股票结合在一起看,情况是怎样呢?

首先看盈利,50+50=100(元),这与全部买A股票没有差别。

再来看风险,A股票的损失风险是100元,B股票的也是100元,那么A股票和B股票合在一起非预期风险是不是就是简单的100+100=200(元)呢? 实际情况常常不是这样的。

因为损失100元的概率是90%,因此100元只是可能情况的最大损失,如果A股票真的发生了最坏的情况,使你损失了100元,但这时,B股票不一定也刚好发生了最坏的情况,因此实际损失不一定有100元这么大,比如只有50元,

那么你在 A、B 股票上的合计损失只有 150 元,而不是 200 元。只有在什么情况下最大损失是 200 元呢?那就是 A 股票和 B 股票同时遭遇到最坏的情况,从数理统计的一般原理我们知道,两只股票同时遭遇最坏情况的概率要比其中任何一只遭遇最坏的可能性的概率要小得多。这就是通过资产组合可以分散风险,降低总体风险的基本原理。

5.2.5.2　信贷资产分散化——资产组合管理原理在防治问题贷款中的应用

信贷资产分散化是指在贷款总额一定的情况下,尽量把贷款发放给更多的借款人。信贷资产分散化的另一层含义是指贷款在借款人之间的分布,要尽可能地均等化,避免贷款过多地集中在少数借款人身上。按照《中华人民共和国商业银行法》第 39 条第 4 款规定,对同一借款人的贷款余额与商业银行资本余额的比例不得超过 10%,特别是对一些集团型客户、上市公司等,千万不能用贷款"垒大户"。对于一些高风险、金额大的贷款项目,一家银行如果独自进行贷款,其承受的风险太大,一旦遭受损失,会直接影响银行货币信用活动的正常进行。因此,商业银行可以通过与外部合作,采用几家银行联合共同发放银团贷款的方式,将贷款风险分摊到外部去,从而减少其风险损失。

在商业银行风险管理中,有一个重要的概念——传染效应(contagion effects),它是指风险在贷款之间的传播。传染效应通常发生在关系比较密切,或相关性较高的贷款之间。信贷资产越集中,信贷风险的传染效应越强烈。20 世纪 80 年代,美国 Penn Square Bank 经营惨败的主要原因就是其贷款过分集中于能源贷款,传染效应引起贷款违约风险同时发生,最终导致该银行破产。

由此可见,信贷资产分散化的一个重要原则就是,贷款之间尽量减少相关性,以最大限度地降低信贷风险的传染效应。资产分散化的措施主要包括贷款客户的分散化以及贷款行业分布的多样化。

贷款客户的分散化是指在贷款总额一定的情况下,尽量把款贷给更多的客户;而且贷款在各客户之间的分布也要尽可能地均匀,避免将贷款过多地集中在少数客户身上。

贷款行业分布的多样化可以避免某一行业不景气而给银行带来的风险损失,因为众多行业同时出现产品积压、市场疲软的概率毕竟要小得多。

关于贷款客户分散化对降低风险所起的作用,可用下面这个例子加以诠释。假设贷款总额为 100 万元,如果只贷给一个客户,而该客户发生信用风险的概率为 0.1,那么这个概率就是银行发生全部贷款损失的概率。但如果银行的贷款并非只贷给这一个客户,而是贷给了两个客户。假定第二个客户发生信用风险的概率达到 0.3,尽管该客户单一风险概率远远超过了第一个客户,但根据概率论的原理,两个独立事件同时发生的概率等于这两个事件各自概率的乘积,不难得出银行在第二种情况下全部贷款发生风险损失的概率只为 0.03,比只贷给一个客户的风险概率低得多。如果能够把款贷给更多的客户,那么银行全部信贷资产的信用风险还会更小。

5.2.6 贷款中的价值规律——合理进行贷款定价

5.2.6.1 贷款定价的作用

贷款是我国商业银行主要的盈利资产,贷款利润的高低与贷款价格有着直接的关系。贷款价格高,利润就高,但贷款的需求将因此而减少。相反,贷款价格低,利润就低,但贷

款需求将会增加。因此,合理进行贷款定价,既能为银行取得满意的利润,又能为客户所接受,是商业银行贷款管理的重要内容和收益稳定的重要保证,也是对付银行风险最根本的基础所在。贷款的价格由信贷资金的供求关系决定。贷款利率是贷款价格的重要表示方式,根据贷款利率是否变动可以分为固定利率和浮动利率两种;贷款费用包括管理费等。贷款价格一般由贷款利率和贷款费用两部分构成。

5.2.6.2 贷款定价的实务操作

为贷款确定一个合理的价格是银行获取贷款业务利润的基础,也是与借款人能否达成贷款协议的关键。贷款定价是商业银行在利率市场化条件下信贷经营策略的核心环节,是银行经营战略的重要组成部分。近年来,随着金融全球化的加快,各国金融管制在不断放松,企业以直接融资方式获取资金越来越便利,这就使得银行传统的存贷业务趋于萎缩,竞争也更加激烈,因而贷款定价的合理性显得更为重要。合理的贷款价格应该既能够保证银行获得一定的利润,又能使企业接受。自2004年10月28日中国人民银行决定进行利率调整,放开贷款利率上限,商业银行可以自主根据企业和具体业务的风险状况进行定价后,各商业银行都在积极探索贷款定价机制,由于贷款市场的竞争激烈,银行事实上已不是贷款的定价者,而是贷款价格的接受者。

1) 成本加成贷款定价法

在对贷款进行定价时,银行管理人员必须考虑其筹集可贷资金的成本和银行的其他经营成本。一个完整的贷款利率必须包括四部分内容:

(1) 银行筹集足够的可贷资金的成本。

(2) 银行的经营成本(工资和物质设施的成本)。

（3）银行对违约风险所进行的必要补偿。

（4）每笔贷款的适当利润以保证银行的所有者获得必要的收益。

可用公式表示为：

$$\frac{贷款}{利率} = \frac{筹集资金的}{边际成本} + \frac{银行的其他}{经营成本} + \frac{预计违约风}{险补偿费用} + \frac{银行预期}{的利润}$$

公式中每一项都用贷款数额的百分比表示。

例如，一笔贷款金额为 100 万元，如果银行为了筹集该笔资金以 8％的利率发行存单，那么，筹集资金的边际成本就是 8％，银行发放和管理这笔贷款的经营成本为 2％，为了补偿该笔贷款可能发生的违约风险损失为 2％，银行预期的利润水平为 1％，则该笔贷款的利率就应该为 13％（即 8％＋2％＋2％＋1％）。

2）价格领导模型定价法

成本加成定价法是假设银行能够精确地计算其成本，并将成本分摊到各项业务中去，而且这种定价方法是以银行为核心。事实上，这两种可能性都较小，于是价格领导模型定价法便产生了。它是以若干个大银行统一的优惠利率为基础，考虑了违约风险补偿和期限风险补偿后为贷款制定的利率。

对某个特定的顾客来说，贷款利率的公式为：

贷款利率＝优惠利率(包括各种成本和银行预期的利润)＋加成部分
　　　　＝优惠利率＋违约风险贴水＋期限风险贴水

优惠利率是对信誉等级最高的大公司提供的短期流动资金贷款的最低利率，违约风险贴水是对非基准借款人收取的费用，期限风险贴水是指对长期贷款的借款人所收取的费用。

确定风险贴水是较为困难的事情，表 5 - 15 是银行分析家建议的风险等级和贴水。

表 5 - 15

风险等级和贴水对照表

风险等级	风险贴水(%)	风险等级	风险贴水(%)
没有风险	0	特别注意	1.5
风险 小	0.25	低于标准	2.5
标准风险	0.5	可 疑 的	5

如果一家企业属于非优惠利率借款者,对其 5 年期的固定资产贷款利率中除了优惠利率之外,还要包括违约风险贴水和期限风险贴水。假如优惠利率为 12%,违约风险贴水为 1.5%,期限风险贴水为 2%,那么,该笔贷款利率为 15.5%。

利率自由化以后,优惠利率定价法就产生了两个公式:优惠利率加数法和优惠利率乘数法。前者是用优惠利率加上一个比率构成贷款利率;后者是用优惠利率乘以一个数值得到贷款利率。表 5 - 16 是两种方法确定利率的比较。

表 5 - 16

两种方法确定利率的比较

优惠利率	加数利率(优惠利率+2%)	乘数利率(优惠利率×1.2)
10	12	12
11	13	13.2
12	14	14.4
13	15	15.6
14	16	16.8
15	17	18

在表 5 - 16 中,只有在优惠利率为 10% 时,加数利率和乘数利率才一致。当优惠利率由 10% 上升到 15% 时,加数利率由 12% 上升到 17%,而乘数利率则上升到 18%,高出加数利率一个百分点;相反,当优惠利率下降到 9% 时,利用加数法得到的利率为 11%,而用乘数法得到的利率则为

10.8%,低于加数利率。说明两种不同的利率计算方法对优惠利率变动的反映程度是不同的。

实际应用中,还可以对利率规定上限或下限,这对借款人来说是极为有利的,但银行承担的风险较大。

3) 成本—收益定价法

在银行内部还有更复杂的贷款定价系统,即成本—收益定价法。在成本—收益定价法下,需要考虑的因素有三个:

(1) 贷款产生的总收入。

(2) 借款人实际使用的资金额。

(3) 贷款总收入与借款人实际使用的资金额之间的比率为银行贷款的税前收益率。

案例 5 - 3

提高贷款收益的策略

某客户向银行申请 500 万元的信用额度,贷款利率为 15%,客户实际使用资金额为 500 万元,则该银行贷款的税前收益为:

$$贷款收入 = 500 \times 15\% = 75(万元)$$

借款人实际使用资金额为 500 万元,银行贷款的估计税前收益率为:

$$银行贷款税前收益率 = 75 \div 500 \times 100\% = 15\%$$

此时,银行的经营者就要判断 15% 的税前收益率是否能够弥补银行的筹资成本和各项管理费用以及能否补偿各种风险的损失。如果不能,则需要调整贷款利率,或者降低银行的经营成本。调高贷款利率受市场供求的限制,降低银行

第 5 章 如何预防和管理与问题贷款有关的信用风险

经营成本也不是轻而易举的，那么，银行是否还有其他办法提高贷款的税前收益率呢？

分析：答案是肯定的。最常见的就是向客户收取补偿性余额，这一做法非常有效。补偿性余额是借款者同意将一部分存款存入贷款银行的资金，可以表现为借款人未归还贷款平均余额的百分比，也可以用贷款额度的百分比或某一个固定的金额来表示。仍以上例说明：

假如银行要求客户将贷款额度的 20％作为补偿性余额存入该银行，并对补偿性余额收取 1％的承担费，则该银行贷款的税前收益率为：

$$贷款收入＝500×15％＋100×1％＝76(万元)$$

$$借款人实际使用资金额＝500－(500×20％)＝400(万元)$$

$$银行贷款的税前收益率＝76÷400×100％＝19％$$

可见，银行通过向客户收取补偿性余额和承担费的方法提高了贷款的税前收益率。

在实际操作中，银行还可以根据市场情况，通过向客户收取其他服务费的方式提高自身的收益。

5.3 贷款存续中的监测与管理

5.3.1 给问题贷款上保险——贷款准备金制度

贷款准备金制度是银行采用的为了抵御和减少事先难以预防的、潜在的贷款风险，保证信贷资产良性循环而提取的用于补偿银行到期不能收回贷款而造成损失的准备金制度。提取贷款损失准备金，增强银行自身的风险承受能力，是银行对付问题贷款的一个重要措施。

商业银行提取的贷款损失准备金一般有三种：一般准备

金、专项准备金和特别准备金。

一般准备金是商业银行按照贷款余额的一定比例提取的贷款损失准备金。

专项准备金应该针对每笔贷款，根据借款人的还款能力、贷款本息的偿还情况、抵押品的市价、担保人的支持度等因素，分析风险程度和回收的可能性合理计提。

特别准备金是针对贷款组合中的特定风险，按照一定比例提取的贷款损失准备金。特别准备金与普通和专项准备金不同，不是商业银行经常提取的准备金，只有遇到特殊情况才计提特别准备金。

5.3.1.1 准备金计提的原则

商业银行计提贷款准备金要遵守及时性与充足性原则：及时性原则是指商业银行应当在估计到贷款可能存在内在损失、贷款的实际价值可能减少时进行贷款准备金提取，而不应当在损失实际发生后再进行；充足性原则是指商业银行应当随时保持能足够弥补贷款内在损失的准备金。

5.3.1.2 准备金计提的有关规定

1）国际规定

对银行提取贷款损失准备金进行规范的两个主要国际规则是《国际会计准则》与《巴塞尔协议》。《国际会计准则》要求对于银行贷款建立贷款准备金，贷款准备金分两类：一类为特别准备金（specific reserves）；另一类为普通准备金（general reserves）。特别准备金与特定贷款相关，是在明确了某种特定情况导致贷款损失之后而单独评估并提取的。普通准备金不与任何特定贷款相关，是针对一些没有专门采取计提坏账准备金措施的贷款有可能出现的损失而设立的。与国际会计准则相似，巴塞尔委员会也认可特别准备金与普

通准备金。其中普通准备金用于备抵潜在的损失（latent losses），这种损失虽然还没有认定，但显然存在。

要确定贷款损失准备金的额度，必须对贷款进行分析，一般采取六个步骤：

（1）把贷款资产按类别划分。

（2）对各种贷款进行风险评估。

（3）根据风险评估的结果，确定贷款损失准备金的额度。

（4）对各个种类的贷款损失准备金进行综合。

（5）留出额外的"特别"储备。

（6）对贷款损失的充分水平进行评定。

值得一提的是第（5）项中"特别"储备，对银行稳健经营来说是非常重要的，它为对付银行经营之中不可预见的损失提供了一个缓冲器。

银行贷款损失准备金的计算公式为：

$$LLP_t = \sum_{t=1}^{p}\left[b_{i,t} \times \sum_{k=0}^{n}\left\{ \sum_{j=1}^{m}W_{i,(t-j+k)} \middle/ \sum_{j=1}^{m}b_{t,(t-j+k)} \right\} \right]$$

式中　LLP_t 为 t 时期贷款损失准备金（loan loss provision）；

$b_{i,t}$ 为 t 时期 i 种类的贷款量；

$W_{i,(t-j+k)}$ 为在 $t-j$ 时期贷出，处于第 i 种类，在 $t-j+k$ 时期冲销的贷款；

p 为贷款风险类别的数目；

m 为运用过去资料的单位时期数目；

n 为在 $t-j$ 时期的 i 类贷款冲销、收回或重新划分之前的单位时期数目。

关于银行的资本准备水平，1988 年通过的《巴塞尔协议》和 1991 年的补充规定作了具体的规定。该协议把资本划分为两种类型：核心资本和附属资本。一级资本（核心资本）为股东权益加上税后收益中提取的储备减去商誉；二级资本(附属资本)包括质量较低的资本，比如，次级负债(subordinated debt)、重新估价的储备、一般贷款损失准备，以及各种证券等。由银行资产的总额根据不同的资产类型和风险权重，加权计算得出风险资产总额。加权风险资产总额(A)的计算公式为：

$$A = a_1 w_1 + a_2 w_2 + a_3 w_3 + a_4 w_4 + a_5 w_5$$

式中　a_i 为第 i 种资产的数量；

　　　w_i 为第 i 种资产的风险权重。

该协议规定：资本总额(一级资本和二级资本)必须达到风险加权资产总额的 8％，同时，一级资本必须占资本总额的 50％以上，二级资本必须少于一级资本，另外次级负债(subordinated debt)不得超过一级资本的 50％，一般贷款损失准备不得超过风险资产总额的 1.25％，即

$$B + C + D + E \geqslant 0.08A$$

$$B \geqslant 0.04A$$

$$C + D + E \leqslant B$$

$$C \leqslant 0.5B$$

$$D \leqslant 0.0125A$$

式中　A 为风险权重资产(加权风险资产总额)；

　　　B 为一级资本；

　　　C 为次级负债(二级资本)；

　　　D 为一般贷款损失准备(二级资本)；

　　　E 为其他附属资本(二级资本)。

巴塞尔协议对银行的资本水平作了统一的规定，其主要目的是为了降低国际银行业的风险，并规范银行间的竞争。

一般认为贷款损失准备金受贷款总额、贷款质量、贷款可能的损失率、贷款的行业投向或贷款的组合结构等因素的

影响。但是怎样衡量贷款损失准备金的计提是否充分呢?下面是几个一致公认的理论公式。

公式一:

$$贷款准备金率=贷款准备金额÷总贷款×100\%$$

公式二:

$$贷款准备金额+核心资本≥加权风险资产$$

公式三:

$$(贷款准备金额+核心资本)÷风险资产=资本与风险资产的比率$$

第一个公式没有考虑到贷款的质量问题,也忽略了资产业务如信用证、商业汇票承兑、保函等的风险。资产质量好的贷款应该少提贷款损失准备金,资产质量差的贷款应该多提贷款损失准备金。这样提取的贷款损失准备金是一般准备金。

第二个公式的意义就是只要贷款准备金额与核心资本之和大于问题贷款的可能损失金额,则在理论上银行是安全的,且前者越大越好。本公式的关键是计算加权风险资产。

第三个公式是第二个公式的变形,因为要求贷款准备金额与核心资本之和大于问题贷款的可能损失金额是不现实的,所以可以根据每项资产的具体情况,由各家银行自己确定不同的比率。

2) 我国的贷款准备金制度

我国的贷款准备金制度自 1988 年建立以来,从无到有,并不断完善,是贷款准备金提取比例不断提高和计提范围不断扩大的过程,反映出商业银行防范和化解金融风险的意识在不断加强。

根据我国《银行贷款损失准备计提指引》的规定:银行应按季计提一般准备金,一般准备金年末余额不得低于年末贷款余额的 1%。

银行可以参照以下比例按季计提专项准备金:

(1) 对于关注类贷款,计提比例为 2%。

(2) 对于次级类贷款,计提比例为 25%。

(3) 对于可疑类贷款,计提比例为 50%。

(4) 对于损失类贷款,计提比例为 100%。

其中,次级和可疑类贷款的损失准备,计提比例可以上下浮动 20%。特种准备金由银行根据不同类别(如国别、行业)贷款的特种风险情况、风险损失概率及历史经验,自行确定按季计提比例。

案例 5 - 4[①]

贷款准备金制度

继深圳发展银行、浦东发展银行和民生银行上市之后,招商银行于 2002 年 4 月 9 日正式在上海证券交易所挂牌交易,至此国内证券市场上已有四家上市银行。其中,招商银行在上市之前一步到位实现贷款准备金制度与国际惯例接轨的成功案例引人瞩目。而之前的三家上市银行——深圳发展银行、浦东发展银行与民生银行从 2000 年起推进这一过程则足足用了两年的时间。这是由于中国人民银行决定自 2002 年 1 月 1 日起,在各类银行中正式全面推行贷款风险五级分类管理,为招商银行能一步到位建立符合国际惯例的贷款呆账准备金制度奠定了坚实的基础。

分析:上市银行在推进贷款准备金制度接轨国际标准的

① 《证券市场导报》2002 年第 12 期。

进程中,为我国商业银行贷款准备金制度改革提供了一定的范式。从招商银行能够在上市之前一步到位地实现贷款准备金制度与国际惯例接轨的案例可以得知:贷款准备金制度改革的基础是科学的贷款分类,我国应以现有的"五级分类"为基准,紧密结合实际,改善贷款分类制度,以有利于商业银行贷款准备金制度的进一步完善。

5.3.2 用资本覆盖非预期损失——经济资本的应用

我国商业银行现行的业务控制方法包括贷款控制,基本上很少和银行的资本金联系起来,同时我国的商业银行普遍存在着对资产规模扩张的冲动,这种冲动的原因很多,我国经济的发展为银行规模的扩张提供了足够的需求和供给空间;中国社会传统文化对"大"有着偏好等等。这种对"大"的追求体现在贷款业务上就是不断地增加贷款规模,扩大贷款对象。然而这种扩张并没有资本金的同向扩大作为保证,所以隐藏了巨大的风险。

实际上,国外管理水平先进银行的业务管理都与其资本金息息相关。一个最核心的原则就是资本金必须覆盖银行的非预期风险。下面就对这个问题做个概述。由于资本要用来覆盖风险,所以要经营好资本,对风险的研究是基础。

5.3.2.1 风险的分类

损失和风险息息相关,如果不对风险进行细分,银行对损失根本无计可施。我们一般对付风险导致的损失有两种办法:一种办法就是把损失计入成本;另一种办法就是计提风险准备金。由于损失始终是个不确定的值,其变动范围很大,如果把风险全都加到成本上则贷款利率会很高,高到几乎无人贷款。这样银行便无法生存,但如果不把风险加到成本上,银行也会由于风险积聚导致倒闭。

按照风险的可预测和不可预测,银行所面对的损失可以分为预期损失、非预期损失和极端损失。

1) 预期损失

由于大部分情况下,实际发生的损失主要是围绕平均值上下波动,因此在管理上可以把平均损失看成相对固定的。可以用相对确定的方法来处理。我们认为这种平均损失是可以提前预知的,所以也称之为预期损失。

2) 非预期损失

这是指银行在一定条件下的最大损失值超过平均损失值的那部分损失,这个最大损失对应的可能性就是一个置信度,是超过银行预计的所能承受的最大损失的部分。这部分相对不稳定,不像预期损失那样好预测,因此我们称它为非预期损失。

3) 极端损失

这是指超出一定条件下的最大损失值所没有包含的损失,这部分损失的最大数值无法预计,也是风险管理上无法完全解决的缺口,一般极不易发生,但是一旦发生则损失极大,通常是发生了极端不利的情况,因此把它称为极端损失。

上面说的最大损失值,实际上是对应一个百分比的。一个银行所能承受的最大损失就是银行资本金的价值,超过资本金,银行就破产了,当然这个最大损失值很少会发生,发生超过最大损失值的损失的可能性就称为一个银行的容忍度。

容忍度是测量最大风险值时没有覆盖到的百分比。比如在 90％的情况下,最大损失值为 18。那就是说还有 10％的可能性要超过 18。这个 10％就是一个容忍度。

利用容忍度的概念就可以重新表述上述三种损失了:预期损失是指平均损失,和容忍度无关;非预期损失是指在设定一定容忍度下,最大损失值超出预期损失的那部分损失;

243

极端损失是指在设定一定容忍度下，在极端的情况下，超过最大损失值的那部分损失。

5.3.2.2　对付风险的基本手段

对于风险导致的三种损失，国外比较先进的银行均采用下面的方法来处理。

1）定价转移预期损失

定价转移就是把风险作为成本，转移到产品价格中去，实际上是由客户通过贷款的利息以及购买的金融产品中已经给出的损失区间来承担损失。但是定价转移风险也不是随心所欲的，它受制于客观规律和市场接受程度。限制条件包括：

（1）能够定价转移的只有预期损失，非预期损失和极端损失不能通过定价转移。如果这两种损失也转移，则银行的定价会高到不可接受。

（2）定价转移是否成功要看市场是否接受，归根结底要看银行的风险控制水平。

（3）银行拨备时计提的呆账准备金应当等于预期损失，但实践中常常有出入。存在出入的原因有：银行常常没有足够的能力准确计算预期损失；不排除银行出于调控年度利润的目的多计或少计拨备；有时监管机构不允许银行自由决定计提标准等。

例如，假设 1 000 单位的资产可能会有 10 单位的预期损失，这时确定 1 个百分点的风险成本，再加上 2% 的资金成本和 1% 的经营成本，这个银行产品的总成本为 4%，如果银行还希望有 1% 的盈利，则向客户报出的贷款利率是 5%，如果这个时候市场同类贷款的利率是 5% 左右，则银行的贷款就可能贷出去。但如果分析内部数据得出 1 000 单位的资产可能有 40 单位的预期损失，则如果按照上面的定价方法，就可

能定价为 8%,这个时候就超过了市场同类贷款的利率,客户就不会接受。如果分析内部数据得出 1 000 单位的资产只有 5 单位的预期损失,则可以定价为 4.5%,就会低于市场价格,这时候银行就可以选择把价格定为 4.5%~5%。

这个例子就说明了,预期损失作为风险成本进行定价转移只是一种原理,实践中能不能成功,要看这家银行的风险控制水平。

如本章 5.2.3 所述预期损失的计算存在这样一个公式:

$$预期损失 = 客户违约概率 \times 违约损失率 \times 风险敞口$$

式中　客户违约概率是指客户违约的比例;

违约损失率是发生损失后,贷款最终可能损失的比率,这是因为即使企业违约了,企业可能还存在抵押品或者担保人,贷款也可能部分收回;

风险敞口是业务中暴露在风险中的部分,这是由于有的贷款可能是部分存在风险,不存在风险的就可以不用考虑。

2) 资本覆盖非预期损失

定价转移是把平均损失(预期损失)计入了成本,而资本覆盖在经营过程中是一种虚拟的准备,也就是每一笔资产业务都需要一定的资本做靠山,保证一旦出现不利的情况,实际损失超过平均数了,就可以用资本去抵补超过平均损失的那部分损失了。

需要注意的是:用资本覆盖的只是非预期损失,不能覆盖极端损失。当极端损失发生时,银行遇到的损失可能十分巨大,银行有限的资本根本无法覆盖。同时,资本覆盖风险的程度取决于银行对风险的偏好程度。这个风险偏好程度就是一个容忍度的问题。时任招商银行常务副行长陈小宪把容忍度比喻成一条河发大水的概率,很形象和通俗地说明了这个问题

(见下例)。再有就是监管机构对银行资本覆盖有严格要求,体现为最低资本充足率,巴塞尔协议中就有严格的规定。

例如,一条大河,假设根据历史纪录,过去 1000 年,水位超过 40 米有 1 次,千年一遇;水位超过 30 米有 10 次,百年一遇;水位超过 20 米有 100 次,十年一遇。同时水坝的高度决定了其抵御洪水的能力。根据这些数据,可以确定修建水坝的备选方案,如果想让它达到十年一遇的水平,就修 20 米的堤坝,不过这样发生洪水的可能性就太大了。如果想千年一遇,就修 40 米的堤坝,不过可能由于造价太高而造不起。所以最终可能选择修 30 米的堤坝,对付百年一遇的洪水。

如果把洪水看成非预期风险,把堤坝看成用来覆盖非预期风险的资本,上面的例子就转变成资本覆盖风险的问题了。千年一遇代表损失发生的可能性是0.1%,百年一遇是1%,十年一遇是 10%。保守的银行可能选择0.1%的容忍度,这样做,资本就需要很多,激进的银行可能选择 10%的容忍度,这样所需的资本少了,但是风险很大。一般的银行就会选择 1%的容忍度,这样比较折中。

3) 压力测试对付极端损失

极端损失的特点是发生的几率特别低,发生以后对银行造成的后果极端不利。比如恐怖袭击、战争、政变、金融风暴、自然灾害等等。

对付极端损失无法用资本覆盖,也没有其他可靠的对付方法。

压力测试就是银行假设性地把经营环境模拟成极端不利的条件,测试自己的资产、负债、资本等各项指标在这种情况下会出现什么恶劣结果,计算出如果发生极端情况时,银行的资金缺口。然后设立专门的部门去关注可能发生极端损失的原因,比如中东的局势可能导致美元大幅下跌,假设可能贬值 50％,那么银行就可能派专人关注中东地区,一有风吹草动,就可以采取一些权宜的方法转移部分风险。比如卖出部分美元换成欧元或者日元,等等。

压力测试不是对付极端损失的可靠办法,但是在一定程度上是有效的。

有了风险量化的前提,我们就可以对风险进行全面细致的管理了。同时由于银行资本管理是全面风险管理的落脚点,所以只有管理好了资本,才谈得上真正的风险管理。这里我们需要用到经济资本、RAROC 等概念。

5.3.2.3 风险资本

风险资本是资本管理中的重要概念,所谓风险资本(capital at risk,CaR),也叫经济资本(economic capital,EC),就是指在一定容忍度下覆盖潜在风险(非预期风险)可能造成的损失所需要的资本。风险资本本身并不是真实的资本,也不是风险本身,它是对应着特定风险损失的一种虚拟资本形式,随着银行承担风险大小的变化而动态变化。

1) 风险资本的作用

风险资本是银行全面风险管理和资本管理中十分重要的一个概念,对银行管理意义深远。它的作用主要包括:

(1) 风险资本揭示了风险需要资本进行覆盖的基本原理。风险资本永远与非预期风险相等。

(2) 风险资本体现了银行承担风险就是占用资源的基本理念。

(3) 风险资本集中反映了银行的经营取向,也就是反映了银行的容忍度。

一般情况下银行的容忍度选择与银行自身希望达到的评级等级对应起来,一个银行如果希望自己的评级是 AAA,

那么容忍度就会定为≤0.02%。[①]

2)资本对风险的约束

上面提到银行因为发生业务而承担风险,因为承担风险而需要风险资本,看起来似乎是风险决定了资本,实际上资本的管理是要求主动对风险进行约束,主要体现在下面几个方面:

第一,资本是银行承担风险的本钱。

这就是说,银行只有拥有了资本,才有能力去承担风险。

第二,有多少资本才能承担多少风险。

市场上存在许多收益大于风险的机会,但是不是所有的这种业务都能够去做呢? 也不是,这里存在一个风险总量的问题。银行承担的风险总量不能大于银行的资本,这就是资本对风险的约束。

第三,资本对风险的制约机制通过银行内部的风险限额管理体现出来。

银行内部各个部门所承担的风险不能大于该部门分配得到的资本,这样银行就可以对各个部门或者分行进行管理,迫使它们用最小的风险代价去追求最大的利润,实现整个银行的资本收益最大化。

通过对经济资本的讨论,我们可以从资本的角度考虑问题贷款。贷款部门是银行整个系统的一部分,所以贷款部门也要在自己分配到的经济资本的约束条件下,争取最大的利润。这就需要高效准确的企业评级体系和高超的贷款定价技术来保证。

5.3.2.4 用 RAROC 分配资源

以前银行管理风险和收益只能采用一面管理,希望收益高

---

① 这个评级用的是标准普尔的企业评级体系,AAA 对应 0.02%的容忍度。

就只关注收益管理,希望低风险就注意风险管理。直到20世纪70年代末,美国信孚银行的一个风险管理团队首先创造了风险调整资本收益率,即 RAROC 这个概念,并把 RAROC 作为一种风险管理手段,开始运用到银行经营管理中。其计算公式为:

$$RAROC = \frac{风险调整后的收益}{风险资本} = \frac{收入-资金成本-经营成本-风险成本}{风险资本}$$

RAROC 的计算看似简单,但真正要付诸应用的话,还需要运用各种配套管理手段,包括资产负债管理技术、内部资金转移定价技术、信用评级、风险组合技术等等。

RAROC 在问题贷款领域的应用也很有前途,首先,使用RAROC 可以针对不同客户精确地给贷款定价,如果客户觉得价格合理就会与银行达成协议;如果客户觉得贷款价格太高,就不会在这儿贷款。这样就可能从根本上防止部分问题贷款的产生。当然这样做仍然不能阻止那些恶意贷款的客户,同时国内商业银行贷款定价还不是很自由,所以该工具的作用受到一定的限制。

RAROC 还可以用在贷款的分配上。

用 RAROC 作为银行分配资源的依据是通过风险资本配置而实现的。资本是银行的核心资源,股东追求资本收益最大化,银行经营的终极目标就是使整个银行的资本收益最大。要实现资本收益的最大化,就是需要把业务倾斜到能够创造最大资本收益的领域,即 RAROC 最大的领域。RAROC 大的客户就扩大业务,RAROC 小的客户就缩小业务。最终使得整个银行的 RAROC 最大。

例如,假设一家银行的贷款部门有贷款计划 1 亿元,同时存在 A、B 这两个客户都有强烈的贷款愿望。客户 A 的RAROC为 25%,客户 B 的 RAROC 为 15%,我们设计三个贷款分配方案,分别计算贷款部门的 RAROC。

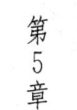

第5章 如何预防和管理与问题贷款有关的信用风险

方案一：客户 A 分到 1 亿元贷款，客户 B 分文不贷。则可以看出贷款部门的 RAROC 为 25％，即客户 A 的 RAROC。

方案二：客户 A 分得 0.8 亿元贷款，客户 B 分得 0.2 亿元贷款。则：

$$总的 RAROC = 总的风险调整后收益 \div 总的风险资本$$

$$= \frac{A 的风险调整后收益 + B 的风险调整后收益}{总的风险资本}$$

$$= \frac{A 的 RAROC \times A 的风险资本 + B 的 RAROC \times B 的风险资本}{总的风险资本}$$

$$= (25\% \times 0.8 + 15\% \times 0.2) \div 1 \times 100\% = 23\%$$

方案三：客户 A，B 各分配 0.5 亿元贷款，则：

$$总的 RAROC = 总的风险调整后收益 \div 总的风险资本$$

$$= \frac{A 的风险调整后收益 + B 的风险调整后收益}{总的风险资本}$$

$$= \frac{A 的 RAROC \times A 的风险资本 + B 的 RAROC \times B 的风险资本}{总的风险资本}$$

$$= (25\% \times 0.5 + 15\% \times 0.5) \div 1 \times 100\% = 20\%$$

显然方案一的总 RAROC 最大，因此是最优方案。

但是在实践中，真正这样做的现实基础几乎不存在。因为要实践上述例子的前提至少有：一是客户 A、B 的 RAROC 是固定不变的，不会随着其经营的变化而变化，但在实践中是不可能的。二是银行可以在无其他成本的情况下自由转移业务，甚至撤销分支行。这在现实中也是不可能的。事实上，风险分散的原理要求我们不能把资金全部投放在一个客户上，所以银行贷款部门或多或少总会两个客户都分配些贷款。所以上述三个方案中的第二个方案是比较现实的方案。把更多风险资本放到 RAROC 高的 A 客户，把较少风险资本放到 RAROC 低的 B 客户。

上面分析过，银行难以完全按照既定的不同客户的RAROC大小配置风险资本，因此在实践中，银行往往会同时采用另一种手段，即规定每个客户的最低RAROC标准，低于这个标准的原则上不做，等于或者高于这个标准的才允许做。这样一来，就能保证银行贷款部门的RAROC必定等于或高于这个RAROC标准。这是主动资本配置的一种有效方法。至于RAROC标准怎么制定，取决于股东对资本的回报要求，取决于银行的风险偏好，取决于银行对业务发展的追求，也取决于银行对市场的综合判断。

5.3.3　为贷款做体检——问题贷款的早期信号

贷款的风险状况是在不断变化的，虽然贷款发放前，我们已经对贷款进行了筛选，防止贷款发生问题。但是，在实际操作中，总有这样或那样的情况变化，导致问题贷款的发生。尽管产生问题贷款的原因是不一样的，但是借款人出现问题时大多有着明显的信号。表5－17和表5－18是从不同视角和表现形式反映的可能造成问题贷款的早期预警信号，两张表的具体内容可能存在交叉或重复，各银行可以根据自身的市场及客户类型、业务特征和管理习惯选择借鉴相关的内容运用于贷后管理实践中。

表5－17

问题贷款的早期预警信号（一）[①]

预警内容		早　期　预　警　信　号
财务报表	资产负债表	1. 不能按时得到报表 2. 应收账款回收期延长 3. 现金收支状况恶化 4. 应收账款金额或比例增加

---

① 李强，夏样芳：《商业银行问题贷款管理》，海天出版社2000年版。

（续表）

预警内容		早 期 预 警 信 号
财 务 报 表	资产负债表	5. 存货增加 6. 资产负债率上升 7. 资产负债表结构发生重大变化 8. 会计师事务所审计不合格 9. 存货周转速度减慢 10. 流动资产占资产比例下降 11. 银行账户多 12. 固定资产变动异常 13. 无形资产激增 14. 短期债务异常增加 15. 长期债务大量增加 16. 拖欠员工工资、税金 17. 主要银行结算账户变动 18. 应收账款的平均时间拉长 19. 赊销政策发生变化 20. 延长应收账款时间 21. 用应收票据代替应收账款 22. 放弃收回应收账款的努力 23. 应收账款逾期账户过于集中 24. 对下属、附属、关联公司有(其他)应收账款 25. 准备金大量增加 26. 对股东和职员有债务 27. 固定资产以外的非流动性资产增加
	利 润 表	1. 销售额下降 2. 销售额上升,利润率下降 3. 毛利与净利润之间的差距加大 4. 成本提高,收益减少 5. 相对于销售而言,财务费用、管理费用增长过快 6. 相对于销售额及销售利润而言,总资产增长过快 7. 经营亏损 8. 销售增长过快、令人生疑 9. 呆账增加
	现金流量表	1. 净现金流量为负 2. 净现金流量大幅下降 3. 经营活动产生的净现金流量大幅下降 4. 经营活动产生的净现金流量为负 5. 投资活动产生的净现金流量变化过大 6. 筹资活动产生的净现金流量变化过大
企业经营状况		1. 公司业务性质发生变化 2. 财务记录和管理混乱

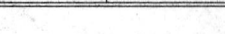

问题贷款识别与防范

252

（续表）

预警内容	早 期 预 警 信 号
企业经营状况	3. 工厂或设备布局不合理 4. 用人不当 5. 拖欠税款、工程款、员工工资 6. 丧失一个或多个实力雄厚的客户 7. 存货陈旧、数额巨大，而且杂乱不堪 8. 关系到企业生产能力的某一客户的订货变动无常 9. 投机于存货，使存货水平超常增加 10. 工厂的设备与设施维修不善 11. 推迟更新过时或无效的设备 12. 销售量明显下降 13. 公众媒体上出现不利于企业的消息 14. 项目投资计划过于雄心勃勃 15. 企业背景复杂 16. 行业风险凸显 17. 在对外提供担保方面过于轻率 18. 缺乏关键产品生产线，政府特许分配权或供应来源
企业管理人员	1. 关键人物的行为或习惯变化 2. 关键人物卷入经济或刑事案件 3. 董事会、所有权或重要人员发生人事变动 4. 对银行的态度发生变化，尤其是缺乏合作态度 5. 管理人员不履行个人义务 6. 已解决的问题又重新发生 7. 关键人物患病或死亡 8. 无力按计划履行承诺 9. 未能实现预定的盈利目标 10. 计划不明确 11. 各部门职责割裂，互不协作 12. 冒险兼并其他公司或冒险投资于新业务、新产品以及市场 13. 投机心理过重，风险过大 14. 商业或服务的定价过高或过快 15. 对市场疲软或经济衰退的反应迟钝 16. 接班人不明确 17. 某一个人独裁专制，业务发展缓慢，限制其他人员的能力发挥 18. 发生劳资纠纷 19. 主要管理人员或其亲属有移民倾向

第 5 章　如何预防和管理与问题贷款有关的信用风险

（续表）

问题贷款识别与防范

预警内容	早 期 预 警 信 号
企业管理人员	20. 高级管理层之间出现严重分歧或分裂 21. 管理层品行低下、缺乏修养 22. 高级管理层或董事会成员变动频繁 23. 管理层的核心人物突然死亡、生病或辞职，没有相应的合适继任者 24. 中级管理层较为薄弱，企业人员更新过快或员工不足 25. 管理层对企业发展缺乏战略性的计划，或计划没有实施或无法实施 26. 管理层缺乏足够的行业经验和管理能力 27. 管理层经营思想变化，表现为极端冒进或保守 28. 董事会和高级管理人员以利润为中心，并且不顾长期利益而使财务管理发生混乱、收益质量受到影响 29. 财务报表呈交不及时，成本控制不力 30. 企业行为变化莫测
抵押、质押物品	1. 抵押、质押物品市场价值与评估价值差距拉大 2. 抵押、质押物品所有权发生争议 3. 抵押、质押物品实际占有或管理人管理不善 4. 抵押、质押物品流动性差 5. 抵押、质押物品变现价值与市场价值差距拉大 6. 抵押、质押物品面临环保困境 7. 抵押、质押物品保险过期
企业与银行关系	1. 企业在银行的存款余额下降 2. 贷款多次展期、借新还旧、还旧借新 3. 固定资产或流动资产的融资计划不明确 4. 严重依赖短期借款 5. 绝大部分贷款的用途是"流动资金" 6. 季节性贷款需求变化无常 7. 贷款需求的规模和时间变动无常 8. 多种还款来源没有落实 9. 企业态度发生改变，尤其是缺乏合作 10. 企业不主动向银行提供有关财务及经营情况资料 11. 企业企图靠某些特殊关系增加贷款 12. 企业千方百计到各家金融机构申请贷款，只要能够得到贷款，可以承诺许多苛刻条件 13. 企业经常签发空头支票 14. 与同一银行贷款客户有互保、连环保关系

（续表）

预警内容	早 期 预 警 信 号
企业与银行关系	15. 企业应付款要经常展期 16. 从其他银行以抵押形式取得贷款 17. 其他银行降低其信用限额 18. 其他银行对其看法改变
非财务因素	1. 行业整体衰退或属于新兴行业 2. 出现重大的技术变革，影响到行业的产品和生产技术的改变 3. 政府对行业有严格的限制 4. 经济环境变化，如经济萧条或出现金融危机，对行业发展产生影响 5. 国家产业、货币、税收等宏观经济政策变化，如汇率、利率调整 6. 顾客需求发生变化 7. 多边或双边贸易政策有所变化，如对进口、出口的限制和保护 8. 法律变化 9. 经营活动发生显著变化，处于停产、半停产或经营停止状态 10. 业务性质、经营目标或习惯做法改变 11. 主要数据在行业中呈现不利的变动趋势 12. 兼营不熟悉的业务、新业务或在不熟悉的地区开展业务 13. 不能适应市场或顾客需求的变化 14. 持有大额订单，一旦失败将损失巨大 15. 产品单一 16. 对存货、生产和销售的控制能力下降 17. 对一些客户或供应商过分依赖 18. 供应商停止供货或减少信用额度 19. 购货商减少采购 20. 企业的地点发生不利的变化或分支机构分布不合理 21. 出售、变卖主要的生产、经营性固定资产 22. 建设项目的可行性存在偏差，或计划执行出现较大的调整，如基建项目的工期延长，或处于停缓状态，或概预算调整 23. 借款人的产品质量或服务水平下降 24. 遇到台风、火灾、战争或严重灾害灾难 25. 借款人组织形式发生变化，如进行租赁、分立、承包、联营、并购、重组等 26. 借款人的主要股东、关联企业或母子公司等发生了重大的不利变化

第5章　如何预防和管理与问题贷款有关的信用风险

255

（续表）

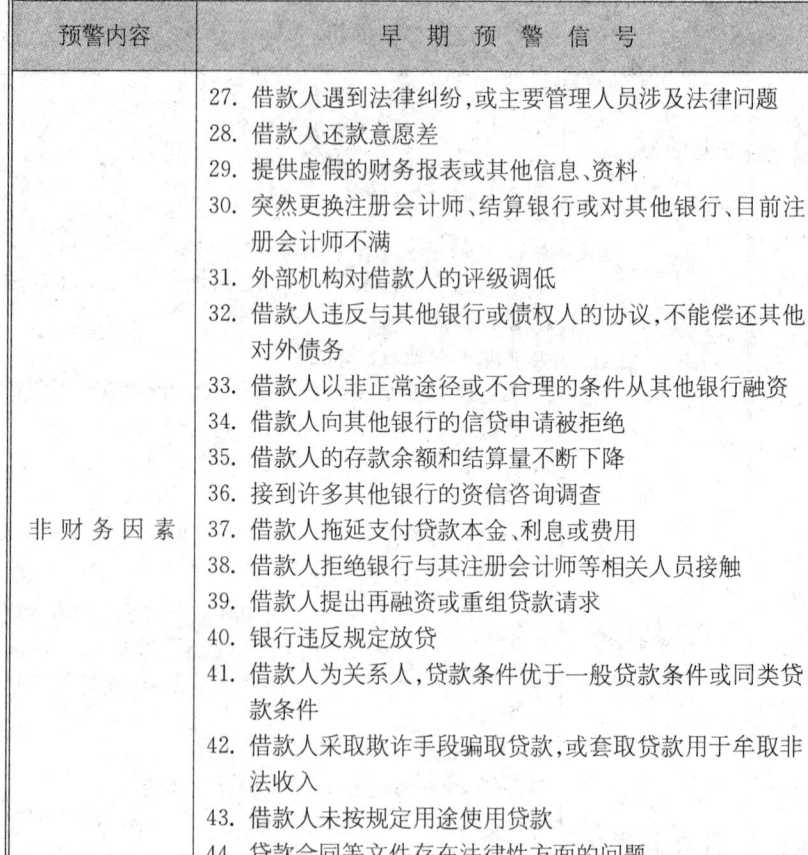

预警内容	早 期 预 警 信 号
非 财 务 因 素	27. 借款人遇到法律纠纷,或主要管理人员涉及法律问题 28. 借款人还款意愿差 29. 提供虚假的财务报表或其他信息、资料 30. 突然更换注册会计师、结算银行或对其他银行、目前注册会计师不满 31. 外部机构对借款人的评级调低 32. 借款人违反与其他银行或债权人的协议,不能偿还其他对外债务 33. 借款人以非正常途径或不合理的条件从其他银行融资 34. 借款人向其他银行的信贷申请被拒绝 35. 借款人的存款余额和结算量不断下降 36. 接到许多其他银行的资信咨询调查 37. 借款人拖延支付贷款本金、利息或费用 38. 借款人拒绝银行与其注册会计师等相关人员接触 39. 借款人提出再融资或重组贷款请求 40. 银行违反规定放贷 41. 借款人为关系人,贷款条件优于一般贷款条件或同类贷款条件 42. 借款人采取欺诈手段骗取贷款,或套取贷款用于牟取非法收入 43. 借款人未按规定用途使用贷款 44. 贷款合同等文件存在法律性方面的问题 45. 贷款档案不齐全,重要文件遗失,对贷款偿还有实质性的影响 46. 其他

表 5-18

问题贷款的早期预警信号(二)①

风险信号	风险表现形式	预警信号具体内容
缺乏继续合作的诚意	不好联系	1. 与借款人关键人员失去联系或联系不畅 2. 借款人的负责人、财务人员频繁更换手机号码,经常无法联系,即使联系上,人在本地却谎称在出差;故意躲避银行上门进行贷后检查

---

① 表 5-18 系著者根据相关资料整理而成。

（续表）

风险信号	风险表现形式	预警信号具体内容
缺乏继续合作的诚意	不提供资料	1. 不提供或不按期提供定期报表 2. 不愿提供定期报表以外的信息 3. 不愿意提供银行的交易流水 4. 对需要通过纳税税单来判断客户经营规模、盈利能力真实性时，客户不愿意提供
	不配合检查	1. 事先约定的会谈时间被无故推迟 2. 进行贷后检查时，关键人员避而不见 3. 拒绝或不能对报表数据提供组成明细
	转移基本账户	1. 离开合作多年的银行 2. 变更业务主办银行
现金流出现异常	多头开户导致在本行的现金流减少	1. 在本行或他行开立基本账户，同时在其他行开立多个一般账户 2. 资金归行率差，归行资金占比下降 3. 在本行结算账户的资金流量明显减少 4. 对于大额进出，要求提供对方信息、销售/采购合同等，判断其资金是否流向非经营性交易方
	销售收入减少导致现金流减少	1. 经营和市场出现问题，销售回款减少，货款结算周期延长 2. 财务人员经常查询账户资金，钱一到账就会支出，甚至有时开出空头支票 3. 供应商查询客户的头寸 4. 资金流入少流出多，日均存款减少，且无合理解释
	截留或转移资金	1. 通过关联交易转移资金 2. 直接截留销售收入 3. 突然有大笔资金流出，交易异常 4. 资金流向非经营性的交易方 5. 资金流向与经营范围不符
	现金流异常	1. 进出资金以融资或内部调拨为主，缺少经营性资金往来 2. 上下游的交易对手突然改变 3. 存款增长异常

第5章 如何预防和管理与问题贷款有关的信用风险

（续表）

风险信号	风险表现形式	预警信号具体内容
外部评价差	同业内对借款人评价不佳	1. 借款人在同业内的口碑不佳 2. 借款人在同业内的地位下降
	上下游合作伙伴对借款人存在负面评价	1. 拖欠上游供应商的货款 2. 下游客户对借款人的货物质量、交货期等不满意，可能导致订单减少
	借款人的邻里、朋友对其产生负面评价	1. 对借款人的道德品行产生怀疑 2. 对借款人的经营和管理能力产生质疑
出现不稳定因素	队伍不稳定	1. 频繁更换总经理等主要经营者 2. 财务主管、会计人员频繁更换 3. 销售、生产、技术等核心部门的关键管理人员离职或被更换 4. 客户、员工对企业没有信心
	家庭内部出现矛盾纠纷	1. 主要股东或实际控制人、关键岗位管理人员家庭矛盾，包括婚姻关系不佳，离婚、析产等 2. 家庭共同创业的产权纠纷
	合作伙伴产生矛盾	1. 合作伙伴之间出现经营理念、财务、股权等方面的矛盾和冲突 2. 部分股东要求退出 3. 联营方不再合作 4. 共同创业的合作伙伴退出经营管理层 5. 客户流失
产生纠纷	因诚信原因产生纠纷	1. 在对方付款后故意不提供相应的产品或服务 2. 为获得不当利益无理纠缠 3. 滥用诉权，以程序延缓付款压力
	因管理原因产生纠纷	1. 因重大质量、技术事故引起诉讼或仲裁 2. 为他人担保引起纠纷
	因履约能力的原因产生纠纷	1. 因支付能力造成合同违约 2. 因生产质量和交货期等造成合同违约
财务信息虚假、财务指标异常	财务报表不可信	1. 注册会计师对借款人的财务报告出具保留或否定的审计意见 2. 会计差错明显，财务报表之间及报表数据之间勾稽关系不符

（续表）

风险信号	风险表现形式	预警信号具体内容
财务信息虚假、财务指标异常		3. 虚构销售收入及应收账款 4. 资产负债表上所列资产账实不相符 5. 所有者权益来源不真实 6. 客户提供的财务信息与银行掌握的非财务信息有很大的差异，信息之间无法进行交叉验证
	指标异常	1. 某些财务指标的数值偏离合理范围，且得不到合理解释 2. 主要原材料库存偏离正常范围，超过或不能满足正常生产需要 3. 产品库存异常增长
	转移利益或利益流失	1. 存在表外、账外的资产或负债 2. 以资产对外投资，但权益不在借款人名下 3. 处置资产后，资金未流入借款人账户 4. 关联交易的价格非公允
借款人资金链紧张	长期占用授信且只能增加不能减少	1. 不能减少授信总额甚至还需要增加 2. 存量贷款依赖借新还旧 3. 贷款到期后要求展期 4. 靠临时融资归还到期贷款 5. 在多家银行融资，通过融资调换"头寸"维持银行信用，缓解资金紧张
	缺乏资金安排计划	1. 业务经营计划没有相应的财务资金计划相配套 2. 授信申请的提出时间、额度与财务计划不符，具有随意性、突然性 3. 授信需求量超过了经营增长的需要 4. 客户对应收账款管理缺乏计划，影响资金周转 5. 财务杠杆比率过高，经常用短期债务支付长期债务，存在期限错配现象
	融资不计成本	1. 对贷款利率不敏感，即使很高也愿意借入 2. 从私人、典当行、小额贷款公司、担保公司等高息借款

问题贷款识别与防范

风险信号	风险表现形式	预警信号具体内容
借款人资金链紧张	同业调整对借款人的融资条件	1. 同业提高利率 2. 同业提高担保条件 3. 同业调减授信额度 4. 提前归还其他银行融资
	出现资本缺口	1. 资本支出与实力不相适应 2. 借入流动资金贷款后,资本支出增加 3. 增资扩股资金不到位 4. 自筹资金不到位
	经营环境恶化	1. 供应商紧缩商业信用。 2. 销售回款不畅,被动延长结算期间
担保条件弱化	抵质押品价值高估,变现能力下降	1. 借款人对资产预期价值过于乐观 2. 评估机构在借款人授意下高估抵押品价值 3. 资产估价方法不当 4. 借款人设定的抵质押率过高 5. 抵质押物的变现能力下降
	抵押品管理不当	1. 抵押物被抵押人不合理使用 2. 银行无法有效监管抵质押物 3. 抵质押物存在权属争议
	保证人担保能力下降	1. 工作收入出现不利变动 2. 担保人对外投资出现重大失误 3. 担保人生产经营出现问题
经营管理出现问题	主营业务市场或市场份额萎缩	1. 主营业务增长乏力甚至萎缩 2. 同业竞争能力弱化,丢失市场份额
	盈利能力下降	1. 主导产品被迫以降价手段争取市场,导致毛利率下降 2. 客户对上游产品涨价缺乏成本转嫁能力,导致毛利率下降 3. 依靠非经常性损益支撑盈利 4. 期间费用上升
	盲目投资	1. 盲目进行跨行业扩张 2. 盲目追逐热点进行投资 3. 对外投资过于分散 4. 从核心业务抽调资源到其他领域
	运营管理混乱	1. 成本和费用失控 2. 材料损耗上升、产品正品率下降 3. 现场管理混乱 4. 设备管理混乱

贷款管理人通过发现这些信号,并对这些信号进行分析,可以及时发现贷款可能或已经存在的问题,提前采取措施解决已存在或将要发生的问题。

5.3.4 贷款分级实践——贷款五级分类的管理

根据中国银监会 2007 年 7 月 3 日颁布的《贷款风险分类指引》,将贷款分为五类:正常、关注、次级、可疑、损失。

在实际操作中,我们需要按照贷款分类核心定义,分析各类贷款的特征,依据其标准,同时根据对贷款所掌握的情况,进行贷款质量判断和分类,最后得出分类结果。

5.3.4.1 各类贷款的特征

贷款分类的核心定义集中体现了每个类别的还款保证程度,进而反映了贷款的内在风险。因此,在掌握贷款分类核心定义特征的前提下,对贷款作出评价是非常必要的。

各类贷款的主要特征如表 5-19 所示。

表 5-19

各类贷款的主要特征

贷款类别	各 类 贷 款 的 主 要 特 征
正　常	总体特征:借款人有能力履行承诺,并且对贷款的本金和利息进行全额偿还没有问题的贷款
关　注	总体特征:借款人偿还本息没有问题,但是存在缺陷,继续下去会影响贷款的偿还 具体特征: 1. 净现金流量依然为正值,但是存在缺陷,继续下去会影响贷款的偿还 2. 借款人销售收入、经营利润在下降,或净值开始减少,或出现流动性不足的征兆 3. 借款人的一些关键财务指标低于行业平均水平或质量有较大下降 4. 借款人经营管理存在较严重问题,借款人未按规定用途使用贷款 5. 借款人的还款意愿差,不与银行积极合作 6. 贷款的抵押品、质押品价值下降 7. 银行对抵押品失去控制 8. 银行对贷款缺乏有效的监督

(续表)

贷款类别	各 类 贷 款 的 主 要 特 征
次 级	总体特征:贷款缺陷很明显,正常经营收入不足保证还款,需要通过出售、变卖资产,对外融资、甚至于通过执行抵押或担保来还款 具体特征: 1. 借款人支付出现困难,并且难以按市场条件获得新的资金 2. 借款人不能偿还对其他债权人的债务 3. 借款人内部管理问题未解决,妨碍债务的及时足额清偿 4. 借款人采取隐瞒事实等不正当手段套取贷款
可 疑	总体特征:贷款肯定要发生一定的损失,只是因为存在借款人重组、兼并、合并、抵押物处理和未决诉讼等待定因素,损失金额尚不能确定 具体特征: 1. 借款人处于停产、半停产状态 2. 固定资产贷款项目处于停缓状态 3. 借款人已资不抵债 4. 银行已诉诸法律来回收贷款 5. 贷款经过了重组仍然逾期,或仍不能正常归还本息,还款状况没有得到明显改善等
损 失	总体特征:贷款大部分或全部发生损失 具体特征: 1. 借款人无力偿还,抵押品价值低于贷款额 2. 抵押品价值不确定 3. 借款人已彻底停止经营活动 4. 固定资产贷款项目停止时间很长,复工无望等

5.3.4.2 贷款风险分类的实例

借款人的基本情况:借款人红星啤酒厂,成立于 1985年,是海滨市的第一家啤酒生产企业。在 20 世纪 80 年代,该厂的生产销售量占到全市啤酒销售的 25%,成为市里的重点企业和利税大户。2007 年,企业为进一步提高产品质量,扩大销售,增加利润,于 2007 年 6 月,向市某商业银行申请了一笔技术改造贷款,贷款金额 1 200 万元,期限 3 年(2007年 7 月 15 日至 2010 年 7 月 15 日),按季归还贷款本息,还款来源为固定资产折旧和销售收入。该贷款由海滨市东方房地产公司提供 700 万元的担保,并用红星啤酒厂的一套价值700 万元的啤酒生产设备作为抵押。

1)第一次分类(分类时间:2008年1月)

(1)借款人情况:

● 借款人严格按照合同的规定使用了贷款,并能按期偿还贷款的本息,还款的记录良好;

● 通过对借款人2007年年末财务报表资料的(分析略)分析表明:其财务状况良好,销售收入和经营利润稳中有升,现金净流量为正值,足以偿还贷款本息;

● 经过技术改造,借款人的产品质量有所提高,产量和销量稳中有升;管理层在严格产品质量管理的同时,积极开拓销售市场,市场占有率从上年同期的25%上升到32%;

● 通过对借款人行业、经营、管理等方面非财务因素的分析,发现不存在影响借款人未来还款能力的不利因素;担保抵押情况没有不利的变化。

(2)分类结果及理由:

结果:正常贷款。

理由:通过对借款人财务和现金流量分析表明:借款人的财务状况良好;现金净流量为正值,有正常、充足的还款来源;非财务因素分析表明:还款意愿良好,不存在影响未来还款能力和还款可能性的明显不利因素。借款人本身的历史财务状况良好,可预见的未来还款能力正常,所以为正常类贷款(此时也要考虑信用支持的状况)。

2)第二次分类(分类时间:2009年1月)

(1)借款人情况:

● 借款人能按期偿还贷款本息;

● 借款人的财务状况是可以接受的,但经营利润有所下降,应收账款回收期延长;现金净流量仍为正值,但较去年同期有所下降;

● 经进一步的调查、分析,海滨市在 2008 年度,有三家新的啤酒厂投产,其中,一家中外合资企业生产、销售一种世界名牌啤酒,市场竞争十分激烈,借款人的市场份额已经下降到 19%;而同时,由于国家大幅度调整农副产品价格,啤酒的原材料成本上涨。

(2)分类结果及理由:

结果:关注贷款。

理由:通过对借款人的财务和现金流量分析表明,目前的还款能力没有问题;但主要的财务比率和现金净流量的质量有下降趋势,在市场竞争和原材料成本方面存在一些影响借款人未来经营情况的不利因素,如果这些不利因素持续下去,将可能影响借款人的还款能力,需要引起银行的关注。

3)第三次分类(分类时间:2010 年 1 月)

(1)借款人情况:

● 在过去的一个年度中,借款人在还本付息方面出现三次延迟现象,其中一次拖欠利息达两个多月;

● 通过对借款人 2009 年度的财务报表分析显示,从 2009 年 9 月开始,经营利润明显下降,年度利润仅为 20 万元;而净现金流量为－30 万元;

● 受市场竞争和原材料成本上升的持续影响,借款人的生产经营状况较不理想;在 2009 年年末,一位负责生产管理的副厂长被本市的合资啤酒厂高薪聘任为厂长,企业的产品质量不断出现问题,销售量大幅下降,在市场竞争中处于十分不利的地位,产品积压现象较为严重,大量货款被拖欠。

(2)分类结果及理由:

结果:次级贷款。

理由:现金流量为负值,主营业务收入已不足以归还贷款的本息,借款人的还款能力出现了明显的问题。

此时对贷款进行担保的房地产业也出现了亏损现象,是否能足够偿还贷款不能确定。

4) 第四次分类(分类时间:2011 年 1 月)

(1) 借款人情况:

● 截至 2010 年年末,借款人已经逾期贷款本息 520 万元,逾期时间达 165 天;借款人向银行申请对逾期贷款本息进行重组;

● 借款人的财务报表表明:年度亏损达 80 万元,现金净流量为一120 万元;

● 借款人的大部分生产线已经停工,只保留了原1/2的生产能力,产品出现滞销,市场占有率已经降到 2%;

● 本市的中外合资啤酒厂有意兼并收购红星啤酒厂,双方正在磋商过程中,其中,对红星啤酒厂员工下岗的安置问题存在较大分歧。

(2) 银行贷款管理情况:

银行一方面认为借款人被收购的可能性较小;另一方面也担心在企业兼并过程中,贷款受到更多的损失,所以不愿对贷款进行重组,已经诉诸法律,向借款人和担保人追索逾期贷款本息。

(3) 担保抵押情况:

● 担保人海滨市东方房地产公司,因从事房地产投资失败,公司出现严重亏损,资不抵债,另一家商业银行正通过法律手段,向其催收巨额房地产贷款,该公司已无力履行担保人义务;

● 借款人的其他资产已经用作应付票据和应付账款的抵押品抵押给其他债权人;

● 由于抵押品是专业设备,市场变现较难;经评估,市场价值约为 360 万元,而强迫拍卖价约为 300 万元。

（4）分类结果及理由：

结果：可疑贷款,可能损失额为 520 万元。

理由：因为贷款已经出现严重逾期,根据《贷款风险分类指导原则》确立的期限界定原则,应至少归属于次级类贷款；借款人的经营性收入和其他还款来源已无法偿还贷款本息；而且其担保人也丧失了还款能力；抵押品的强迫拍卖价只有 300 万元,即使变卖,也无法足额偿还贷款本息,贷款的完全清偿是不可能的；但由于有部分抵押品,借款人又有被收购兼并的可能性,所以划分为可疑类贷款。

5.4　问题贷款出现后的管理

针对不同类型的问题贷款,银行可以有多种不同的处理方案,具体采取何种方案取决于如下几个因素：问题贷款发现的早晚,问题贷款相对于银行资本的规模,以及每笔贷款的不同情况。如果问题贷款发现得较早,一般可以通过对借款人的经营和偿还进行重新安排,来解决银行问题贷款。具体采取什么措施还取决于银行自身的财务状况,如果银行资本雄厚,它就会采取比较缓和的措施；反之,如果银行资本较薄弱,它一般期望即刻收回贷款。银行处理问题贷款的方法有：

> 帮助企业恢复获利能力、进行贷款重组更换借款人、清算抵押品、法律诉讼、破产清偿、呆账冲销等。

具体处理方法的选择应根据贷款的不同情况,有时采用其中一种方法,有时需要上述几种方法的综合。一般而言,问题贷款的处理程序如下。

5.4.1 确定问题贷款的管理目标——银行与其他主体的博弈

银行必须确定每一笔问题贷款的管理目标，可供选择的目标有：

（1）尽量减少损失。

（2）从将来的业务考虑与借款人保持良好的关系。

（3）使外部人员和监管当局满意。

（4）维持适当的市场形象。

（5）实现对股东的义务。

（6）尽量减少损失是银行必须全力要做的工作。

但是，在这一过程中，如何对待陷入困境的借款人，如何处理与政府的关系、与媒体的关系等，都可能反过来影响到银行的形象和将来的发展，因此要全面综合考虑。

5.4.2 分析问题贷款的产生根源——对症下药

这是问题贷款处理过程中的重要一环：银行要了解贷款的发放、审查、监控过程，可以借鉴本书认识篇中的问题贷款形成原因的分析思路和实务篇中的分析方法，确定问题贷款产生的原因，并结合问题的严重程度，在对借款人的分析研究基础上，权衡各种方法的成本、收益和技术要求后，最终确定管理策略。

当然，产生问题贷款的原因可能是一个也可能是多个，我们可以根据需要采取一个或多个措施。措施可以立即采取，也可以根据问题贷款的具体情况分阶段逐步采取。

5.4.3 选择问题贷款的管理对策——具体应对方法之一：重组

一般地，银行处理问题贷款主要依据贷款所存在问题的

性质、对银行资产质量的威胁程度以及是否达到监管当局所定义的不良资产标准等情况来决定具体的应对方法。目前，常用的主要方式包括重组和清收。本节主要阐述贷款重组的具体方法，下一节介绍贷款清收。

5.4.3.1 贷款重组概述

从广义上说，贷款重组就是债务重组。根据债权银行在重组中的地位和作用，可以将贷款重组划分为三类：自主型、行政型和司法型贷款重组。自主型贷款重组完全由借款企业和债权银行协商决定。行政型贷款重组主要是指 20 世纪 90 年代以来，为了配合政府的经济结构调整以及国有企业兼并破产和减员增效，四大国有商业银行对部分国有企业进行的债务调整，包括变更债务人、豁免利息、延长还款期限以及实施债转股。司法型贷款重组主要指在我国《企业破产法》中规定的和解与整顿程序以及国外的破产重整程序中，在法院主导下债权人对债务进行适当的调整。

1）重组的概念

贷款重组是指借款企业由于财务状况恶化或其他原因而出现还款困难，银行在充分评估贷款风险并与借款企业协商的基础上，修改或重新制定贷款偿还方案，调整贷款合同条款，控制和化解贷款风险的行为。

2）重组的条件

总的来说，办理贷款重组的条件是：有利于银行贷款资产风险的控制及促进现金回收，减少经济损失。具备以下条件之一，同时其他贷款条件没有因此明显恶化的，可考虑办理债务重组：

（1）通过贷款重组，借款企业能够改善财务状况，增强偿债能力。

（2）通过贷款重组,能够弥补贷款法律手续方面的重大缺陷。

（3）通过贷款重组,能够追加或者完善担保条件。

（4）通过贷款重组,能够使银行债务先行得到部分偿还。

（5）通过贷款重组,可以在其他方面减少银行风险。

5.4.3.2 帮助借款人恢复正常经营,积极催收到期贷款

处理问题贷款的重要备选方案之一是继续和借款人合作,帮助其恢复获利能力。若贷款出现呆账是因为企业管理不善,银行为收回贷款,可以考虑派出专家驻厂帮助改善企业的经营管理,提高其支付能力。有时银行可以以主债权人身份,要求企业重新任命管理层,这些任命要经银行同意。如果股东不愿意银行干预,银行可以用取消重组,进入破产程序相威胁。

银行一旦发现企业在生产经营管理上出现问题,并有可能对贷款安全构成威胁,就应加强与企业的联系,查明原因,督促企业调整经营策略,改善财务状况。如果经查实问题比较严重,银行信贷人员应及时向主管行长汇报。由于每一笔问题贷款都有其特殊情况,解决措施不尽相同。银行应与企业一起研究改进管理的措施,制定各种备选方案,分析这些备选方案成功的可能性,并由企业制定具体的整改计划,由银行来督促其实施。

1）继续与借款人合作解决问题贷款应具备的条件

继续与借款人合作解决问题贷款需要具备相应的条件,这些条件主要是:

（1）借款人有足够的物资和人力资源。

（2）产品和服务有一个稳定的市场。

（3）借款人有足够的资金维持经营。

(4) 借贷双方有积极合作的意愿,双方共同努力来制定偿还计划。

2) 矫正造成问题贷款因素的措施

为了使银行和借款人的合作能维持下去,必须制定解决问题贷款的计划,以矫正造成问题贷款的因素。

根据具体情况不同,可采用的矫正措施有:

(1) 变卖资产。

(2) 削减日常管理开支。

(3) 要求股东追加资本。

(4) 改变公司的市场营销战略。

(5) 考虑兼并或收购。

不论采用哪种解决方案,对矫正措施必须有一个合理的预期。公司在一定时间内需再次产生足以偿还债务的现金流量。为了有助于双方制订计划,银行可以要求借款者准备现金预算表、预计利润表和预计资产负债表,这些信息将表明借款人需要哪些额外的金融资源,在预期期限内借款人能否偿还银行债务。

5.4.3.3　**自主型贷款重组**

贷款重组是指银行和借款人之间经过协商,在保持原有贷款合同的前提下,对问题贷款提出的解决方案。如果贷款存在的问题发现较早,而且问题不甚严重,或者说,借款人的偿还危机是由临时的经营困难造成的,在这种情况下,一般采用贷款重组的方法。

银行在采取贷款重组方式解决问题时,需要认真考虑对借款企业采取何种重组措施,重组协议的重要条款应该如何拟定等。此外,银行在贷款重组过程中,应当以防范风险为目的,以事前预防、积极参与、法律把关、灵活解决为原则,以保证银行信贷债权的顺利实现。因此,银行必须对重组协议的落实情况或执行情况进行严格监督。如果贷款企业在限定时间内无法落实协议条款或根据协议有效期间借款人的表现判断其根本不可能或无能力履行协议条款,那么银行必须考虑是否对借款企业采取进一步的措施。

贷款重组有多种方式:简单的债务展期;公司组织架构的重组;资产出售;公司部分单位的出售;裁员;投资项目重组;建立新的管理层;建立处理借款人非盈利性资产的资产管理公司等。这些方式有的简单,有的很复杂且技巧很高。

通过贷款重组,银行可能收回贷款,并可能因此而密切银行同借款人的关系,提升银行形象。因此银行通常愿意采用贷款重组方式,下面我们对这些重组方式加以说明。

1)展期

按照银监会 2010 年颁布的贷款管理"三个办法一个指引"的规定,个人贷款、流动资金贷款可以展期。

第一,对于个人贷款,经贷款人同意,可以展期。

1 年以内(含)的个人贷款,展期期限累计不得超过原贷款期限;1 年以上的个人贷款,展期期限累计与原贷款期限相加,不得超过该贷款品种规定的最长贷款期限。

上述个人贷款展期的规定主要规范了贷款的可展期期限,但未说明审批展期的原因和依据,由各银行自行掌握。

第二,对于流动资金贷款的展期,银监部门要求:流动资金贷款需要展期的,贷款人应审查贷款所对应的资产转换周期的变化原因和实际需要,决定是否展期,并合理确定贷款展期期限,加强对展期贷款的后续管理。

可见,流动资金贷款的展期未对可展期期限作出明确规

定，而对展期的原因则明确规定为"资产转换周期"的变化。

2）借新还旧

这又称为"以贷还贷"，是指借款人在旧的贷款尚未清偿的情况下，银行再次为其办理一笔新的贷款，用以清偿旧的贷款。它对商业银行落实债权债务关系、界定贷款责任及维系信贷关系等有一定的积极作用，但是，它所带来的风险也是不可忽视的。因此，在业务办理中应规范操作，严格审批，及时梳理。

3）还旧借新

此种重组方式与借新还旧只有时间上的差异，即借新还旧是指用新借的贷款归还旧贷款，而还旧借新则是指先归还旧贷款，然后银行才借给企业新贷款。银行待借款人逾期后，以优惠利率向企业提供一笔总额高于原贷款额的新贷款，同时要求企业归还原贷款。这可以被看作是另一种形式的展期，当银行认为企业还有生存能力，只是临时性资金困难时，可以采用此种方案，这也是大多数商业银行对问题贷款的处理方式。

4）减免应付未付利息

当银行认为企业经营已经很困难，无法偿还贷款，但仍然有稳定的现金流时，可以考虑使用这种方法。因为企业要连本带利归还银行贷款事实上是不可能的，若要强行收回贷款，企业就可能马上陷入困境，最后连本金都可能难以归还。若减免部分利息，减轻企业的负担，使之正常经营下去，企业就可能归还银行的贷款。减息的幅度一般以资金成本为限，在特别困难时，再考虑进一步减息。

5）减免部分债务本金

当银行发现已经不可能全部收回贷款，但企业经过一定整顿后仍有盈利的可能时,银行可以豁免部分贷款,以挽救其他贷款能够被归还。

6)调整还款期限

此种重组方式主要根据借款人偿债能力制定合理的还款期限,从而有利于鼓励借款人增强还款意愿。延长还款期限要注意遵守银行监管当局的有关规定。

7)调整利率

此种重组方式主要将逾期利率调整为相应档次的正常利率或下浮,从而减轻借款人的付息成本。调低利率也要遵守中国人民银行和各银行关于利率管理的规定。

8)以资产清偿债务

此种重组方式是指借款人可以转让其非货币性资产给银行以清偿所欠银行债务。

(1)以资产清偿债务的条件:

• 借款人因资不抵债或其他原因关停倒闭、宣告破产,经合法清算后,依照有权部门判决、裁定以其合法资产抵偿银行贷款本息的;

• 借款人故意"悬空"贷款、逃避还贷责任;借款人改制,借款人关闭、停产,借款人挤占挪用信贷资金等其他情况出现时,如果银行不实施以非货币性资产清偿信贷资产将遭受损失的;

• 借款人贷款到期,确无货币资金或货币资金不足以偿还贷款本息,以事先抵押或质押给银行的财产抵偿贷款本息的。

(2)可用于清偿债务的非货币性资产范围:

• 动产:包括机器设备、交通运输工具、借款人的原材料、产成品、半成品等;

- 不动产:包括土地使用权、建筑物及其他附着物等;

- 无形资产:包括专利权、著作权、期权等;

- 有价证券:包括股票和债券等;

- 其他有效资产。

(3) 下列非货币性资产不得用于抵偿债务:

- 拟用于抵债的非货币性资产本身发生的各种欠缴税费,接近、等于或超过该资产价值的;

- 非货币性资产的所有权、使用权不明确或有争议的;

- 非货币性资产已经先于银行抵押或质押给第三方的;

- 依法已被查封、扣押、监管的非货币性资产;

- 借款人公益性质的职工住宅等生活设施、教育设施和医疗卫生设施等非货币性资产;

- 其他无法变现或短期难以变现的资产。

(4) 抵债资产的接收。

商业银行在取得抵(质)押品及其他用于清偿贷款的非货币性资产 (以下简称抵债资产)后,应按照双方的协商议定价值、双方共同认可的权威评估部门评估确认的价值、法院裁决确定的价值等三种方式确定其价值。

商业银行在取得抵债资产时,要同时冲减贷款本金与应收利息。抵债资产的计价价值与贷款本金和应收利息之和的差额,按以下规定处理:

- 抵债资产的计价价值低于贷款本金时,其差额作为呆账,经总行批准核销后连同表内利息一并冲减呆账准备金。

- 抵债资产的计价价值等于贷款本金时,作为贷款本金收回处理;其表内应收利息经总行批准核销后冲减呆账准备金。

- 抵债资产的计价价值高于贷款本金但低于贷款本金与应收利息之和时，其相当于贷款本金的数额作为贷款本金收回处理；超过贷款本金的部分作为应收利息收回处理，不足应收利息部分经总行批准后冲减呆账准备金。

- 抵债资产的计价价值等于贷款本金与应收利息之和时，作为收回贷款本金与应收利息处理。

- 抵债资产的计价价值高于贷款本金与应收利息之和时，其差额列入保证金科目设专户管理，待抵债资产变现后一并处理。

（5）抵债资产管理。

- 抵债资产管理应遵循严格控制、合理定价、妥善保管、及时处置的原则。

- 对于抵债资产的保管，商业银行要按照有利于抵债资产经营管理和保管的原则，确定抵债资产经营管理主责任人，指定保管责任人，并明确各自职责。

商业银行在办理抵债资产接收后应根据抵债资产的类别（包括不动产、动产和权利等）、特点等决定采取上收保管、就地保管、委托保管等方式。

- 抵债资产的处置。

抵债资产收取后应尽快处置变现，应以抵债协议书生效日，或法院、仲裁机构裁决抵债的终结裁决书生效日为抵债资产取得日，不动产和股权应自取得日 2 年内予以处置；除股权外的其他权利应在其有效期内尽快处置，最长不得超过自取得日的 2 年；动产应自取得日 1 年内予以处置。

拍卖抵债金额 1 000 万元（含）以上的单项抵债资产应通过公开招标方式确定拍卖机构。抵债资产拍卖原则上应采

用有保留价拍卖的方式。不适于拍卖的,可根据资产的实际情况,采用协议处置、招标位置、打包出售、委托销售等方式变现。

(6) 抵债资产的监督检查。

商业银行在收取、保管、处置抵债资产过程中,有下列情况之一者,应视情节轻重进行处理:涉嫌违法犯罪的,应当移交司法机关,依法追究法律责任:

• 截留抵债资产经营处置收入的;

• 擅自动用抵债资产的;

• 未经批准收取、处置抵债资产的;

• 恶意串通抵债人或中介机构,在收取抵债资产过程中故意高估抵债资产价格,或在处理抵债资产过程中故意低估价格,造成银行资产损失的;

• 玩忽职守,怠于行使职权而造成抵债资产毁损、灭失的;

• 擅自将抵债资产转为自用资产的。

(7) 抵债资产的考核。

建立抵债资产处理考核制度,考核年度抵债资产的变现成果可以用以下两个指标进行考核:

• 抵债资产年处置率;

• 抵债资产变现率。

9) 出售非货币性资产清偿债务

这是指借款人出售自有的非货币性资产,偿还全部或部分银行债务。通常,借款人应优先出售闲置资产、非经营性资产。

10) 增加担保品的数量或质量

这是处理问题贷款的首要方案。但是当借款人的财务

状况极差时，要让借款人增加担保品是比较困难的。因此，一旦发现贷款有可能出问题时，就要及早提出增加担保品的要求。

11) 剥离重组

有时，企业发生还款困难是因为企业的某些非主要业务出现了困难，以致连带整个企业出现偿债问题。若是这样，银行可以帮助企业将这些非主要业务剥离出来，成立专门的资产管理公司对其进行管理，以便使核心公司能专注于盈利资产的经营。有时此方案要拍卖不必要的资产或关闭不盈利的附属企业，甚至在不得已的情况下，会出售一些盈利的业务，以挽救整个企业。

12) 订立重组协议

银行同借款人签署重组协议，该协议规定企业重组各阶段应该达到的目标和最终应该达到的目标。如规定重组企业在一定时间内削减开支的幅度、裁减雇员的幅度、扭转销售颓势的时间表，以及同税务部门进行减免税谈判的时间表等等。如果企业不能在规定的时间内达到这些目标，银行则以进行破产清理相威胁。

13) 信贷资产证券化

在一定条件下，银行可以将一些财务状况有可能好转的、期限较长的资产组合起来，以此为基础向公众发行证券，使呆滞的资产流动起来。

此外，银行对问题贷款采取的重组措施还包括减免或全免利息、罚息、减免部分本金、债转股、以物抵债、重新规定还款方式及每次还款金额等等。

以上这些方案，在债务重组的过程中，既可以单独使用，也可以组合使用，以达到银行挽救不良资产的目的。

案例 5-5①

问题贷款识别与防范

问题贷款的重组

中国民生银行上海分行外滩支行曾有一个贷款企业，在申请贷款时企业经营状况良好，销售收入达到14.67亿元，利润达5 120万元。在向该企业发放300万元贷款后，外滩支行在对其财务状况适时监控时发现，由于该企业上级公司决策失误，以及在市场情况变化等因素的影响下，企业情况开始恶化。对此，支行作出调整，一方面积极催收贷款；另一方面开展深入调查，终于发现该企业所属的某制药厂资产质量较好。于是，支行及时进行了贷款重组，办妥了该部分股权质押手续。在原担保贷款转成由优良产权股份质押贷款后，支行仍继续加强对该贷款的监控，并按期对借款人及其股权所在企业进行贷后检查和信用评级，最终足额收回了贷款本金及其利息。

分析：针对贷款的不同情况，银行应深入实际调查，选择可行有效的贷款重组措施，以保证银行信贷债权的顺利实现。

5.4.3.4　更换借款人

更换借款人即银行要求借款人将债务（或贷款）转让给条件较好的第三方，或者直接由第三方向银行申请贷款并用于归还原借款人的问题贷款。

1) 第三方的类型

第三方有可能是以下几类人：

---

① http://www.peopledaily.com.cn.

（1）借款人的股东,借款人的母公司,借款人的关联企业,借款人的债务人。

（2）准备收购或兼并借款人的第三方。

（3）风险投资基金,政府,其他银行或债权人等。

如果第三方是风险投资基金、政府、其他银行或其他债权人,银行则有希望能够立即收到现金。但如果第三方是其他有关人,则第三方能够直接用现金清偿债务的可能性较小。

2）选择第三方时应考虑的因素

银行选择第三方作为新的债务人时,必须弄清楚以下几个问题,然后决定是否接受:

（1）第三方承担借款人的债务,其动机是什么? 这将决定其未来的还款意愿。

（2）第三方作为新债务人是否符合银行的贷款标准和风险控制标准? 这将决定新借款人的还款能力是否满足银行的要求,银行以这种方式处理问题贷款目的在于降低风险,切不可搞成"才出狼窝,又入虎穴",更不可仅仅为了化解眼前危机而不顾此后可能面临的更大困难。

（3）如果第三方不符合本行的风险控制标准要求,银行准备作出让步时的底线是什么? 银行有无应付此种让步可能引发的困难的措施或计划?

（4）作出必要的让步之后,贷款的安全程度较原来改善了多少?

3）更换第三方需要注意的法律程序

当银行接受第三方作为新的债务人时,银行应当完善有关债权转让的法律手续。

（1）如果第三方直接向银行申请贷款,然后用银行贷款

归还原借款人所借款项,则银行与原借款人之间的债权债务关系已经完全解除。银行由此成为第三方的债权人,因此银行与第三方之间应当签订比较完善的贷款文件。

(2) 如果第三方经银行同意后,接受借款人的债务转让,那么这就涉及银行、原借款人已经订立的借款合同项下债务的转让问题。

此时,银行应当与原借款人、第三方签订合同转让协议,而且原借款人与第三方之间也应签订有关的转让协议,即确保原借款人根据借款合同所享有的合同权利和义务都完整地由第三方享有,当然这种转让肯定已经征得银行同意。

(3) 在实际操作过程中,银行可能更愿意采取第三方直接向银行借款然后替原借款人归还贷款并彻底解除银行与原借款人之间的债权债务关系的方式处理问题贷款。

(4) 此外,在实际操作过程中,可能还存在一些变异的情况,如只更换借款人,而不更换保证人或担保品,不更换借款人而只更换保证人或担保品等。

这种操作的形式变化并未改变银行希望通过此种方式将贷款风险向第三方转嫁的本质,只不过在这种风险转嫁过程中原借款人是否需要继续对银行承担还款义务有所不同。此外,资产证券化、贷款出售等也属于这种类型。

5.4.3.5 司法型贷款重组

1) 破产重整

所谓破产重整,是指债务人不能清偿到期债务时,债务人、债务人股东或债权人等向法院提出重组申请,在法院主导下,债权人与债务人进行协商,调整债务偿还安排,尽量挽救债务人,避免债务人破产以后对债权人、股东和雇员等人,尤其是对债务企业所在地的公共利益产生重大不利影响。由于这类债务重组主要是为了避免债务人立即破产,而且一旦重组失败以后债务人通常都会转入破产程序,因此这类重组被称为"破产重整"。

法院裁定债务人进入破产重整程序以后,其他强制执行程序,包括对担保物权的强制执行程序,都应立即停止。在破产重整程序中,债权人组成债权人会议,与债务人共同协商债务偿还安排。根据债权性质(例如有无担保),债权人往往被划分成不同的债权人组别。当债权人内部发生无法调和的争议,或者债权人无法与债务人达成一致意见时,法院会根据自己的判断作出裁决。

(1)公司重整的程序。

重整的程序分为三步,分别是提出重整申请、法院对重整申请的受理、重整计划的执行。

第一,提出重整申请。

公司法人的重整申请可由债务人、连续 6 个月持有公司 10%以上股份的股东以及债权人提出。

申请人应向被申请人所在地的法院提出重整申请,并递交书面申请书。申请人应当在破产宣告前提出重整申请,破产宣告后不得再提起。

第二,法院对重整申请的受理。

一是重整申请的审查。

(1)形式审查:审查法院有无管辖权、申请人是否合格、申请书的形式是否符合法律的规定。

(2)实质审查:审查被申请人是否合格、债务人是否具有

重整的原因、债务人是否具有挽救的希望。

二是法院的调查。法院应当选派法官或委任具有专门知识经验而与债务人无利害关系的人员对被申请重整的公司进行调查，具体查明债务人的财力状况和经营状况，征询有关主管机关的意见，将调查报告提交给人民法院。

三是选任检查人。法院应在初步调查的基础上选任专门的检查人调查公司的情况，以供法院作为决定是否裁定重整的参考。

（1）检查公司业务、财务状况及作出资产估价。

（2）公司的营业状况依合理财务费用负担标准，是否尚有经营价值。

（3）企业负责人在执行业务时，有无违法行为。

（4）提出申请的事项有无不实。

四是法院接到申请到作出受理裁定期间内，为防止债务人转移财产和其他影响债权人利益的行为，可以依职权或依申请人申请，中止对债务人的其他民事执行程序或对公司财产采取保全措施。

法院经调查认为符合重整条件，应作出允许债务人重整的裁定。

五是受理重整申请裁定的效力。法院裁定准许重整后，即正式启动重整程序。法院应在法定期间内公告准许重整的裁定，并将裁定书及公告事项以书面形式通知重整监督人、重整人、已知债权人、股东及主管机关。

（1）债务人的财产权、经营权、或财产管理权由重整人在监督人和法院监督下接管，债务人停止一切职权活动。

（2）进入重整程序后，重整人为唯一合法的清偿债务和接受债权清偿的机关，债务人不得为同样的行为。

（3）中止对债务人的其他强制执行程序。

（4）成立关系人会议,作为利害关系人表达其意思的机关。

（5）符合条件的债权人应在法定期间内向法定的机关申报债权。

第三,重整计划的执行。

重整人应在债务人协助下及时制订出重整计划草案,交由关系人会议讨论通过后,由重整监督人提交法院认可,经认可的重整计划对债务人及关系人产生约束力。

重整计划的内容应包括:

（1）债权变动的具体情况、债务清偿的期限和履行的担保及作出清偿的条件。

（2）重整的措施:包括企业整体情况的处理、企业重新发展的资金来源(可借入资本、出售部分财产换取资金、股份公司可征得证券监管部门的同意增发股票或债券募集资金、或进行合理的资本置换)。

（3）重整计划的具体执行。重整计划由法院指定的重整人执行。重整人在执行重整计划过程中,应尽到善良管理人的义务,接受监督人的监督,违反此义务而给债务人或关系人造成损害时,应负赔偿责任。

2）我国《企业破产法》规定的和解与整顿程序

所谓和解,是指人民法院受理债权人提出的破产申请后3个月内,债务人的上级主管部门申请整顿,经债务人与债权人会议就和解协议草案达成一致,由人民法院裁定认可而中止破产程序的制度。

所谓整顿,是指债务人同债权人会议达成的和解协议生效后,由债务人的上级主管部门负责主持并采取措施,力求

使濒临破产的企业复苏并能够执行和解协议的制度。各国破产法虽都有和解制度，但把和解与整顿结合起来，则为我国破产法的独创。不过，这种独创是与我国制定破产法时的计划经济体制分不开的。

现行《企业破产法》中规定的和解与整顿制度有以下三个特点：

• 和解与整顿融为一体，和解是整顿的前提，整顿是和解成立的结果，没有和解协议生效，就没有整顿程序。

• 和解与整顿又是两个相互独立的程序，和解是破产程序的一个部分，而整顿程序只有在破产程序中止之后才能开始。

• 和解与整顿由政府行政部门决定和主持，带有立法当时的时代特征，不符合今天市场经济发展的形势。

5.4.4　选择问题贷款的管理对策——具体应对方法之二：清收

对于那些无法通过贷款重组起死回生，化解风险和盘活面临较大困难的不良贷款，可以采用贷款清收等方式回收贷款。

5.4.4.1　不良贷款清收概述

不良贷款清收是指不良贷款本息以货币资金净收回。不良贷款清收管理包括不良贷款的清收、盘活、保全和以资抵债。不良贷款清收管理的对象包括五级分类的可疑类、损失类贷款及其表内外应收未收利息。

5.4.4.2　现金清收

1）现金清收准备

现金清收准备主要包括债权维护及财产清查两个方面。

第一，债权维护。

资产保全人员至少要从以下三个方面认真维护债权：

• 妥善保管能够证明主债权和担保债权客观存在的档案材料，如借款合同、借据、担保合同、抵质押登记证明等。

• 确保主债权和担保权利具有强制执行效力，主要是确保不超过诉讼时效、保证责任期间，确保不超过生效判决的申请执行期限。

• 防止债务人逃废债务。

向人民法院申请保护债权的诉讼时效期间通常为 2 年。诉讼时效一旦届满，人民法院不会强制债务人履行债务，但债务人自愿履行债务的，不受诉讼时效的限制。诉讼时效从债务人应当还款之日起算，但在 2 年期间届满之前，债权银行提起诉讼、向债务人提出清偿要求或者债务人同意履行债务的，诉讼时效中断；从中断时起，重新计算诉讼时效期间（仍然为 2 年）。

保证人和债权人应当在合同中约定保证责任期间，双方没有约定的，从借款企业偿还借款的期限届满之日起的 6 个月内，债权银行应当要求保证人履行债务，否则保证人可以拒绝承担保证责任。

第二，财产清查。

清查债务人可供偿还债务的财产，对予清收效果影响很大。对于能够如实提供经过审计财务报表的企业，财产清查相对容易一些。但是，债务人往往采取各种手段隐匿和转移资产。为了发现债务人财产线索，需要查找债务人的工商登记和纳税记录。有些债务人还没有完全停止经营活动，往往会采取各种手段包括互联网向其客户作正面宣传，例如营业收入和资产实力等，从债务人对自己的正面宣传中，能够发现一些有价值的财产线索。

2）常规清收

根据是否诉诸法律，可以将清收划分为常规清收和依法收贷两种。常规清收包括直接追偿、协商处置抵质押物、委托第三方清收等方式。常规清收需要注意以下几点：

（1）要分析债务人拖欠贷款的真正原因，判断债务人短期和中长期的清偿能力。

（2）利用政府和主管机关向债务人施加压力。

（3）要从债务人今后发展需要银行支持的角度，引导债务人自愿还款。

（4）要将依法收贷作为常规清收的后盾。

3）依法清收

采取常规清收的手段无效以后，要采取依法收贷的措施。依法收贷的步骤是：向人民法院提起诉讼（或者向仲裁机关申请仲裁），胜诉后向人民法院申请强制执行。胜诉后债务人自动履行的，则无需申请强制执行。在起诉前或者起诉后，为了防止债务人转移、隐匿财产，债权银行可以向人民法院申请财产保全。对于借贷关系清楚的案件，债权银行也可以不经起诉而直接向人民法院申请支付令。对于扭亏无望、无法清偿到期债务的企业，可考虑申请其破产。

第一，提起诉讼。

人民法院审理案件，一般应在立案之日起6个月内作出判决。银行如果不服地方人民法院第一审判决的，有权在判决书送达之日起15日内向上一级人民法院提起上诉。

第二，财产保全。

银行在依法收贷的纠纷中申请财产保全有两方面作用：

问题贷款识别与防范

一是防止债务人的财产被隐匿、转移或者毁损灭失，保障日后执行顺利进行；二是对债务人财产采取保全措施，影响债务人的生产和经营活动，迫使债务人主动履行义务。但是，申请财产保全也应谨慎，因为一旦申请错误，银行要赔偿被申请人因为财产保全所遭受的损失。

财产保全分为两种：诉前财产保全和诉中财产保全。诉前财产保全是指债权银行因情况紧急，不立即申请财产保全将会使其合法权益受到难以弥补的损失，因而在起诉前向人民法院申请采取财产保全措施；诉中财产保全是指可能因债务人一方的行为或者其他原因，使判决不能执行或者难以执行的案件，人民法院根据债权银行的申请裁定或者在必要时不经申请自行裁定采取财产保全措施。

第三，申请支付令。

根据《民事诉讼法》的规定，债权人请求债务人给付金钱和有价证券，如果债权人和债务人没有其他债务纠纷的，可以向有管辖权的人民法院申请支付令。债务人应当自收到支付令之日起 15 日内向债权人清偿债务，或者向人民法院提出书面异议。债务人在收到支付令之日起 15 日内既不提出异议又不履行支付令的，债权人可以向人民法院申请执行。如果借款企业对于债务本身并无争议，而仅仅由于支付能力不足而未能及时归还的贷款，申请支付令可达到与起诉同样的效果，但申请支付令所需费用和时间远比起诉少。

第四，申请强制执行。

对于下列法律文书，债务人必须履行，债务人拒绝履行的，银行可以向人民法院申请执行：其一，人民法院发生法律效力的判决、裁定和调解书；其二，依法设立的仲裁机构的裁

决;其三,公证机关依法赋予强制执行效力的债权文书。此外,债务人接到支付令后既不履行债务又不提出异议的,银行也可以向人民法院申请执行。

申请执行应当及时进行。2008 年 4 月 1 日起施行的修正后的《民事诉讼法》规定申请强制执行的法定期限为 2 年。申请强制执行期限,从法律文书规定履行期间的最后一日起计算;法律文书规定分期履行的,从规定的每次履行期内的最后一日起计算。

第五,申请债务人破产。

当债务人不能偿还到期债务而且经营亏损的趋势无法逆转时,银行应当果断申请对债务人实施破产。尤其对于有多个债权人的企业,如果其他债权人已经抢先采取了法律行动,例如强制执行债务人的财产,或者债务人开始采取不正当的手段转移财产,此时债权银行应当考虑申请债务人破产,从而达到终止其他强制执行程序、避免债务人非法转移资产的目的。

5.4.4.3 清算抵押品

如果以上方式都无助于改善借款企业的经营状况,银行下一步就该考虑如何处理抵押品。通过这种方式,银行可以摆脱借款人财务状况继续恶化的风险,清偿抵押品至少可以收回部分贷款,迅速解决问题贷款。

银行一般在意识到贷款重组已无实质意义或借款人不能履行贷款重组协议项下的义务时才准备处理抵押品。清偿抵押品要得到借款者的充分合作,才能顺利进行,如果借款人阻挠或借助法律制止银行占有和出售抵押品,银行清算抵押品时,将浪费大量的时间和资金。

清算抵押品要注意的问题有:

- 抵押品的变现价值评估、变现价格、能否卖出。

- 抵押品的保管、控制、保险、运输等环节是否存在困难。

- 抵押品的处理成本：保险费、拍卖费、仓储费、交易税、诉讼费、运输费、治污费等。

- 抵押品处理时一般要取得法律的许可并依法通过协议转让、拍卖、变卖等方式，银行不得擅自做主。

- 当借款企业得知他们可能将最终失去抵押品时，往往会滥用抵押品或拆卸零部件或有意破坏，从而降低抵押品价值，银行必须采取措施对此进行防范。

- 银行处理抵押品可能会迫使借款人宣布破产，如果抵押品处理所得不足以偿还贷款本息，银行应当作好继续参与破产分配或核销的准备。

- 银行在采取收回抵押品或处理抵押品之前，应当通知借款企业，以防借款人因此而提起诉讼。

- 更为重要的是，银行在收回抵押品之前应当彻底检查其信贷文档以确保抵押文档完整无误、法律效力充足。

- 银行在处理抵押品时要选择合适的时机，以避免重大损失。

案例 5 - 6[①]

抵押品清算中的法律问题

2002 年 4 月 28 日，振华商贸公司与 T 市某商业银行域

---

① 任咏梅：《商业银行经营管理学案例》，中国金融出版社 2004 年版。

河支行签订了 300 万元的贷款合同,并与域河支行签订了房地产抵押合同,将其正在使用的坐落于市区繁华地带的办公楼抵押给域河支行,且在抵押合同中规定,振华商贸公司如不能按期偿还贷款时,贷款银行有权以物抵债,将振华商贸公司抵押的办公楼转归贷款银行所有。2003 年 4 月 27 日,贷款期满,振华商贸公司因为其他公司借款担保涉案,公司财务状况急剧恶化,无力按期清偿贷款。域河支行为争取优先清偿权,要求振华商贸公司立即办理抵押物的划转手续,将抵押的办公楼划归域河支行所有。但是振华商贸公司认为,他们抵押的房地产现在已经升值,其市场价格已远远超过了贷款的价值,故而不同意银行的要求。但是银行认为,双方基于平等自愿,协商一致原则所达成的抵押协议是受法律保护的,遂向法院起诉,要求取得抵押房产的所有权和地产的使用权。

分析:本案例中,振华商贸公司与域河支行在抵押合同中约定,振华商贸公司借款期届满不能偿还债务时,将作为抵押物的振华商贸公司的一处房地产的所有权和使用权转移给银行的规定属于抵押权的留置契约条款,是不符合法律规定的,该条款是无效条款,不受法律保护,所以域河支行无权按约定取得抵押房产的所有权和地产的使用权。由本案例看出,银行在清算抵押品时,应考虑与借款者的合作,作好充分准备。

5.4.4.4 诉诸法律的利弊

对商业银行来说,在处理抵押品时实际上已经进入贷款清偿的法律程序,因为根据我国法律,银行必须通过法律行动才能取得抵押品的所有权和处理权。当借款人拖欠贷款时,银行可以要求借款人偿还贷款。如果贷款没有物权担保或清算抵押品之后仍不足以全额还款,银行可以对借款人或保证人提起诉讼,要求法院判决。判决之后形成法律文本,规定当事人对贷款的义务和权利,明确借款者所欠本息的处理方案。当然,银行也应当做好庭外和解的准备。

按法律程序提起诉讼,依法收回贷款;或者要求借款企业破产,按破产法的要求进行清算。这种办法是银行无法使用其他办法时才用的。因为企业的破产程序和法院的审理程序很复杂,时间拖得很长,且费用高昂。破产后的企业资产损失很大,银行能够收回的贷款数额相对较小。使用这种办法的好处在于能够利用法律手段,对那些有钱不还,故意赖账造成银行损失的借款人施加法律上的压力。而经济上的好处是有限的。

因此,银行在诉诸法律之前,应当作出利弊权衡。如果所欠债务数量不大,或即使胜诉也不可能追回贷款,银行可主动放弃诉讼,改用其他方式追偿。在许多情况下,借款人使用法律手段拖延判决,以试图隐匿资产或把资产转移给第三方,以免落入银行手中。银行获得消息通常是在借款人提出破产之后法院判决之前,此时银行会发现借款人的资产已经消失,或者严重贬值。因此,银行在向法院提出诉讼之前,应当对借款人和保证人的财产和收入情况进行调查。如果经调查其财产和收入的确存在,则应在胜诉以后,通过没收财产,拍卖财产,扣押收入和清算债务等方式,抵偿贷款本息。银行对借款人采取法律行动通常要经过以下一些环节:准备起诉状及有关证据,申请立案,开庭,庭外和解,判决,一审,执行等环节。此外,有时为了保证一些重要财产的安全,银行通常要向法院申请保全并提供保全担保,诉讼费一般也由银行预交,然后根据判决结果分摊。

5.4.4.5 破产清收

借款人不能偿还到期债务时，就只好破产。债务人可以主动申请破产，以减轻债务负担，银行也可以为债务人提出被动的破产申请。但在国内企业的破产实践中，债务人破产可由债务人自己也可由债权人提出，但法院批准的破产申请多为债务人主动提出的。由于社会保障体系尚未完全有效运转，而且社会保障体系的资金实力也有限，有关方面考虑到破产对社会生活的震动和破产企业员工安置等问题难以解决，因而法院对债权人申请债务人破产的请求一般极为谨慎。

正因为如此，主动提出破产申请的企业其目的不在于减轻债务负担，而是为了通过破产达到逃废银行债务的目的，有时甚至取得地方政府的支持。此类企业通常将资产转移得所剩无几时才提出破产申请，银行通过破产清算收回贷款的概率极低。

提出破产申请之后，债权人对债务人就应当延缓采取措施。如果债务人尚存有一些破产财产，那么破产之后，其债务就可以按顺序偿还，但在清偿的顺序当中，银行债权并不具有较早的顺序，通常情况下，银行是很难分得一些资金的。

案例 5-7[①]

破产后的清收风险

A 企业成立于 1992 年，性质为集体企业，注册资本为

---

① 资料来源：中金在线。http://www.cnfol.com。

300万元,主要经营房地产。1993年该公司投资500万元在广东省某市经济开发区注册成立了全资B企业。A企业与B企业一直是两块牌子,一套人马。自1993年以来,A企业相继在银行贷款1.8亿余元,全部用于B企业购置房地产,后因B企业经营不善,无力偿还到期债务,A企业严重亏损。A企业的债权人共有甲乙丙丁四家单位。

2003年6月,A企业的债权人甲将A、B两企业一并诉至某省高院,要求主债务人A企业偿还贷款,次债务人B企业承担连带保证责任。同年7月,该省高院查封了B企业的所有资产。8月,A企业向某市中院提起破产申请,该市中院依法受理并宣布破产。法院依法成立了破产清算小组,全部接管了A企业。经清理破产企业财产,查明:A企业无任何实物资产,其资产全部表现为对B企业的债权。而B企业实际上也已资不抵债。目前,该破产案件的清算工作仍在进行中。

分析:本案例是一起比较典型的集体企业破产案件,遇到的法律问题几乎涉及了破产法有关规定的方方面面。从本案例可知:破产企业容易借破产、改制之机降低企业财产价值、建立新老机制隔离墙以试图逃废银行债务。银行应利用政策支持,严把评估环节的关口,选择合适的破产、改制方式,制止企业利用破产改制逃废银行债务,保全银行债权。

5.4.5 选择问题贷款的管理对策——具体应对方法之三:呆账核销

对于部分采用了清收等手段后仍然无法收回的不良贷款,银行可以依据相关法律和法规进行呆账核销。

5.4.5.1 呆账核销概述

呆账核销是指银行经过内部审核确认后,动用呆账准备

金将无法收回或者长期难以收回的贷款或投资从账面上冲销，从而使账面反映的资产和收入更加真实。健全呆账核销制度是会计审慎性和真实性原则的要求，是客观反映银行经营状况和有效抵御金融风险的重要基础。

5.4.5.2　呆账的认定

对确系无法收回且符合一定条件的不良贷款，经过规范的审查审批流程后可进行核销处理，同时应做好相应账务管理及后续追索工作。银行经采取所有可能的措施和实施必要的程序之后，符合下列条件之一的债权或者股权可以认定为呆账。

（1）借款人和担保人依法宣告破产、关闭、解散或撤销，并终止法人资格，银行对借款人和担保人进行追偿后，未能收回的债权。

（2）借款人遭受重大自然灾害或者意外事故，损失巨大且不能获得保险补偿，或者已获保险赔偿后，确实无力偿还部分或者全部债务，银行对其财产进行清偿和对担保人进行追偿后，未能收回的债权。

（3）借款人和担保人虽未依法宣告破产、关闭、解散、撤销，但已完全停止经营活动，被县级及县级以上工商行政管理部门依法注销、吊销营业执照，银行对借款人和担保人进行追偿后，未能收回的债权。

（4）借款人和担保人虽未依法宣告破产、关闭、解散、撤销，但已完全停止经营活动或下落不明，未进行工商登记或连续 2 年以上未参加工商年检，银行对借款人和担保人进行追偿后，未能收回的债权。

（5）借款人触犯刑律，依法受到制裁，其财产不足归还所借债务，又无其他债务承担者，银行经追偿后确实无法收回的债权。

(6)由于借款人和担保人不能偿还到期债务,银行诉诸法律,借款人和担保人虽有财产,经法院对借款人和担保人强制执行超过2年以上仍未收回的债权;或借款人和担保人无财产可执行,法院裁定执行程序终结或终止(中止)的债权。

(7)银行对债务作诉诸法律后,经法院调解或经债权人会议通过,并与债务人达成和解协议或重整协议,在债务人履行完还款义务后,银行无法追偿的剩余债权。

(8)对借款人和担保人诉诸法律后,因借款人和担保人主体资格不符或消亡等原因,被法院驳回起诉或裁定免除(或部分免除)债务人责任;或因借款合同、担保合同等权利凭证遗失或丧失诉讼时效,法院不予受理或不予支持,银行经追偿后仍无法收回的债权。

(9)由于上述原因借款人不能偿还到期债务,银行依法取得抵债资产,抵债金额小于贷款本息的差额,经追偿后仍无法收回的债权。

(11)开立信用证、办理承兑汇票、开具保函等发生垫款时,凡开证申请人和保证人由于上述原因,无法偿还垫款,银行经追偿后仍无法收回的垫款。

(12)按照国家法律、法规规定具有投资权的银行的对外投资,由于被投资企业依法宣告破产、关闭、解散或撤销,并终止法人资格的,银行经清算和追偿后仍无法收回的股权;被投资企业虽未依法宣告破产、关闭、解散或撤销,但已完全停止经营活动,被县级及县级以上工商管理部门依法注销、吊销营业执照,银行经清算和追偿后仍无法收回的股权;被投资企业虽未依法宣告破产、关闭、解散或撤销,但财务状况

严重恶化,累计发生巨额亏损,已连续停止经营 3 年以上,且无重新恢复经营改组计划的;或被投资企业财务状况严重恶化,累计发生巨额亏损,已完成破产清算或清算期超过 3 年以上的;被投资企业虽未依法宣告破产、关闭、解散或撤销,但银行对被投资企业不具有控制权,投资期限届满或者投资期限超过 10 年,且被投资企业因连续 3 年以上经营亏损导致资不抵债的。

(13) 银行经批准采取打包出售、公开拍卖、转让等市场手段处置债权或股权后,其出售转让价格与账面价值的差额。

(14) 对于余额在 50 万元(含 50 万元)以下[农村信用社、村镇银行为 5 万元(含 5 万元)以下]的公司类贷款,经追索 2 年以上,仍无法收回的债权。

(15) 因借款人、担保人或其法定代表人(主要负责人)涉嫌违法犯罪,或因银行内部案件,经公安机关立案 2 年以上,仍无法收回的债权。

(16) 银行对单笔贷款额在 500 万元及以下的,经追索 1 年以上,确实无法收回的中小企业和涉农不良贷款,可按照账销案存的原则自主核销;其中,中小企业标准为年销售额和资产总额均不超过 2 亿元的企业,涉农贷款是按《中国人民银行中国银行业监督管理委员会关于建立〈涉农贷款专项统计制度〉的通知》规定的农户贷款和农村企业及各类组织贷款。

(17) 经国务院专案批准核销的债权。

5.4.5.3 呆账核销的申报与审批

1) 呆账核销的申报

银行发生的呆账,提供确凿证据,经审查符合规定条件

的,应随时上报,随时审核审批,及时从计提的呆账准备中核销。银行不得隐瞒不报、长期挂账和掩盖不良资产。呆账核销必须遵循严格认定条件,提供确凿证据,严肃追究责任,逐级上报、审核和审批,对外保密,账销案存的原则。

(1)银行申报核销呆账,必须提供以下材料:

借款人或者被投资企业资料,包括呆账核销申报表(银行制作填报)及审核审批资料,债权、股权发生明细材料,借款人(持卡人)、担保人和担保方式、被投资企业的基本情况和现状,财产清算情况等。

经办行(公司)的调查报告,包括呆账形成的原因,采取的补救措施及其结果,对借款人(持卡人)和担保人具体追收过程及其证明,抵押物(质押物)处置情况,核销的理由,债权和股权经办人、部门负责人和单位负责人情况,对责任人进行处理的有关文件等。

(2)银行核销一般债权和股权呆账,必须提供以下材料:

① 对借款人和担保人依法宣告破产、关闭、解散或撤销并终止法人资格的,银行需要提交破产、关闭、解散证明、撤销决定文件、县级及县级以上工商行政管理部门注销证明和财产清偿证明。

② 借款人死亡的,银行要提交死亡或者失踪证明、财产或者遗产清偿证明。

③ 借款人遇到重大自然灾害的,银行要提交重大自然灾害或者意外事故证明、保险赔偿证明和财产清偿证明。

④ 对债务人完全停产的,银行要提交县级及县级以上工商行政管理部门注销、吊销证明和财产清偿证明。

⑤ 对债务人连续2年未参加工商年检的,银行要提交县级及县级以上工商行政管理部门查询证明和财产清偿证明。

第5章 如何预防和管理与问题贷款有关的信用风险

⑥ 债务人触犯刑律的,银行要提交法院裁定证明和财产清偿证明。

⑦ 对于强制执行 2 年仍未收回的,须提交强制执行证明或法院裁定证明。

⑧ 对于与债务人达成和解与重整协议仍未收回的,银行需要提交法院裁定证明、银行和债务人签订的和解协议以及债务人还款凭证。

⑨ 对于债务人主体资格出问题的,银行需要提交法院驳回起诉的证明,或裁定免除债务人责任的判决书、裁定书或民事调解书;因权利凭证遗失无法诉诸法律的,提交台账、贷款审批单等旁证材料、追索记录、情况说明以及银行法律事务部门出具的法律意见书;因丧失诉讼时效无法诉诸法律的、提交银行法律事务部门出具的法律意见书。

⑩ 抵债金额小于贷款本息的,银行须提交抵债资产接收、抵债金额确定证明和上述①~⑨项的相关证明。

⑪ 对于小额呆账,提交追索记录,包括电话追索、信函追索和上门追索等原始记录,并由经办人和负责人共同签章确认。

⑫ 对于开立信用证、办理承兑汇票、开具保函等发生垫款形成的呆账,银行须提交垫款证明和上述各项的相关证明。

⑬ 对于银行对外投资形成的呆账,银行须提交被投资企业破产、关闭、解散证明、撤销决定文件、县级及县级以上工商行政管理部门注销、吊销证明和财产清偿证明。

⑭ 对于打包出售、公开拍卖、转让等市场手段处置债权或股权形成呆账,银行须提交资产处置方案、监管部门批复同意处置方案的文件、出售转让合同(或协议)、成交及入账

证明和资产账面价值清单。

⑮ 对于金融立案导致的呆账,须提交公、检、法部门出具的法律证明材料。

⑯ 对经国务院专案批准核销的呆账,须提交国务院批准文件。

(3) 银行核销银行卡透支款项呆账,必须提供以下材料:

① 对依法宣告破产形成的呆账,须提交法院破产证明和财产清偿证明。

② 对依法宣告死亡形成的呆账,须提交死亡或失踪证明和财产或遗产补偿证明。

③ 对经强制执行仍存的呆账,银行须提交诉讼判决书或仲裁书和强制执行书证明。

④ 对依法吊销营业执照形成的呆账,银行须提交有关管理部门批准持卡人关闭的文件和工商行政管理部门注销持卡人营业执照的证明。

⑤ 经追索的小额透支仍为呆账的,银行须提供追索记录,包括电话追索、信件追索和上门追索等原始记录,并由经办人和负责人共同签章确认。

⑥ 对涉嫌诈骗被公安机关立案形成的呆账,银行须提交公检法部门出具的法律证明材料。

2) 呆账核销的审批

呆账核销审查要点主要包括:呆账核销理由是否合规;银行债权是否充分受偿;呆账数额是否准确;贷款责任人是否已经认定、追究。

银行发生的呆账,经逐级上报,由银行总行(总公司)审批核销。对于小额呆账,可授权一级分行(分公司)审批,并上报总行(总公司)备案,总行(总公司)对一级分行(分公司)

的具体授权额度根据内部管理水平确定,并报主管财政机关备案。一级分行不得再向分支机构转授权。

银行核销呆账必须严格履行审核、审批手续,并填报呆账核销申报表,上级行(公司)在接到下级行(公司)的申报表之后,应当组织有关部门进行严格审查和签署意见。除法律、法规和《呆账核销管理办法》的规定外,其他任何机构和个人包括债务人不得干预、参与银行呆账核销运作。同时,下列债权或者股权不得作为呆账核销:

① 借款人或者担保人有经济偿还能力,银行未按规定履行所有可能的措施和实施必要的程序追偿的债权。

② 违反法律、法规的规定,以各种形式逃废或悬空的银行债权。

③ 因行政干预造成逃废或造成悬空的银行债权。

④ 银行未向借款人和担保人追偿的债权。

⑤ 其他不应当核销的银行债权或者股权。

5.4.5.4 呆账核销后的管理

1) 检查工作

呆账核销后进行的检查,应将重点放在检查呆账申请材料是否真实上。一旦发现弄虚作假现象,应立即采取补救措施,并且对直接责任人和负有领导责任的人进行处理和制裁。触犯法律的,应移交司法机关追究法律责任。

2) 抓好催收工作

呆账核销是银行内部的账务处理,并不视为银行放弃债权。对于核销呆账后债务人仍然存在的,应注意对呆账核销事实加以保密,一旦发现债务人恢复偿债能力,应积极催收。核销后的贷款,除法律、法规规定债权和债务或投资与被投资关系已终结的情况外,贷款人对已核销的不良贷款继续保留追索的权利。

3)认真做好总结

做好呆账核销工作的总结,可以吸取经验教训,加强贷款管理,因而具有十分重要的意义。呆账核销工作总结要着重分析说明以下问题:与往年呆账核销工作相比,当年呆账形势和核销工作的变化;当年申报的呆账的发放时间分布、账龄分布、地区分布、行业分布和期限分布;贷款形成呆账的主要原因,以及从呆账核销中暴露出信贷管理中的问题;当年申报但未核销的呆账笔数和数量,以及不予核销的主要原因,当年呆账核销工作的成绩和不足,今后呆账核销工作的预测等。

5.4.6 选择问题贷款的管理对策——具体应对方法之四:批量转让

为了提高不良资产的处置效率及银行风险的化解,推动商业银行不良贷款及时、充分暴露,并尽快处置转化,提高资产的回收率,把金融波动对实体经济的影响降到最低,可以采用不良资产批量转让等方式将商业银行的不良贷款剥离出来交给专业的资产管理公司进行集中处置和专业处置,有利于商业银行把精力集中在业务发展上。

5.4.6.1 不良资产批量转让概述

财政部和中国银行业监督管理委员会为盘活金融企业不良资产,增强抵御风险能力,促进金融支持经济发展,于2012年1月18日联合发布了《金融企业不良资产批量转让管理办法》,允许金融企业对一定规模的不良资产(10户/项以上)进行组包,定向批量转让给资产管理公司。

1)金融企业

可以进行不良资产批量转让的金融企业是指在中华人民

共和国境内依法设立的国有及国有控股商业银行、政策性银行、信托投资公司、财务公司、城市信用社、农村信用社以及中国银行业监督管理委员会(以下简称银监会)依法监督管理的其他国有及国有控股金融企业(金融资产管理公司除外)。

2) 资产管理公司

可以进行不良资产批量转让的资产管理公司指具有健全公司治理、内部管理控制机制,并有 5 年以上不良资产管理和处置经验,公司注册资本金 100 亿元(含)以上,取得银监会核发的金融许可证的公司,以及各省、自治区、直辖市人民政府依法设立或授权的资产管理或经营公司。

各省级人民政府原则上只可设立或授权一家资产管理或经营公司,核准设立或授权文件同时抄送财政部和银监会。上述资产管理或经营公司只能参与本省(区、市)范围内不良资产的批量转让工作,其购入的不良资产应采取债务重组的方式进行处置,不得对外转让。

3) 不良资产批量处置原则

不良资产批量处置应遵循以下原则:

(1) 依法合规原则。转让资产的范围和程序严格遵守国家法律、法规和政策规定,严禁违法、违规行为。

(2) 公开透明原则。转让行为要公开、公平、公正,及时充分披露相关信息,避免暗箱操作,防范道德风险。

(3) 竞争择优原则。要优先选择招标、竞价、拍卖等公开转让方式,充分竞争,避免非理性竞价。

(4) 价值最大化原则。转让方式和交易结构应科学合理,提高效率,降低成本,实现处置回收价值最大化。

5.4.6.2 不良资产批量转让范围

金融企业批量转让不良资产的范围包括金融企业在经

营中形成的以下不良信贷资产和非信贷资产:

(1) 按规定程序和标准认定为次级、可疑、损失类的贷款。

(2) 已核销的账销案存资产。

(3) 抵债资产。

(4) 其他不良资产。

下列不良资产不得进行批量转让:

(1) 债务人或担保人为国家机关的资产。

(2) 经国务院批准列入全国企业政策性关闭破产计划的资产。

(3) 国防军工等涉及国家安全和敏感信息的资产。

(4) 个人贷款(包括向个人发放的购房贷款、购车贷款、教育助学贷款、信用卡透支、其他消费贷款等以个人为借款主体的各类贷款)。

(5) 在借款合同或担保合同中有限制转让条款的资产。

(6) 国家法律、法规限制转让的其他资产。

5.4.6.3 不良资产批量转让程序

1) 资产组包

金融企业应确定拟批量转让不良资产的范围和标准,对资产进行分类整理,对一定户数和金额的不良资产进行组包,根据资产分布和市场行情,合理确定批量转让资产的规模。

2) 卖方尽职调查

金融企业应按照国家有关规定和要求,认真做好批量转让不良资产的卖方尽职调查工作。

(1) 通过审阅不良资产档案和现场调查等方式,客观、公正地反映不良资产状况,充分披露资产风险。

第 5 章 如何预防和管理与问题贷款有关的信用风险

（2）金融企业应按照地域、行业、金额等特点确定样本资产，并对样本资产(其中债权资产应包括抵质押物)开展现场调查，样本资产金额(债权为本金金额)应不低于每批次资产的80%。

（3）金融企业应真实记录卖方尽职调查过程，建立卖方尽职调查数据库，撰写卖方尽职调查报告。

3) 资产估值

金融企业应在卖方尽职调查的基础上，采取科学的估值方法，逐户预测不良资产的回收情况，合理估算资产价值，作为资产转让定价的依据。

4) 制订转让方案

金融企业制订转让方案应对资产状况、尽职调查情况、估值的方法和结果、转让方式、邀请或公告情况、受让方的确定过程、履约保证和风险控制措施、预计处置回收和损失、费用支出等进行阐述和论证。转让方案应附卖方尽职调查报告和转让协议文本。

5) 方案审批

金融企业不良资产批量转让方案须履行相应的内部审批程序。

6) 发出要约邀请

金融企业可选择招标、竞价、拍卖等公开转让方式，根据不同的转让方式向资产管理公司发出邀请函或进行公告。邀请函或公告内容应包括资产金额、交易基准日、五级分类、资产分布、转让方式、交易对象资格和条件、报价日、邀请或公告日期、有效期限、联系人和联系方式及其他需要说明的问题。通过公开转让方式只产生一个符合条件的意向受让方时，可采取协议转让方式。

7）组织买方尽职调查

金融企业应组织接受邀请并注册竞买的资产管理公司进行买方尽职调查。

（1）金融企业应在买方尽职调查前，向已注册竞买的资产管理公司提供必要的资产权属文件、档案资料和相应电子信息数据，至少应包括不良资产重要档案复印件或扫描文件、贷款五级分类结果等。

（2）金融企业应对资产管理公司的买方尽职调查提供必要的条件，保证合理的现场尽职调查时间，对于资产金额和户数较大的资产包，应适当延长尽职调查时间。

（3）资产管理公司通过买方尽职调查，补充完善资产信息，对资产状况、权属关系、市场前景等进行评价分析，科学估算资产价值，合理预测风险。对拟收购资产进行量本利分析，认真测算收购资产的预期收入和成本，根据资产管理公司自身的风险承受能力，理性报价。

8）确定受让方

金融企业根据不同的转让方式，按照市场化原则和国家有关规定，确定受让资产管理公司。金融企业应将确定受让方的原则提前告知已注册的资产管理公司。采取竞价方式转让资产，应组成评价委员会，负责转让资产的评价工作，评价委员会可邀请外部专家参加；采取招标方式应遵守国家有关招标的法律、法规；采取拍卖方式应遵守国家有关拍卖的法律、法规。

9）签订转让协议

金融企业应与受让资产管理公司签订资产转让协议，转让协议应明确约定交易基准日、转让标的、转让价格、付款方式、付款时间、收款账户、资产清单、资产交割日、资产交接方

式、违约责任等条款，以及有关资产权利的维护、担保权利的变更、已起诉和执行项目主体资格的变更等具体事项。转让协议经双方签署后生效。

10）组织实施

金融企业和受让资产管理公司根据签署的资产转让协议组织实施。

11）发布转让公告

转让债权资产的，金融企业和受让资产管理公司要在约定时间内在全国或者省级有影响的报纸上发布债权转让通知暨债务催收公告，通知债务人和相应的担保人，公告费用由双方承担。双方约定采取其他方式通知债务人的除外。

12）转让付款

转让协议生效后，受让资产管理公司应在规定时间内将交易价款划至金融企业指定账户。原则上采取一次性付款方式，确需采取分期付款方式的，应将付款期限和次数等条件作为确定转让对象和价格的因素，首次支付比例不低于全部价款的30％。

采取分期付款的，资产权证移交受让资产管理公司前应落实有效履约保障措施。

13）资产档案管理

金融企业应按照资产转让协议约定，及时完成资产档案的整理、组卷和移交工作。

（1）金融企业移交的档案资料原则上应为原件（电子信息资料除外），其中证明债权债务关系和产权关系的法律文件资料必须移交原件。

（2）金融企业将资产转让给资产管理公司时，对双方共有债权的档案资料，由双方协商确定档案资料原件的保管

方,并在协议中进行约定,确保其他方需要使用原件时,原件保管方及时提供。

(3)金融企业应确保移交档案资料和信息披露资料(债权利息除外)的一致性,严格按照转让协议的约定向受让资产管理公司移交不良资产的档案资料。

自交易基准日至资产交割日的过渡期内,金融企业应继续负责转让资产的管理和维护,避免出现管理真空,丧失诉讼时效等相关法律权利。

过渡期内由于金融企业原因造成债权诉讼时效丧失所形成的损失,应由金融企业承担。签订资产转让协议后,金融企业对不良资产进行处置或签署委托处置代理协议的方案,应征得受让资产管理公司同意。

金融企业应按照国家有关规定,对资产转让成交价格与账面价值的差额进行核销,并按规定进行税前扣除。

5.4.6.4 不良资产批量转让管理

1)管理制度建设

(1)金融企业应建立健全不良资产批量转让管理制度,设立或确定专门的审核机构,完善授权机制,明确股东大会、董事会、经营管理层的职责。

(2)资产管理公司应制定不良资产收购管理制度,设立收购业务审议决策机构,建立科学的决策机制,有效防范经营风险。

(3)金融企业和资产管理公司负责不良资产批量转让或收购的有关部门应遵循岗位分离、人员独立、职能制衡的原则。

(4)金融企业根据《金融企业不良资产批量转让管理办法》规定,按照公司章程和内部管理权限,履行批量转让不良资产的内部审批程序，自主批量转让不良资产。

（5）金融企业应在每批次不良资产转让工作结束后（即金融企业向受让资产管理公司完成档案移交）30个工作日内，向同级财政部门和银监会或属地银监局报告转让方案及处置结果，其中中央管理的金融企业报告财政部和银监会，地方管理的金融企业报告同级财政部门和属地银监局。同一报价日发生的批量转让行为作为一个批次。

（6）金融企业应于每年2月20日前向同级财政部门和银监会或属地银监局报送上年度批量转让不良资产情况报告。省级财政部门和银监局于每年3月30日前分别将辖区内金融企业上年度批量转让不良资产汇总情况报财政部和银监会。

（7）金融企业和资产管理公司的相关人员与债务人、担保人、受托中介机构等存在直接或间接利益关系的，或经认定对不良资产形成有直接责任的，在不良资产转让和收购工作中应予以回避。

（8）金融企业应在法律、法规允许的范围内及时披露资产转让的有关信息，同时充分披露参与不良资产转让关联方的相关信息，提高转让工作的透明度。

上市金融企业应严格遵守证券交易所有关信息披露的规定，及时充分披露不良资产成因与处置结果等信息，以强化市场约束机制。

（9）金融企业应做好不良资产批量转让工作的内部检查和审计，认真分析不良资产的形成原因，及时纠正存在的问题，总结经验教训，提出改进措施，强化信贷管理和风险防控。

2）违法违规行为界定与监管

（1）金融企业应严格遵守国家法律、法规，严禁以下违法、违规行为：

① 自交易基准日至资产交割日期间，擅自放弃与批量转让资产相关的权益。

② 违反规定程序擅自转让不良资产。

③ 与债务人串通，转移资产，逃废债务。

④ 抽调、隐匿原始不良资产档案资料，编造、伪造档案资料或其他数据、资料。

⑤ 其他违法违规的行为。

（2）金融企业和资产管理公司应建立健全责任追究制度，对违反相关法律、法规的行为进行责任认定，视情节轻重和损失大小对相关责任人进行处罚；违反党纪、政纪的，移交纪检、监察部门处理；涉嫌犯罪的，移交司法机关处理。

（3）财政部和银监会依照相关法律、法规，对金融企业的不良资产批量转让工作和资产管理公司的资产收购工作进行监督和管理，具体办法由财政部和银监会另行制定。对检查中发现的问题，责令有关单位或部门进行整改，并追究相关人员责任。

5.4.7 选择问题贷款的管理对策——具体应对方法之五：法律手段

法律手段和工具是银行化解处置不良贷款，维护自身债权的重要保障。实践中，对于不良资产银行除了采用上述重组、清收、呆账核销、批量转让和提起诉讼等方法外，还可以采用诸如行使代位权、抵销权、撤销权、不安抗辩权、强制执行公证和仲裁等法律手段处置不良资产。

5.4.7.1 行使代位权

债权人的代位权是指当债务人怠于行使其对第三人享

有的权利,以致影响债权人债权的实现时,债权人为了保全自己的债权,可以自己的名义代位行使债务人对第三人的权利之权利。

我国《合同法》第73条明确规定了债权人之代位权,因债务人怠于行使其到期债权,对债权人造成损害的,债权人可以向人民法院请求以自己的名义代位行使债务人的债权,但该债权专属于债务人自身的除外。

代位权的行使范围以债权人的债权为限。债权人行使代位权的必要费用由债务人承担。无疑,债权人之代位权制度维护了债权人的利益,有助于交易的安全与建立良好的经济运行环境。

银行应关注借款人的到期债权,通过诉讼行使代位权。

5.4.7.2 行使撤销权

撤销权又称废罢诉权,是指债权人在债务人与他人实施处分其财产或权利的行为危害债权的实现时,请求法院予以撤销的权利。撤销权为实体法上的权利,撤销权为附属于债权的权利。撤销权是一种综合性权利,具有形成权和请求权的性质。

债权人对债务人的财产并无直接支配的权利,只能对债务人请求给付,债务人可以自由支配其财产。但当债务人与他人实施某种行为,使其作为债权担保的责任财产不当减少,因而危及债权人的利益,致使债权有不能实现的危险情形时,债权人可申请法院撤销债务人与他人之间的法律关系,恢复债务人的责任财产,使债权人的债权得到确保。

5.4.7.3 行使抵销权

银行与客户之间往往基于存贷关系存在互享债权互负债务的复合关系。在银行和客户互为债权人的情况下,银行为降低贷款风险，往往将两个债权互相抵销。银行单方面行使抵销权，不仅可以简便清偿程序，而且已经成为银行保障其债权的重要手段之一。

银行和客户之间具有债权债务关系的相互性是银行对客户单方面行使抵销权的前提。明确银行抵销权的前提是首先需要明确银行向客户发放的贷款的性质以及客户在银行账户上的存款的性质，银行可以跨币种行使抵销权。

1）法定抵销权

法定抵销必须满足以下条件：

（1）当事人互负债务，互享债权。

（2）当事人之间的债务均已到期。

（3）当事人双方债务的标的物种类，品质相同。

（4）当事人双方的债务不属于根据合同性质或法律规定不能抵销的范畴。

（5）主张抵销的当事人已通知对方。

（6）抵销不得附条件或期限。

2）如何对客户的定期存款行使抵销权

对于客户的定期存款，存在着银行能否对客户的未到期存款行使抵销权这一问题，此时需要区分法定抵销和约定抵销两种情况：

（1）约定抵销。如果银行与客户在借款合同中约定，当客户拖欠贷款本息时，银行有权直接扣收客户的账户存款，即可认为客户已事先放弃双方债务必须均已到期的抗辩权。在这种情况下，不论客户的存款是否到期，银行均可对客户的存款行使抵销权。

（2）法定抵销。客户存于银行的未到期定期存款不属于银行的到期债务，银行不可以直接行使法定抵销权，否则就

可能构成侵权。恰当的做法是:银行可申请法院对客户存款予以冻结并申请支付令或提起诉讼,在获得胜诉判决后通过法院的执行程序扣划客户的存款。

5.4.7.4 行使不安抗辩权

当事人互负债务,有先后履行顺序的,先履行的一方有确切证据表明另一方丧失履行债务能力时,在对方没有恢复履行能力或者没有提供担保之前,有权中止合同履行的权利。规定不安抗辩权是为了切实保护当事人的合法权益,防止借合同进行欺诈,促使对方履行义务。

银行发放贷款在先,是双务合同中负有先履行义务的当事人,有权行使不安抗辩权。

后履行合同的一方当事人(借款人)有丧失或可能丧失履行债务能力的情形。后履行合同当事人情形变化主要包括以下几种:

(1) 经营状况严重恶化的。

(2) 转移财产、抽逃资金,以逃避债务的。

(3) 丧失商业信誉的。

(4) 有其他丧失或可能丧失履行债务能力情形的。

在借款合同中,如果借款人有上述情形后,银行有权行使不安抗辩权,银行必须有确切证据证明。

5.4.7.5 强制执行公证

对公证机关依法赋予强制执行效力的债权文书,一方当事人不履行的,对方当事人可以向有管辖权的人民法院申请执行,受申请的人民法院应当执行。

公证机构可以根据债权人的申请,依照有关规定在法律规定的执行期限内出具执行证书。执行证书应当载明申请人、被申请执行人、申请执行标的和申请执行的

期限。

具有强制执行效力的债权文书的公证,应当符合下列条件:

(1)债权文书以给付货币、物品或者有价证券为内容。

(2)债权债务关系明确,债权人和债务人对债权文书有关给付内容无疑义。

(3)债权文书中载明当债务人不履行或者不适当履行义务时,债务人愿意接受强制执行的承诺。

(4)《公证法》规定的其他条件。

5.4.7.6 仲裁

仲裁也是一种催收不良贷款的法定方式,具有以下特点:

(1)当事人意思自治:一项纠纷产生后,是否将其提交仲裁,交与谁仲裁,仲裁庭的组成人员如何产生,仲裁适用何种程序规则和哪个实体法,都是在当事人自愿的基础上,由当事人协商确定,故仲裁能充分体现当事人意思自治。

运用仲裁的这一特点,银行可以通过与借款人签订仲裁协议的方式,将有可能发生的逾期还贷纠纷提交仲裁委员会仲裁,选择自己认为合适的仲裁员组成仲裁庭进行仲裁,尽可能地避免外地及境外诉讼。

(2)灵活性:仲裁程序上不像诉讼那样严格,很多环节在协商的基础上可被简化,仲裁文书在格式和内容上都可以较为灵活的处理。不实行地域或级别管辖。

(3)专业性:各仲裁委员会都拥有分专业的仲裁员名册,供当事人选定仲裁员,而仲裁员一般都是各行业的专家,这样就能保证仲裁的专业权威性。

（4）保密性:仲裁实行不公开审理原则,仲裁员、仲裁庭秘书都负有保密义务,为当事人保守商业秘密。

（5）快捷性:仲裁实行一裁终局,有利于当事人之间的纠纷迅速解决。

（6）经济性:具体表现在时间的节省导致费用节省;由仲裁引起的商业损失较少,仲裁收费相对较低。

（7）独立性:法律规定,仲裁机构独立于行政机关,仲裁机构之间也无隶属关系,仲裁独立进行,不受任何机关、社会团体和个人干涉,仲裁庭在审理案件时,也不受仲裁机构干涉。

5.5　个人贷款信用风险的预防和管理

近年来,随着我国国民经济的不断发展和金融市场的日益活跃,个人贷款业务发展迅猛,仅 2009 年上半年就累计新增个人消费贷款 6 508 亿元,比 2008 年同期多增 3 917 亿元。但相对于数量日益增加、品种日益多样的个人贷款现状和趋势,我国尚缺乏规范这类贷款的统一的管理办法。商业银行个人贷款经营管理虽然取得了较为成熟的经验,但彼此之间缺乏统一的标准,面临较大的法律风险和声誉风险;为确保信贷资金进入实体经济,保护借款人和贷款人合法权益,构建和谐信贷文化,中国银监会在综合借鉴和吸纳国内外个贷业务先进管理经验的基础上,制定了《个人贷款管理暂行办法》。

个人贷款的操作流程可分为受理、贷前调查与审核、审批、发放、贷后管理五个控制环节。而个人贷款是否违约与以下几个环节的控制密切相关:

（1）贷前调查面谈制度。

（2）借款人还款能力的合理评价。

（3）贷前贷款用途真实性调查及贷后资金用途的按规定监管。

（4）贷款合同面签制度。

（5）贷后检查中发现风险点及时提出有效的补救措施。

5.5.1 个人贷款的面谈面签制度

2010年2月20日,银监会正式发布《个人贷款管理暂行办法》(简称"个人贷款新规")。《个人贷款管理暂行办法》明确规定,贷款人不得发放无指定用途的个人贷款。个人在提出贷款申请时,应当有明确合法的贷款用途。同时,贷款人应就借款人的借款用途进行尽职调查,有效防范个人贷款业务风险。同时,《个人贷款管理暂行办法》要求执行贷款面谈面签制度,防止出现个人被不法分子冒名套取银行贷款,或借款人的信贷资金被他人冒领挪用。对通过电子银行渠道发放的低风险个人质押贷款的情形,贷款人可以不进行贷款面谈,但至少应当采取有效措施确定借款人的真实身份。同时,除电子银行渠道办理的贷款,贷款人应要求借款人当面签订借款合同及其他相关文件。

《个人贷款管理暂行办法》还规定,除特殊情形外,个人贷款资金应当采用贷款人受托支付方式向借款人的交易对象支付,即由贷款人根据借款人的提款申请和支付委托,将贷款资金支付给符合合同约定用途的借款人交易对象,并要求贷款人应在贷款资金发放前审核借款人相关交易资料和凭证是否符合合同约定条件,在支付后做好有关细节的认定记录。

5.5.1.1　个人贷款新规中关于受理与调查的相关规定

第一，个人贷款申请应具备以下条件：

（1）具备完全民事行为能力的中华人民共和国公民，非中华人民共和国公民还须符合国家有关规定。

（2）有明确合法的用途。

（3）有合理的贷款申请数额、期限和币种。

（4）具备还款意愿和还款能力。

（5）信用状况良好，无重大不良记录。

（6）贷款人规定的其他条件。

第二，贷款人应要求借款人以书面或贷款人认可的其他形式提出贷款申请，并要求借款人提供能够证明其符合贷款条件的相关资料。

第三，贷款人受理借款人贷款申请后，应履行尽职调查职责，对借款申请内容和相关情况的真实性、准确性、完整性调查核实，形成调查评价意见。

第四，贷款调查应包括以下内容：

（1）借款人基本情况。

（2）借款人收入情况。

（3）借款用途。

（4）借款人还款来源、还款能力及还款方式。

（5）保证人担保能力或抵（质）押物价值。

（6）其他需要调查的内容。

第五，贷款调查应以实地调查为主、间接调查为辅，采取现场核实、电话查问以及信息咨询等方式和方法。

贷款人在风险可控的前提下可将贷款调查中特定事项委托第三方，并签订信息保密协议。

贷款人不得将贷款调查的全部事项委托第三方完成。

第六,贷款人应建立并严格执行贷款面谈制度。

通过电子银行渠道发放低风险质押贷款的,贷款人至少应当采取有效措施确定借款人真实身份。

5.5.1.2 个人贷款新规中关于风险评价和审批的相关规定

(1)贷款审查应对贷款调查内容的合法性、合理性、准确性进行全面审查,重点关注调查人的尽职情况和借款人的偿还能力、诚信状况、担保情况、抵(质)押比率、风险程度等。

(2)贷款风险评价应以分析借款人现金收入为基础,采取定量和定性分析方法,全面、动态地进行贷款审查和风险评估。同时,贷款人应建立和完善借款人信用记录和评价体系。

(3)贷款人应根据审慎性原则,完善授权管理制度,规范审批操作流程,明确贷款审批权限,实行审贷分离和授权审批,确保贷款审批人员按照授权独立审批贷款。

(4)贷款人对未获批准的贷款申请,应告知借款人。

(5)贷款人应根据重大经济形势变化、违约率明显上升等异常情况,对贷款审批环节进行评价分析,及时、有针对性地调整审批政策,加强相关贷款的管理。

5.5.2 个人信用风险评估

个人信用风险评估就是通过建立针对不同客户类别的信用评估数学模型,运用科学合理的评估方法,在建立个人信用档案系统的基础上,对每一位客户的信用资料内容进行科学、准确的信用风险评估。个人信用评估的自动化加速了整个信贷决策过程,提高了操作的效率,申请人可以更加迅速地得到答复。

对个人信用进行科学评估，建立科学的信用评估体系，是发展个人消费信贷、个人金融、家庭理财等业务的必然选择。信用评估可以较精确地估计消费信贷的风险，给贷款人提供一个可靠的技术手段，避免不良贷款控制债务拖欠和清偿。个人信用评估可以使贷款人更加精确地界定可以接受的消费信贷的风险，扩大消费信贷的发放。

借鉴国外先进经验，开展个人信用评估研究，建立符合我国国情的个人信用评估模型，客观、全面、准确地评估消费者的还款能力和还款意愿，识别信贷申请人的个人信用风险，对信用风险进行有效的防范和控制管理具有重要的现实意义。

根据《个人贷款管理暂行办法》，关于个人贷款风险评价与审批的相关规定有：

（1）贷款审查应对贷款调查内容的合法性、合理性、准确性进行全面审查，重点关注调查人的尽职情况和借款人的偿还能力、诚信状况、担保情况、抵（质）押比率、风险程度等。

（2）贷款风险评价应以分析借款人现金收入为基础，采取定量和定性分析方法，全面、动态地进行贷款审查和风险评估。同时，贷款人应建立和完善借款人信用记录和评价体系。

（3）贷款人应根据审慎性原则，完善授权管理制度，规范审批操作流程，明确贷款审批权限，实行审贷分离和授权审批，确保贷款审批人员按照授权独立审批贷款。

（4）贷款人对未获批准的贷款申请，应告知借款人。

（5）贷款人应根据重大经济形势变化、违约率明显上升等异常情况，对贷款审批环节进行评价分析，及时、有针对性地调整审批政策,加强相关贷款的管理。

5.5.3 个人贷款的贷后管理

贷后监管关注资金的真实流向。贷后检查中发现风险点及时提出有效的补救措施。贷后检查包括借款人资信、还款能力、贷款资金流向及抵押担保的检查评价。由于个人类贷款单笔金额小、存量贷款笔数多,贷后检查必须有侧重点。银行的一般性操作是,贷款具备一定条件,或出现逾期即纳入检查范围;或针对一段时期内业务发展特点和内外部监控重点,重点检查具备违规特征的业务。

根据《个人贷款管理暂行办法》,关于个人贷款贷后管理的相关规定有:

(1)贷款支付后,贷款人应采取有效方式对贷款资金使用、借款人的信用及担保情况变化等进行跟踪检查和监控分析,确保贷款资产安全。

(2)贷款人应区分个人贷款的品种、对象、金额等,确定贷款检查的相应方式、内容和频度;贷款人内部审计部门以及其他部门应对贷款检查职能部门的工作质量进行抽查和评价。

(3)贷款人应定期分析评估借款合同中约定内容的履行情况,并作为与借款人后续合作的信用评价基础。

(4)贷款人应依照合同约定,收回贷款本息。

1年以内(含)的贷款,展期期限累计不得超过原贷款期限;1年以上的贷款,展期期限累计与原贷款期限相加,不得超过该贷款品种规定的最长贷款期限。

(5)到期不能偿还的贷款,贷款人应采取措施进行清收,也可以协议重组。

第5章 如何预防和管理与问题贷款有关的信用风险

5.6　固定资产和流动资金贷款的信用风险防范

5.6.1　固定资产贷款的信用风险防范

在目前国际金融危机冲击的背景下,为使银行业金融机构科学、合理地配置信贷资源,加大金融对经济增长的支持力度,保障信贷资金流向有效的实体经济和关系国计民生的重要项目,银监会 2009 年 7 月 23 日正式发布了《固定资产贷款管理暂行办法》。

《固定资产贷款管理暂行办法》中关于信用风险的防范主要是风险评价与审批:

(1) 贷款人应落实具体的责任部门和岗位,对固定资产贷款进行全面的风险评价,并形成风险评价报告。

(2) 贷款人应建立完善的固定资产贷款风险评价制度,设置定量或定性的指标和标准,从借款人、项目发起人、项目合规性、项目技术和财务可行性、项目产品市场、项目融资方案、还款来源可靠性、担保、保险等角度进行贷款风险评价。

(3) 贷款人应按照审贷分离、分级审批的原则,规范固定资产贷款审批流程,明确贷款审批权限,确保审批人员按照授权独立审批贷款。

5.6.2　流动资金贷款的信用风险防范

近年来,我国银行业金融机构信贷管理模式在经济市场化转型的过程中还存在一些相对粗放的地方,信贷文化还不够健全,尤其是贷款支付管理较为薄弱,在实际贷款活动中存在贷款资金不按照约定用途使用的情况,不仅直接影响借

款人的合法权益,而且可能诱发系统性风险,影响到我国银行体系的稳定与安全,需要进行立法加以引导和改善。中国银监会 2010 年 2 月 20 日正式发布了《流动资金贷款管理暂行办法》。

《流动资金贷款管理暂行办法》中关于信用风险的防范主要是风险评价与审批:

(1)贷款人应建立完善流动资金贷款风险评价机制,落实具体的责任部门和岗位,采用科学评级方法,评定客户信用等级,核定授信额度,建立客户资信记录,有针对性地审查影响流动资金贷款安全的因素,有效识别贷款风险,形成风险评价报告。

(2)贷款审批人员应在审阅有关材料的基础上,根据金融法律法规、产业政策和贷款人内部的规章制度,分析贷款的主要风险和收益情况,以及风险规避和防范措施,提出信贷审批意见。

(3)贷款人应根据审慎原则,建立规范的贷款评审制度和流程,确保独立风险评价和信贷审批不受任何不当影响。

贷款人应建立内部审批授权与转授权机制。审批人员应在授权范围内按规定流程审批贷款,不得越权审批。

思 考

◇ 行业分析在问题贷款防范中有何价值?

◇ 如何建立贷款发放的行业准入制度?

◇ 对客户的市场分析在问题贷款的早期预警中有什么作用?

321

◇ 如何进行行业筛选和客户筛选?

◇ 在问题贷款防范中,财务分析有什么不足和缺陷?

◇ 怎样运用非财务手段来监测客户的信用风险?

◇ 传统的信用评级方法的缺陷有哪些?

问题贷款识别与防范

第 6 章

如何管理和规避与
问题贷款有关的操作风险

引言：消除潜在威胁，谨防隐性杀手

操作风险近年来受到监管机构和商业银行的广泛重视，是有别于来自银行以外的市场风险和信用风险的一种特殊风险，这种风险主要产生于银行内部，具有隐蔽性和灾难性的特点，因此对操作风险的防范和控制也要从银行内部着手。

本章首先给出了控制操作风险的战略方针，而后列举了实践操作中的各种具体战术，最后介绍了如何应对一类特殊的操作风险——欺诈。对这个专题的探讨具有重要的现实意义，可以帮助银行发掘、控制、消除这一造成问题贷款的潜在威胁。

6.1 控制操作风险的指导思想

6.1.1 商业银行操作风险控制的要点

基于巴塞尔委员会提出的原则，商业银行操作风险控制的要点有三方面：

（1）制定统一的操作风险管理战略和政策，并根据银行的业务种类和流程，制定相应的操作风险管理流程和框架。这套体系应该包括操作风险的识别、评估／度量、缓释／管理、监控、报告等环节，如图 6－1，并在不断的反馈中得到改进。

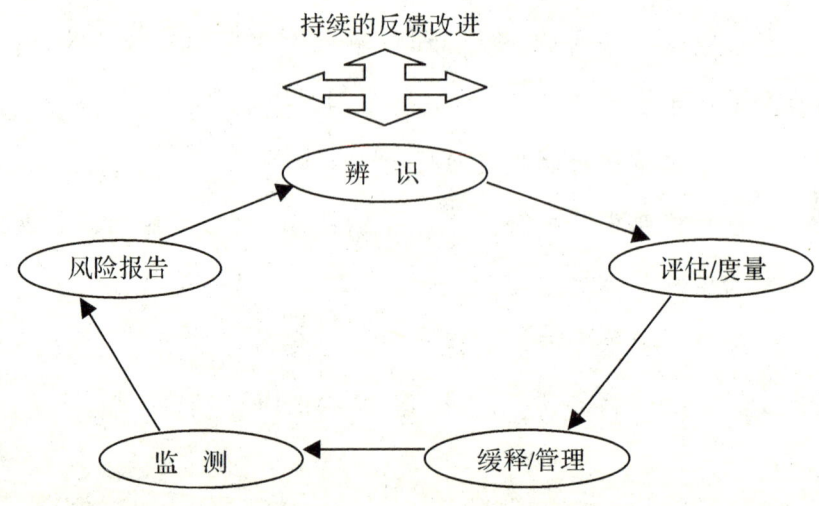

图 6－1　操作风险管理流程

（2）与市场风险和信用风险管理强调统一和集中不同，操作风险的信息来源异常分散，因此操作风险的管理不仅需要专门的独立部门负责政策制定和检查，而且所有的业务部门、与管理和控制相关的部门（例如审计、法律部门）都要承担起各自的责任。

（3）操作风险意识的培养。除了规范的制度和流程外,操作风险的防范更加依赖于风险文化的灌输。银行应该让每一个岗位的员工都意识到自己所面临的操作风险的关键所在,都能够识别并有顺畅的沟通渠道及时报告那些有可能会威胁银行正常经营,损害银行股东、客户、员工利益的事件。

6.1.2 商业银行操作风险管理面临的挑战

目前,我国商业银行业务复杂程度虽然不高,但由于缺乏健全的内部控制机制,所面临的操作风险却很大,一些表面上因信用风险造成的重大损失,从根本上说是由于内部程序、人员、系统的不完善或失误造成的。

我国的商业银行在操作风险管理方面还处于较为低级的阶段,我们的很多管理措施和方法只是停留在纸面上,缺乏健全的风险文化和有效的规章制度保障其落实。

目前我们应先从完善落实风险文化、提高自身的执行能力做起,规范操作流程,提高操作人员的业务素质和道德水平。特别应在建立便捷、完善,能控制风险的信息系统基础上,优化业务流程和风险管理模式,加强内外部审计,实现前中后台的分离制约和内部控制与外部监督的有机结合。在此基础上,建立数据库,对各类银行因业务操作问题而造成损失的历史资料进行统计分析,以建立风险指标体系,用来表征某类事件或某类业务的操作风险的大小,为逐步建立打分卡量化操作风险并计算资本金作准备。

6.2　信贷业务主要操作风险①

信贷业务的操作全流程几乎涉及银行的各主要业务部门和相关人员，包括客户服务、征信系统建设、信贷调查、风险评估、审批、发放支付、贷后管理等环节，会产生很多操作风险点。所产生的具体操作风险点可以按照信贷业务的服务对象划分为法人信贷业务操作风险点和个人信贷业务操作风险点。

6.2.1　法人信贷业务主要操作风险点

1）操作风险成因

法人信贷业务操作风险的主要成因有以下几方面：

（1）片面追求信贷市场份额。

（2）信贷制度不完善，缺乏监督制约机制。

（3）信贷操作不规范，依法管贷意识不强。

（4）客户监管难度加大，信息技术手段不健全，社会缺乏良好的信贷文化和信用环境等。

2）主要操作风险点

法人信贷业务主要操作风险点如表6-1所示。

3）操作风险控制方法

法人信贷业务的操作风险控制可以从以下几方面展开：

（1）牢固树立审慎稳健的信贷经营理念，坚决杜绝各类短期行为和粗放管理。

---

① 《风险管理》，中国银行业从业人员资格认证考试辅导教材，2011。

表6-1

法人信贷业务主要操作风险点

序号	主要业务流程	操作风险点
1	评级授信	① 涉贷人员擅自更改评级标准和指标,弄虚作假测定客户信用等级和最高授信额度 ② 涉贷人员在客户发生重大变化或出现其他重大不利因素时,未及时下调信用等级和调整或终止授信额度 ③ 客户提供虚假的财务报表和企业信息,骗取评级授信等
2	信贷调查	① 信贷调查人员未按规定对信贷业务的合法性、安全性和盈利性及客户报表真实性、生产经营状况进行调查,或调查不深入细致,或按他人授意进行调查,未揭示问题和风险,造成调查严重失实 ② 未按规定对抵(质)押物的真实性、权利有效性和保证人情况进行核实,造成保证人、抵(质)押物、质押权利不具备条件,或重复抵(质)押及抵(质)押物价值高估 ③ 客户编造虚假项目、利用虚假合同、使用官方假证明向商业银行骗贷,或伪造虚假质押物或质押权利等
3	信贷审查	① 审查人员隐瞒审查中发现的重大问题和风险,或按他人授意进行审查,撰写虚假审查报告 ② 未按规定对调查报告内容进行审查,未审查出调查报告的明显纰漏,或未揭示出重大关联交易,导致审批人决策失误
4	信贷审批	① 越权或变相越权放款,向国家明令禁止的行业、企业审批发放贷款 ② 授意或支持调查、审查部门撰写虚假调查、审查报告 ③ 暗示或明示贷款会审议通过不符合贷款条件的贷款
5	贷款发放	① 逆程序发放贷款 ② 未按审批时所附的限制性条款发放贷款 ③ 贷款合同要素填写不规范 ④ 未按规定办妥抵押品抵押登记手续或手续不完善,造成抵押无效 ⑤ 未按规定办理质押物止付手续和质押权利转移手续,形成无效质押 ⑥ 贷款录入上账错误等

第6章 如何管理和规避与问题贷款有关的操作风险

（续表）

序号	主要业务流程	操作风险点
6	贷后管理	① 未及时收取贷款利息,贷款利息计算错误 ② 未履行贷款定期检查和强制性报告义务 ③ 未按规定对贷款资金用途进行跟踪检查 ④ 未关注企业生产经营中的重大经营活动和重大风险问题 ⑤ 不注意追索未偿还贷款而丧失诉讼时效 ⑥ 企业有意将抵押物或质押物转移 ⑦ 企业通过重组或破产等方式故意逃废银行债务等

（2）倡导新型的企业信贷文化,在业务办理过程中,加入法的精神和硬性约束,实现以人为核心向以制度为核心转变,建立有效的信贷决策机制。

（3）改革信贷经营管理模式,如设立独立的授信风险管理部门,对不同币种、不同客户对象、不同种类的授信进行统一管理;建立跨区域的授信垂直管理和独立评审体系,对授信集中管理;将信贷规章制度建立、执行、监测和监督权力分离;信贷岗位设置分工合理、职责明确,做到审贷分离、业务经办与会计账务分离等。

（4）明确主责任人制度,对银行信贷所涉及的调查、审查、审批、签约、贷后管理等环节,明确主责任人及其责任,强化信贷从业人员风险责任和风险意识。

（5）推进信贷电子化建设,运用现代信息技术,把信贷日常业务处理、决策管理流程、贷款风险分类预警、信贷监督检查等行为全部纳入计算机处理,形成覆盖信贷业务全过程的科学体系。

（6）提高信贷从业人员综合素质,造就一支具有现代风险经营理念、良好职业道德、扎实信贷业务知识、过硬风险识别能力的高素质业务队伍。

(7) 把握关键环节,有针对性地对重要环节和步骤加强管理,切实防范信贷业务操作风险。

(8) 提高法律介入程度,将法律支持深入到信贷业务各环节,形成法律支持的全程制度化流程管理。

案例 6-1

齐鲁银行巨额"骗贷"案件发人深省

2011 年 1 月,济南市公安局破获一起涉案金额 60 亿元的特大伪造金融票证案,涉及济南当地多家银行,其中齐鲁银行涉案金额预计在 10 亿～15 亿元,并直接导致齐鲁银行原董事长、监事长和行长被免职。截至 2012 年 1 月,共有 9 名厅级干部涉案其中。

此案祸起银行开办的"第三方存单质押"业务。所谓第三方存单质押,是指企业在商业银行协议存款后,为第三方从商业银行贷款提供存单质押,作为第三方贷款的第二还款来源。存款行和贷款行可为同一家,也可是不同银行,后者即为跨行存单抵押贷款业务。协议存款的利息要比官方利率高一些。对跨行存单质押,各行的标准不同,一些全国性的股份制银行多年前就不做跨行存单质押,只做本行的存单质押,就是担心出现风险。

根据 2007 年 7 月银监会颁布的《单位定期存单质押贷款管理规定》,企业在金融机构办理定期存款时,金融机构会为其开具《单位定期存款开户证实书》。

分析:第三方存单质押贷款是银行一个低风险的常规业务,业务流程相对成熟,正常操作的话不会出现问题。

329

齐鲁银行案件的基本原理是：该行"部分领导、业务经理"与"资金掮客"勾结开具了有瑕疵的存单，伪造了"存款证实书"，将该"有瑕疵的"存单质押获取贷款，贷款获得的现金再去存款，循环往复，以此做大存贷款规模，采用这种手法可以方便银行"制造业绩"。

实际上，齐鲁银行"存款质押"贷款的风险痕迹早在 2010 年年初就已露出端倪。2009 年，普华永道中天会计师事务所对齐鲁银行 48 亿元"存款质押"贷款的合理性、借款人还款能力的充分性等问题提出疑问，为此出具了保留意见审计报告。可惜这些风险质疑未能引起齐鲁银行及监管部门的重视，相反，齐鲁银行还因此更换了审计师。

对于我国中小银行而言，拉存款始终是巨大压力。各行都给出了非常诱人的"返点奖励"，这也是触发票据造假、高息揽储等违规行为的直接原因；同时也不排除部分贷款被嫌疑人移作他用，追求超额回报。

6.2.2　个人信贷业务主要操作风险点

1）操作风险成因

个人信贷业务操作风险的主要成因有以下几方面：

（1）商业银行对个人信贷业务缺乏风险意识或风险防范经验不足。

（2）内控制度不完善、业务流程有漏洞。

（3）管理模式不科学、经营层次过低而缺乏约束。

（4）个人信用体系不健全等。

2）主要操作风险点

个人信贷业务主要操作风险点如表 6－2 所示。

表 6-2

个人信贷业务主要操作风险点

序号	主要业务品种	操作 风 险 点
1	个人住房按揭贷款	① 放贷人员未尽职调查客户资料而发放个人住房按揭贷款 ② 房地产开发商与客户串通,或直接使用虚假客户资料骗取个人住房按揭贷款 ③ 未核实第一还款来源或在第一还款来源不充足的情况下,向客户发放个人住房贷款 ④ 房产中介机构以虚假购房人名义申请二手房贷款,骗取商业银行信用 ⑤ 内部勾结编造客户资料骗取商业银行贷款 ⑥ 因未及时办理抵押登记手续,而使开发商有机会将抵押物重复抵押或重复销售等
2	个人大额耐用消费品贷款	① 内部人员编造、窃取客户资料,假名、冒名骗取贷款 ② 为规避放款权限而化整为零为客户发放个人消费贷款 ③ 客户出具虚假收入证明骗取汽车消费贷款/大额耐用消费品贷款等
3	个人生产经营贷款	① 内部人员未对个人生产经营情况进行尽职调查,不了解贷款申请人的生产经营状况和信用状况 ② 向无营业执照的自然人或法人客户发放个人生产经营贷款 ③ 抵押物未按规定到有权部门办理抵押登记手续,形成无效抵押或未按规定保管抵押物 ④ 贷款抵押物被恶意抽走或变更,形成无效抵押或抵押不足等
4	个人质押贷款	① 质押单证未办理止付手续或止付手续不严密,质押单证未经所有人书面承诺、签字形成无效质押 ② 未对保单、存单等质押物进行真实性验证 ③ 申请人以假存单和假有价单证办理质押贷款 ④ 质物持有人在权利上有缺陷

3) 操作风险控制方法

个人信贷业务的操作风险控制可以从以下几个方面展开:

(1) 实行个人信贷业务集约化管理,提升管理层次,实现

第 6 章 如何管理和规避与问题贷款有关的操作风险

审贷部门分离。

(2)成立个人信贷业务中心,由中心进行统一调查和审批,实现专业化经营和管理。

(3)优化产品结构,改进操作流程,重点发展以质押和抵押为担保方式的个人贷款,审慎发展个人信用贷款和自然人保证担保贷款。

(4)加强规范化管理,理顺个人贷款前台和后台部门之间的关系,完善业务转授权制度,加强法律审查,实行档案集中管理,加快个人信贷电子化建设。

(5)切实做好个人信贷贷前调查、贷时审查、贷后检查各个环节的规范操作,防范信贷业务操作风险。

(6)强化个人贷款发放责任约束机制,细化个人贷款责任追究办法,推行不良贷款定期问责制度、到期提示制度、逾期警示制度和不良责任追究制度。

(7)在建立责任制的同时配之以奖励制度,将客户经理的贷款发放质量与其收入挂钩,进行奖励。

案例 6 - 2[①]

北京开审最大骗贷案:
宝马车送行长,假贷款当天拿钱

2010 年 8 月 23 日上午,北京市第二中级人民法院开庭审理了北京市最大一起骗贷案,涉案金额 7.08 亿元。涉案人员包括北京华鼎信用担保有限责任公司(简称华鼎公司)董事

---

① 张太凌,朱燕,李超,刘洋:《新京报》2010 年 8 月 24 日。http://www.fabao365.com/news/278509.html。

长胡毅等 10 人,以及为胡毅发放虚假房贷按揭、小企业贷款,收受重金贿赂的北京农村商业银行 8 名支行行长和经理,分别涉嫌贷款诈骗罪、非国家工作人员受贿罪等 8 项罪名。

此案的骗贷流程如下:

(1) 掌握大量的个人客户贷款资料,胡毅等利用这些资料编造虚假购房事实。

(2) 为骗贷成功,胡毅不惜重金拉拢北京农商行商务中心区支行行长田军。

(3) 田军安排胡毅在管辖的大郊亭支行和十八里店支行办理按揭业务。

(4) 通过田军的压力和胡毅"拿钱疏通",华鼎公司按揭业务免面签。

(5) 胡毅等人虚构冒用借款人员身份骗取房贷 250 余笔,共计 4.47 亿余元。

(6) 两名市民发现名下莫名按揭,向北京农村商业银行总行举报。田军等利用权力敷衍调查。

(7) 在田军等人指点下,胡毅等购买 40 余家无真实经营背景的公司营业执照、公章等手续。

(8) 以这些空壳公司为借款人,采用"空手套白狼"的方式从十八里店支行骗取小企业贷款 45 笔,共计 2.61 亿余元。

(9) 2009 年 2 月,一枚假公章露馅,银行人员报警后,牵出 7 亿元的骗贷案。

分析:此案是典型的犯罪嫌疑人与银行工作人员内外勾结,采用虚构经济业务和交易事实、虚构和冒用他人名义骗取贷款的恶性案件。同时,银行内部其他相关人员严重违规操作,对借款人真实经营情况和经济状况的尽职调查、与借款人的面谈、借款合同的面签等内部控制制度形同虚设。

6.3 控制操作风险的具体应对措施——完善银行信贷管理制度

正如前面所讲,银行彻底杜绝问题贷款实际上是不可能的,但如果银行信贷管理制度完善,则可以有效地减少或预防问题贷款。

为了达到预防问题贷款产生的目的,银行信贷管理必须做到以下几点。

6.3.1 信贷决策科学化

信贷决策科学化包括借款人的选择,保证人的选择,担保品的选择,贷款审批等方面的科学化。特别是在信贷管理体制、组织运作、信贷政策、信用分析、信贷操作等方面不应该存在重大缺陷,从而使客户选择标准和信用分析技术等能够真正发挥防范风险的作用。

6.3.2 良好的信贷监督机制

该机制必须能够保证所有信贷人员或信贷管理人员能够严格执行完善的信贷政策,特别是能够阻止发放本不应该发放的贷款,能够防范银行信贷人员舞弊、欺诈等行为。此外,该机制还应该能够保证任何人(不论是高级管理人员还是一些特权部门)不能以任何借口违反信贷政策,不遵守银行统一的信贷风险控制标准。任何人如果违背了信贷决策,必将受到严肃的处理或应有的惩罚。这样,银行就能够预防人为因素对贷款发放的不正常干扰,在一定程度上实现预防问题贷款的目标。

案例 6 - 3[①]

美国 2009 年度贷款诈骗案
达 2 800 起创历史新高

据《纽约时报》报道，金融危机期间，美国 2009 年贷款诈骗案件多达 2 800 起，创下历史新高。

2010 年年初，美国国会派出了由两党共 10 人组成的金融危机调查委员会（FCIC）。面对该委员会，美国联邦存款险公司（FDIC）主席贝尔（Sheila C. Bair）和证券交易委员会（SEC）主席夏皮罗（Mary L. Schapiro）表示，金融危机的爆发是几十年间政府政策扭曲了经济活动的结果，它说明在过去几十年的监管工作中对于银行贷款能力、市场约束机制等关键因素的假设存在问题，特别是对贷款机构的过分信赖导致了大量冒险投资行为。美国联邦调查局（FBI）调查的 2009 年抵押贷款欺诈案件超过 2 800 起，而 2004 年只有 534 起，上涨了 5 倍之多。其中 1 842 起案件的损失金额超过 100 万美金，仅 2009 年 11 月一个月间就有 826 名被告候审。各联邦监管机构的玩忽职守是造成本次金融危机如此严重的重要原因之一。

6.3.3 完善的贷款质量评估与控制体系

问题贷款的产生并不必然与信贷人员的工作失误有关，因此银行应该能够区分问题贷款的产生是因为主观原因还是客观原因，并采取相关措施进行控制；发现贷款存在问题

---

① 新浪网，2010 年 1 月 15 日。

之后,银行还应当能够正确评估问题的严重程度,然后才能对症下药。对于诸如信贷政策是否妥当?信贷管理人员及一般信贷人员是否称职?贷款是否符合风险控制标准?信贷操作程序是否合理和被遵守?分支机构贷款质量如何等,都需要一个权威的评价,这就是商业银行的贷款质量评估与控制体系应有的基本职能。

6.3.4 标准化的信贷操作

商业银行在贷款流程,贷款文档的制作与管理,担保登记与保险,担保品的评估,担保品的选择与贷后跟踪管理,贷款的评级、重组与核销,贷款的发放,各种信贷会议的成员构成、议题、频率、决策方式等方面需要有一个标准化的规定。所有的信贷人员应该知道该干什么,怎么干,也知道何时干,这对银行信贷文化的形成具有决定性的影响,对提高贷款质量也有不可忽视的作用。

案例 6 - 4[①]

新型银企信贷关系探索

中国农业银行山东省分行营业部为加强对大额借款企业的信贷管理,建立新型的现代银企关系,从 1999 年年初起,对部分企业集团实行了信贷服务派驻制,即由信贷管理部入驻贷款企业,充分发挥信贷机构的职能优势,以加强信贷管理为基础,优化贷款投向和客户结构,把银行信贷工作

① http:/www.abchina.com.

渗透到企业管理和经营活动中的方方面面;以防范风险为中心,大力清收盘活问题贷款本息,取得了良好的效果,使防范和化解银行信贷风险成为可能。

分析:正确的信贷管理制度有利于建立新型的现代银企关系,而顺畅的银企关系是预防和化解银行信贷风险的重要条件。商业银行应根据贷款对象、企业性质的不同制定差别信贷管理制度,以尽量减少或预防问题贷款的发生。

案例 6 - 5[①]

失当交易曝光,瑞银雪上加霜

2009 年 11 月 7 日,瑞士银行的财富管理部门驻伦敦雇员进行的未经授权的交易被查出,该交易使客户损失逾4 200万美元。

英国金融服务管理局(Financial Services Authority)据此对瑞士银行处以了历史上第三大规模的罚款。而且,这起不当交易的细节很可能令那些早就感到不安的客户对该行的财富管理部门更加不放心了。

英国金融服务管理局 2009 年 11 月 5 日出的最后通告显示,瑞士银行的内部控制异常薄弱,以至于一名部门负责人和其他三名员工可以在长达两年的时间里,每天进行至多50笔未经授权的外汇和贵金属交易,而没有被抓住。英国金融服务管理局表示,这些员工在下单后就等着看交易情况,然而再决定把损失(某些情况下是利润)分配到哪里。

---

① FT中文网,2009 年 11 月 6 日。

根据通告,瑞士银行员工还"劝说"持有流动资金的客户把资金"借给"其他客户。这些员工们使用的文件读起来让客户感觉这些贷款是受到瑞士银行批准的,其实则不是。许多受害的客户使用了瑞士银行的"保留邮件"(retained mail)服务,没有及时收到结算单,因此不知道自己的账户正被用于交易。瑞士银行没有要求员工保留与使用该服务客户之间往来文件的清单。

英国金融服务管理局对瑞士银行处以了 800 万英镑(合 1 320 万美元)罚款,但如果不是因为该行由于提前部分和解得到了一些折让,罚款总额会是 1 000 万英镑。

分析:瑞士银行由于其内部控制的脆弱,导致了不当交易的进行,使其遭受巨额罚款。瑞士银行中的某些员工利用了规定中存在的一个漏洞,他们可以在下单后等上 24 个小时再说明是代表哪个账户进行的交易。他们还可以把一批交易打包成一笔交易,取"平均"价格,从而隐瞒单笔交易的结果。这些情况是不可不防的。

6.3.4.1 贷款发放之前,在信贷操作环节中可能出现的问题

(1) 超业务范围放贷、账外经营等违法违规行为。

(2) 未经授权、越权、违背银行信贷政策、违背贷款操作程序等。

(3) 担保不充分,对借款人、保证人背景缺乏细致调查。

(4) 对贷款目的和贷款用途以及还款来源分析不够。

(5) 对借款人真正的融资需要以及融资可能给其带来的利益缺乏足够的了解而致使短期融资被长期占用。

(6) 对债务人财务报表分析失误,或者因向债务人及其会计人员的咨询不够而作出错误判断。

(7) 银行确定的贷款期限不合理。

(8) 信贷人员为了争夺客户而过分注重贷款规模的增

长，放松了贷款标准。

（9）信贷人员缺乏必要的信用评估、财务分析知识和经验，发放贷款时又没有充分听取必要的劝告，发放调查不充分、信贷文件有缺陷、抵押物有缺陷等。

（10）信贷人员经不住客户的诱说、胁迫或公然不顾贷款原则而发放贷款。

（11）作为参贷行时，过分相信牵头行的信贷决策分析等。

（12）信用分析不足。

信用分析应包括贷前分析、审批决策分析和企业前景预测分析等内容。

在贷前分析中首先必须通过技术方法确定给予企业的信用限额，然后根据借款人经营状况和担保条件决定给予企业的实际贷款投放额度。这种分析应该包括定性与定量两个方面的内容，这种技术分析方法不考虑经济以外因素对贷款投放额度的影响。

在审批决策阶段，审批决策人员应尊重技术分析或信贷专业分析人员的分析成果和专业水平，让这些有资格、有能力的信贷人员作出贷与不贷的决策，其他信贷行政人员不应过分分享贷款决策权，否则会损害银行的利益，容易导致问题贷款。

企业前景预测就是在贷款发放之前或之后分析企业未来的经营表现，具有预测性质，或在企业出现明显的问题后，通过技术手段分析企业的未来生命周期长短，从而决定作出何种决策来解决贷款中存在的问题。实际上，这种技术分析能力的培养和提高不仅需要多方面的专业知识，更需要丰富的工作经验和勤于思考的敬业精神。一些银行不重视信贷分析，贷款出了问题才开始上门追讨，这表明银行在信贷工作中对信贷分析技能的轻视。

如果银行业不从根本上改变这种观念,信贷分析水平就不可能满足风险控制的需要,信贷管理仍将缺乏必要的技术支撑,贷款决策明显带有随意性、主观意志性、长官意志性等,根本不可能有效地控制信贷风险和降低问题贷款的发生率,甚至有可能使贷款决策过程沦落为一些高级信贷管理人员通过贷款"寻租"的合法避风港。

事实上,问题贷款发生的重要原因在于银行内部的信贷管理体制不够健全有效。因此,银行必须健全信贷管理体制并加强信贷人员的培训工作,提高商业银行管理者和员工的素质,严格贷款的发放手续和审批程序,真正做到审慎放贷。

(13)过分倚重第二还款来源。

当借款人还款能力不足时,银行应该寻找第二还款来源(如抵押物)使贷款得到清偿,但千万不要因为抵押物的存在而自我安慰说"有抵押物在,问题还不太严重,至少抵押物还能值些钱"。众所周知,通过变现抵押物清偿债务在我国目前的法律环境和市场环境中较为困难,这正是我国很多银行的资产负债表中待处理资产越来越多的根本原因。待处理资产的增多,会使银行资产的流动性下降,由于抵押物变现可能使银行马上蒙受损失,为了避免立即损失,银行高级管理层一般愿意保有抵押物而使银行实物资产逐渐增多,银行越来越像当铺,即房子多、土地多、设备多。

(14)放贷综合征。

放贷综合征最为常见的表现是银行向新兴行业或衰退行业大量发放贷款,或向客户提供自己尚不十分熟悉的贷款品种,或向不熟悉的客户发放贷款的标准掌握不严。

银行产生放贷综合征的原因大多是因为竞争对手的所作所为而使银行被迫作出了不适当反应所致。通常情况下,银行

并不真的知道竞争对手正在干什么、怎么干、为什么这样干、提供这种服务和贷款品种的条件、具有何种优劣势。他们并不知道有关行业的情况、竞争对手的优劣条件、本行的优劣条件,也不知道贷款新品种的特性,而只是一种可怕的"攀比"心理促使银行不顾自身条件去"模仿"竞争对手的所作所为。

我国商业银行的这种症状十分明显:多数银行,不论大小,所有的贷款品种都想做,所有的行业都准备进入,只要竞争对手开办的业务本行一定要有,没有就似乎缺了什么。结果所有银行都没有特色业务,没有特别专长的业务,也没有形成独特的信贷经营观念,银行贷款投向组合、品种组合、方式组合等几乎完全相同。许多银行已经在为这种放贷综合征付出代价。

6.3.4.2 贷款发放后,在信贷操作环节中可能出现的问题

贷款发放后的跟踪检查不严或信贷人员存在这样或那样的问题,就可能导致出现问题贷款,这种情形大致表现在以下几个方面。

1)贷后检查不严格

贷后检查不严格,具体表现在没有对企业提供的财务或其他信息报告进行认真细致的分析,或同借款人联系太少,或较少实地考查债务人的办公地点、生产车间等。

2)对经济形势没有必要的监控

对经济形势的变化可能对债务人及其行业造成的影响缺乏必要的监控和反应,以致没有及时发现问题。

3)对信用总额缺乏控制

当债务人因过度扩张或参与并购而大量借贷时,银行对其信用总额缺乏控制。

4)防止债务人过度扩张的措施不力

某些银行在贷款合同中没有防止债务人过度扩张的相应

条款,这些措施尽管在通常情况下不被债务人遵守,但银行却可以据此提前收回贷款,给债务人以警告或避免风险。这种"不安条款"有利于银行在处理问题贷款时处于主动地位。

5）银行过度追加贷款

银行允许借款人不断地以各种形式从银行借款,直至贷款过多超过企业本身的还款能力而无力偿还。正因为这种过度贷款刺激了借款人的投资欲望,使借款人产生"债多不愁"的无赖态度毒化银企关系。即使在经营正常的情况下,借款人也不可能很快归还贷款。

实践中,商业银行经常碰到类似问题,即企业与银行有贷款、贴现、承兑、信用证、打包、押汇、保函等各种信贷业务往来,在银行的支持下,企业规模越来越大,银行也因交易量增大、获利增多而忽视了企业经营所存在的风险,甚至不肯承认企业经营已经陷入困境,银行可能因此丧失处理贷款存在问题的有利时机,或者轻信企业的承诺而放松对贷款的监管。

6）工作人员不愿承认错误

一些信贷人员甚至高层管理人员不愿意承认错误或承认贷款有问题。当问题明确存在时又回避或掩盖问题,期望"奇迹"能够出现,在这种侥幸的等待中,他们没有采取措施或采取措施的力度不够,只是等待问题能够自动解决或自动消失,从而失去或错过了处理问题的最佳时机。

7）害怕被惩罚而掩盖事实

有些信贷人员因害怕惩罚或出于个人目的而不愿意让问题暴露,或者迫于不良贷款指标的压力而对贷款进行"无原则"重组,从而使企业所存在的经营问题在贷款重组过程中被掩盖。

有些情况下,基层行可能迫于上级行压缩不良指标的压力或强硬措施,对一些大额贷款采取不断转化的策略而不愿意让贷款存在的问题充分暴露或留出充分的时间进行催收,这可能掩盖银行贷款风险,使累计的贷款质量问题(或隐性不良资产问题)十分严重,一旦这些问题集中暴露可能给银行带来灭顶之灾。

更为糟糕的是:当问题变得十分明显时,银行信贷人员却中断与债务人的联系,或者只是简单地采取强硬措施如起诉或威胁收贷,这使得债务人在感情上不愿意与银行配合,很容易导致债务人作出损害银行利益的事,如隐匿、转移资产或优先偿还其他债权人的债务。

8)行动迟缓或轻信

导致产生问题贷款的一个常见情形是意识到贷款存在问题时,信贷人员没能提前或立即采取果断措施。这种情形的出现与银行处理问题贷款的审批效率低下有关。从理论上说,贷款中存在的问题越早发现越好,发现问题后需要迅速采取有效措施,银行如何保持较高的工作效率或通过特别程序使这些措施迅速得到落实是关键所在,任何拖延都会影响到解决问题的方式和方法。有些情况下,信贷人员因缺乏处理问题的勇气而耽搁,最终导致贷款损失;有些情况下,信贷人员因缺乏风险意识,经不住借款人的劝说而对其新增贷款或放松对其贷款的催收,或过分相信借款人的还款承诺而浪费了时间。

9)信贷人员信贷观念的"霉变"

绝大多数信贷人员在刚进入信贷系统工作或开始发放贷款时,工作能够尽职尽责,能够坚持放贷原则,即使没有足够的贷款经验也能够遵守银行的贷款政策和操作规程,从而减少问题贷款的发生。有了多年的工作经验后,他们可能会变得自以为是和松懈。他们的风险意识开始减弱而倾向于冒更大的信贷风险,甚至因受各种行为观念的熏陶而沾染上一些不健康的习惯、观念,其原本正确的信贷观念开始"霉变"。银

第6章 如何管理和规避与问题贷款有关的操作风险

行信贷管理人员有必要采取措施阻止信贷人员发生这种变化，这种措施只能是健康的信贷文化和有力的外部监督机制。只有这样，才能促使每位信贷人员对信贷风险保持应有的警觉，自觉维护信贷原则，才能有效地抵御信贷观念的"霉变"。当然，并不是所有的信贷人员都这样，一些信贷人员从工作失误当中学到了更多的经验和技巧，在处理问题贷款的过程中经受住了各种考验，变得更加精明，他们是银行的宝贵财富，也是银行控制信贷风险、培育健康信贷文化的中流砥柱。

10) 信贷人员"厚此薄彼"

有时候，信贷人员热衷于在开拓市场方面取得较大成绩，希望在市场营销方面业绩突出，但在贷款管理方面或信贷分析方面学习不够、提高不够，或受到的训练也不够充分。技术背景的缺乏、知识结构的缺陷或不注重细节，严重阻碍了他们对贷款风险的识别、处理，当他们成为信贷人员时，贷款管理问题成堆。我国银行业，尤其是新兴商业银行的信贷人员，大都热衷于在开拓市场方面取得较大成绩，因为这样才有可能较快地升职加薪，因此大都不愿意在贷款管理、信息收集或信贷分析方面用太多的时间，或者因为缺乏足够的培训而使他们的客户信用分析能力不足。他们大多学会了如何与企业相处、如何拓展客户，但缺乏发现企业隐藏种种危险迹象的能力，特别是因能力不足而无法对一些项目贷款进行必要的分析。也有一些信贷人员因与客户相处太久、太熟、太多经济利益相连、太多个人便利而失去了应有的警惕。

6.3.5 贷款文件制作与管理①

按照贷款全流程管理的要求，贷款通过审批环节之后，

---

① 李强，夏样芳：《商业银行问题贷款管理》，海天出版社 2000 年版。

银行就需要与借款人、担保人协商借款合同和担保合同的相关条款。合同是维护银行、借款人等合法权益的法律文件,合同条款需要预见未来可能发生的各种情形并加以约定。

除了常规的约定以外,银行在贷款文件制作过程中通常会加入一些附加条款,这些条款可以是义务性的,也可以是禁止性的或者保护性的,通过这些措施可以防止借款人的经营环境、自身经营管理发生重大变化可能给银行造成的损害。表6-3列示了部分附加条款供参考。

表6-3

一些重要的贷款附加条款

禁 止 性 条 款	义 务 性 条 款
1. 每年资本支出不得超过×××万元 2. 现金红利不得超过本期盈利的60% 3. 职工年薪总额不得超过××万元 4. 除现有的留置权外,无其他资产留置权 5. 未经银行同意,公司不得兼并和合并 6. 现有资产的出售、租赁或转让不能超过10% 7. 高层管理人员不能变动 8. 信贷限额,即银行同意但并不必须给予借款人的无担保的最高贷款额 9. 周转信贷协定,即只要借款人符合条件银行具有法律意义地承诺提供不超过某一最高限额的贷款协定。有效期内未使用余额要交纳承诺费 10. 补偿性余额,即要求借款企业在银行里保留按贷款限额或实际借用额一定百分比计算的最低存款余额义务性条款	1. 借款者必须维持以下财务比率: 流动性比率≥1 应收账款收账期≤50天 存货周转率≤4.5次 负债与总资产的比率≤70% 净值≥××万元 固定费用≤××万元 经营中的现金流量≥红利+本年到期的长期债务 2. 必须在每个财务年度结束后90天或120天内提供经审计的财务报表 3. 借款者为公司总裁投保××万元的人身保险,并指定银行为第一受益人 4. 允许银行对存货、应收账款及财产进行定期检查 5. 借款者除了争取良好的信誉,并要遵守有关法律外,必须交纳全部税金和政府费用 6. 借款者必须把可能对其经营状况造成实质性影响的索赔和诉讼事项通知银行 7. 借款者保证所有财产良好,并搞好修理

(续表)

问
题
贷
款
识
别
与
防
范

长期贷款的保护性条款		
一般保护性条款	例行保护性条款	特殊保护性条款
1. 对企业流动资金保持量的规定,目的在于保持借款企业资金的流动性和偿债压力 2. 对支付现金股利和购回股票的限制,目的在于限制现金外流 3. 对资本支出规模的限制,目的在于减少企业日后不得不变卖固定资产以偿还贷款的可能性并保持借款企业资产的流动性 4. 限制其他长期债务,目的在于防止其他贷款人取得对企业资产的优先求偿权	1. 借款企业定期向银行提交财务报表,其目的在于及时掌握企业的财务情况 2. 不准在正常情况下出售较多的资产,以保持企业正常的经营能力 3. 如期清偿应交纳的税金和其他到期债务,以防被罚款而造成现金流失 4. 不准以任何资产作为其他承诺的担保或抵押,以避免企业过重的负担 5. 不准贴现应收票据或出售应收账款,以避免或有负债 6. 限制租赁固定资产的规模,其目的在于防止企业以租赁固定资产的办法摆脱对其资本支出和负债的约束	1. 贷款专款专用 2. 不准企业投资于短期内不能收回资金的项目 3. 限制企业高级管理人员的薪金和奖金总额 4. 要求企业主要领导人购买人寿保险 5. 周转信贷协定 6. 补偿性余额

6.4　问题贷款和欺诈的预警识别

6.4.1　问题贷款的预警

贷款风险预警是根据事前设置的风险控制指标和风险预警信号,判断单个借款人或单笔贷款的风险程度和风险性质,并在此基础上,通过对贷款资产风险分类,综合评价贷款资产质量状况,监测全行或地区或行业的贷款风险程度。

贷款风险预警指标设置应发挥以下功能和作用:

(1) 根据各类指标情况,对企业的经营状况、管理水平和运行环境进行静态的评价分析,判断其贷款风险的分布状况和程度,为风险监测与评价提供重要依据。

(2)对有关风险指标及综合风险趋势进行动态监测和分析,及时发现风险隐患,并向有关部门和机构发出预警信号。

(3)便于预警贷款风险的性质、特征、严重程度和发展趋势,为有关管理部门提前采取适当的监控及处置措施提供客观和充分的决策依据。

常用的贷款风险预警信号包括但不限于以下所列。

6.4.1.1 借款人财务预警信号

- 经营活动净现金流量大幅减少。

- 反映偿债能力的指标明显低于行业平均水平或较上年同期大幅减弱。

- 反映盈利能力的指标明显低于行业平均水平或较上年同期大幅下降。

- 反映经营能力的指标明显低于行业平均水平或较上年同期大幅下降。

- 应收账款或其他应收款占流动资产比重过大,应收账款增幅超过销售收入增幅,超过一年的应收账款比例过高或有大幅上升。

6.4.1.2 借款人行为预警信号

- 挤占挪用银行贷款,以及不按贷款合同的约定使用贷款和归还贷款的各种行为。

- 产权制度发生变化,内部治理结构存在缺陷。

- 财务制度不健全或管理混乱,财务报表不真实或对外提供

第6章 如何管理和规避与问题贷款有关的操作风险

多套报表,财务制度发生重大变化。

● 存在违法经营问题,受到工商、税务、环保等部门处罚,或未按期办理年检手续。

● 出现各种经济纠纷,被债权人依法起诉,拖欠、逃废银行和其他债权人债务。

● 借款人法定代表人涉嫌经济违法,被司法机关依法追究责任的。

● 关联交易频繁或有转移资金的行为。

6.4.1.3　市场环境预警信号

● 借款人所在行业出现重大技术变革,处于成熟、衰退阶段或属于新兴行业,产品、技术和服务具有很高的陈旧风险或面临着市场竞争、消费偏好及替代品的严峻挑战等。

● 市场供求关系出现不利的变化。

● 产品价格大幅下降或下降幅度超出承受范围。

● 原材料市场价格大幅上升,导致借款人生产成本上升。

6.4.1.4　操作风险预警信号

● 贷款管理规章制度不健全、信贷岗位责任不明确或有制度疏于执行。

● 信贷档案不规范、借款人信息等基本资料不全面。

● 对不符合贷款基本条件的借款人发放贷款。

● 信贷合同文本遗失或失效。

● 内部员工因道德素质或业务能力原因出现其他违规操作行为或工作失误等。

348

6.4.1.5　政策风险预警信号

- 国家和区域农业政策、产业政策调整等对农发行贷款有较大负面影响。
- 财政支农政策、中国人民银行货币调控政策及利率、汇率调整等对农发行贷款有较大负面影响。

6.4.1.6　其他预警信号

- 向他行的信贷申请被拒绝，被中国人民银行或者其他金融机构宣布为信用不良的借款人。
- 在各金融或中介机构评定的信用等级下降。
- 保证人的信用等级下降、生产经营状况恶化或经营机制和组织结构发生变化，保证能力出现问题。
- 担保手续不完备，抵（质）押物被擅自处置或发生损失。

6.4.2　贷款风险预警处置

　　贷款风险预警处置实行分级管理。对风险程度有必要引起关注的警示性信号由经营行负责处置；对风险程度有继续扩大趋势的警示性信号由二级分行负责处置；出现处置难度非常大、涉及国家有关部门或其他省级政府的，应请求上级行予以协调处置。

　　贷款风险预警处置一般由客户部门在贷款风险预警报告时一并提出处置意见，同时征求本级行信贷管理、风险管理部门意见，经本行领导批准同意后，由客户部门组织实施。出现重大风险事项，要提交本行资产保全委员会决议后交由经营行客户部门负责实施。

　　风险管理部门要跟踪督促客户部门落实处置情况，对风

第6章　如何管理和规避与问题贷款有关的操作风险

险信号处置后的结果要以书面形式向上级风险管理部门报告。报告内容应包括措施落实情况、风险信号对贷款安全的影响是否消除、其他需要说明的事宜等。

6.4.3 企业欺诈的预警信号

企业的欺诈行为并非无迹可查。事实上,这类"问题"企业在实施欺诈过程中通常有种种警告信号,即使银行没能及时发现这些警告信号,也可以通过一些简单的测试方法发现蛛丝马迹。"问题"企业欺诈的警告信号大致如下:

- 长期缺乏现金,或者债务记录无规则,迫切需要资金,尤其是营运资金。

- 财务比率恶化和/或会计记账方法变化频繁,如利润总额、销售额显著下降。

- 不停地追逐新兴市场或投资。

- 主要管理人员变动十分频繁,尤其是会计人员和出纳人员。

- 工作条件和/或组织行为恶化,如士气低落、报表不连续或经常不及时报送、费用高昂的营业场所无人管理。

- 现金极度匮乏且现金支出通常只由会计或出纳以外的某一个人控制。

- 管理人员和/或会计人员报酬很高,如按融资比例提成,使他们成为唯命是从或只会跑腿的人。

- 向银行信贷人员送钱送物。

- 普通员工对企业一些大的投资项目或主要业务不熟悉或知之甚少。

- 银行的贷款条件苛刻,如高利率等都能接受,因为他们根本

没有准备还贷。

● 会计报表经常有假或报表所反映的业绩或表现不符合逻辑。

● 企业的资金流动主要在关联企业之间进行，且与企业的项目投资需要和收益回报的资金流向不一致。

● 一般员工素质较低，报酬较低，高级管理人员大多盛气凌人，对外显示甚至炫耀派头或不易接近。

● 对银行信贷人员的来访表现得过分热情甚至采取或找出种种借口对来访人员的行踪进行约束，避免银行信贷人员与其他员工进行过多接触，以封锁或掩盖某种信息。

● 财务指标远远超出了行业的平均水平但却不具备应有的实物资产规模。

● 过度复杂的公司结构，这可能是其隐瞒事实或阻碍银行调查的手段。

● 文件不完全或丢失或被破坏是其对付银行调查的常见借口。

● 不明交易增多，如实物交易、存在不同寻常的购买或供应、不合情理的资金往来。

● 工作时间不正常，管理层似乎很忙但不知忙些什么。

● 主要负责人婚姻、个人经济方面的压力较大，有酗酒或吸毒等不良嗜好。

● 主要负责人自私自利，性格上具有较强的支配欲，如认为自己神通广大、无所不能，对自己的智力水平估价过高，不关心家庭，无责任感等等。

6.4.4　企业欺诈的测试

上述信号虽不表明企业或其主要负责人一定会发生欺诈行为，但能够表明他们有可能发生欺诈行为。为了有效减

少欺诈,避免损失,银行可以采取一些措施对企业进行测试,以进一步判断企业或其主要负责人是否正在实施欺诈行为:

问题贷款识别与防范

> ● 查证主要资料的真实性,如营业执照、注册资金、法定代表人的家庭住址、主要投资项目。
>
> ● 与企业主要负责人、财务人员以外的人员接触,了解他们对公司经营情况的熟悉程度。
>
> ● 与企业的交易对手联系,证实有关情况。
>
> ● 在原经办人员休假期间,选派专门的信贷人员对企业进行调查或经办一笔新的业务,如贷款重组。
>
> ● 对企业进行突击实地调查。
>
> ● 跟踪大额资金流向,并向有关方面查证资金的实际用途。
>
> ● 要求企业再次提供以前的某期财务报表或只索要某特定投资项目的有关资料或某个会计数据,与原先报送银行的数据相对照,一旦发现存在差异就深入追查。
>
> ● 在合法范围内要求提前收回贷款或推迟一定时间发放贷款,看其能作何种反应。
>
> ● 对主要负责人父母、配偶、过往记录进行了解,对其生活习惯,或主要私有财产如房产等进行真实性调查等等。
>
> ● 如果发现一些异常现象,银行信贷人员必须向相关管理部门报告并采取相应的措施以预防欺诈或减少损失。

思 考

◇ 如何完善商业银行的信贷操作规范?

◇ 如何利用法律手段应付欺诈?

附录1 自测题

一、单项选择题

1. 分行业分别测算每个行业的不良贷款率指标,可以( )。

A. 满足监管要求   B. 做好不良贷款的处置

C. 进行业绩考核   D. 找到主要的风险点

2. 经历了 2010 年两次加息后,预计 2011 年可能继续加息。客户经理在选择贷款客户时,下列因素中,相对而言最值得重点关注的是( )。

A. 毛利率与利息率的差异变化幅度

B. 利息率的可能变化幅度

C. 利息与毛利额的差异变化幅度

D. 盈亏平衡点位置

3. 2010 年,我国对存贷款利率进行了两次调整,由此所带来对借款人的不利影响可能引发的问题贷款属于由( )造成的问题贷款。

A. 经营风险   B. 行业风险

C. 市场风险   D. 环境风险

4. 按照贷款新规"三个办法一个指引"的要求,流动资金贷款是否展期须根据( )是否发生变化而定。

A. 经营规模   B. 市场集中度

C. 资产转换周期　　　　　　D. 销售收款方式

5. 固定资产贷款较适合于在行业处于（　　）时投放。

A. 导入期　　B. 成长期　　C. 成熟期　　D. 衰退期

6. 2010年6月19日以来，我国人民币兑换美元的汇率明显上升，对于主要从美国进口原料的企业可能造成的直接影响是（　　）。

A. 出口退税增加　　　　　　B. 成本下降

C. 成本上升　　　　　　　　D. 进口量下降

7. 如果2012年全年我国的PMI指数低于50、BDI指数维持在1 400左右，客户经理在选择客户时，最应该注意规避从事（　　）的客户。

A. 设备制造业　　　　　　　B. 造船业

C. 通讯业　　　　　　　　　D. 餐饮业

8. 如果借款人的直系亲属在借款存续期内移民其他国家，客户经理最应该注意可能引发的（　　）。

A. 经营风险　　　　　　　　B. 道德风险

C. 管理风险　　　　　　　　D. 汇率风险

9. 如果2012年我国GDP增速下滑，接近8%，CPI维持在5%以上，PMI低于50，具有（　　）特征的行业相对风险较小。

A. 非周期性　　　　　　　　B. 高固定成本

C. 暴发性增长　　　　　　　D. 扩张期不盈利

10. 在贷款业务的全流程中，从（　　）开始，真正可能产生信贷风险损失。

A. 授信调查阶段　　　　　　B. 合同签订后

C. 贷款支付后　　　　　　　D. 贷款审批后

11. 如果2012年我国多次调低银行存款准备金率，增加

M2 的供应,但是不降低存贷款基准利率,对信贷业务产生的影响是( )。

  A. 扩大信贷规模   B. 提高市场利率水平

  C. 增加不良贷款   D. 扩大存贷净息差

12. 流动性风险造成的流动性枯竭甚至"挤兑"是很多银行倒闭的直接原因,作为客户经理,做好( )的监测和管理可以有效降低流动性风险的发生。

  A. 声誉风险   B. 战略风险

  C. 信用风险   D. 操作风险

二、多项选择题

1. 产生问题贷款的早期财务预警信号包括( )。

  A. 赊销政策变化   B. 毛利率大幅下降

  C. 净现金净流量大幅下降   D. 贷款多次展期

2. 2010 年人民银行 6 次上调存款准备金率,银行可能因此而调整客户选择战略,选择客户时应该考虑的因素包括( )。

  A. 盈亏平衡点的相对高低   B. 达到保本点的开工率

  C. 安全边际率   D. 固定成本总额

3. 客户经理在选择拟贷款行业时,下列风险相对较高的行业有( )。

  A. 对其他行业依赖度较高的

  B. 盈利水平较高且生命周期较短的

  C. 存在较多替代品的

  D. 盈利水平稳定且生命周期较长的

4. 客户经理在判断企业经营风险时,应该关注企业的( )。

A. 规模   B. 发展阶段

C. 产品多样化   D. 劳资关系

5. 下列特征中,显示企业经营风险低的包括(　　)。

A. 经营奢侈品   B. 没有直接竞争对手

C. 客户能控制需求   D. 销售循环短

6. 客户经理评估客户管理风险时,应该关注(　　)。

A. 组织形式   B. 稳定性

C. 营销能力   D. 经验

7. 高风险的行业一般具有的特征包括(　　)。

A. 经营杠杆较高   B. 变动成本较低

C. 高周期性   D. 客户分布多元化

8. 客户经理在测算生产单一产品的客户的盈亏平衡点时,一般需要通过尽职调查获取的信息包括(　　)。

A. 固定成本总额   B. 产品单价

C. 单位产品的变动成本   D. 客户的销售量

9. 在行业生命周期的不同阶段中,可以考虑投放贷款的阶段包括(　　)。

A. 导入期   B. 成长期   C. 成熟期   D. 衰退期

10. 客户经理在进行贷后检查时,如果发现客户的应收账款大幅度上升,可能的原因包括(　　)。

A. 市场竞争加剧   B. 销售造假

C. 扩大市场占有率   D. 投资获利

11. 客户经理对客户所在行业进行分析时,应该关注行业的(　　)。

A. 政策环境   B. 集中度

C. 可替代性   D. 依赖性

12. 可能引发客户经理道德风险的因素包括(　　)。

A. 道德素养   B. 业务水平

C. 个人嗜好   D. 经济状况

三、判断题

1. 在选择信贷客户时,客户经理应该更多地关注客户经营活动的稳定性和持续性,而不是首先关注其盈利性和成长性。   （　）

2. 当银行所测算的客户的实际融资需求大于按照其偿债能力测算的融资额时,银行应该以按照客户偿债能力测算的融资额作为借款额发放贷款。   （　）

3. 抓好贷款用途管理和支付管理是防范发生问题贷款的有效手段。   （　）

4. 一旦产生了不良贷款,银行应该积极行动,组织人员进行贷款清收。   （　）

5. 对于中小银行而言,现阶段贷款五级分类工作应该由客户经理提出初步分类建议,由支行负责审核,由分行及总行风险管理部门实行监督。   （　）

6. 银行在选择信贷客户时,应注意其所在行业是否具有足够的毛利率和市场容量,同时关注该客户在行业中的地位和市场占有率。   （　）

7. 目标客户较少,销售范围广泛的客户经营风险较低。
                                            （　）

8. 假设某地区的银行同业竞争较为激烈,那么银行应该采用的贷款定价策略是成本加成定价。   （　）

9. 如果 2012 年我国的 CPI 维持在 5.5％以上,客户所在市场的供求未发生重大变化,而客户的原材料存货余额较 2011 年大幅上升,说明客户可能面临经营困境。   （　）

10. 客户经理在判断抵押物价值时,应关注抵押物的购买价格。 （ ）

11. 流动资金贷款的展期与否,主要依据客户的销售收入是否发生变化而定。 （ ）

12. 如果客户的财务负责人薪酬很高但频繁变动,可能存在财务欺诈行为。 （ ）

四、案例分析题

1. 某客户经理在 2011 年 1 月份的例行贷后检查中发现如下问题:

（1）客户的主要原材料价格上涨较快。

（2）市场上新增了多家与客户生产同类产品的企业。

（3）客户更换了财务总监。

（4）客户拒绝银行客户经理进入仓库核查。

（5）公司新近投资了一个项目。

（6）董事长的多年老朋友因贩毒被捕。银行对该客户的贷款目前属于正常类。

请逐项分析贷款可能存在的风险。

2. 上海某公司经营情况良好,2010 年销售额为 3 亿元人民币,利润率高于同行水平。某银行客户经理在授信调查中了解到以下情况:

（1）公司平均 2 年更换一次总经理和财务总监。

（2）该公司为家族式企业,主要决策者为董事长一人,董事长常年居住在美国。

（3）该公司打算跨行业经营,2011 年准备投资某处于研发阶段的新能源行业。

（4）上海银行 2010 年 11 月向该客户提供了部分流动资

金贷款,但浦发银行 2011 年 1 月 10 日拒绝了该公司的项目贷款申请。

(5) 该公司目前的融资需求仍然较大。

请根据上述资料,分析银行是否应该给予该客户信贷支持。

附录 1 自测题

附录2　案例索引

附录 2　案例索引

问题贷款识别与防范

主要参考文献

1. 张吉光. 商业银行操作风险识别与管理[M]. 北京：中国人民大学出版社,2005 年 9 月.

2. 李茂荣. 防范和遏止逃废银行债务指南[M]. 北京：中国金融出版社,2005 年 6 月.

3. 刘忠燕. 商业银行经营管理学案例[M]. 北京：中国金融出版社,2004 年 8 月.

4. 陈小宪. 风险·资本·市值[M]. 北京：中国金融出版社,2004 年 8 月.

5. 江其务,周好文. 银行信贷管理学[M]. 2 版. 北京：中国金融出版社,2001 年 2 月.

6. 李强,夏样芳. 商业银行问题贷款管理[M]. 深圳：海天出版社,2000 年 7 月.

7. 易纲,海闻. 货币银行学[M]. 上海：上海人民出版社,1999 年 9 月.

8. 唐旭,戴小平. 商业银行经营管理[M]. 成都：西南财经大学出版社,2002 年 1 月.

9. 任咏梅. 商业银行经营管理学案例[M]. 北京：中国金融出版社,2004 年.

10. 徐国杰,顾惠忠. 周正毅事件：国家审计署进驻农凯媒体探究费周折[N]. 中国证券报,2003 年 6 月 4 日.

11. 崔忠亚. 中国彩电市场：CRT 时代终结平板电脑来

了.人民网,2005 年 5 月.

12. 王晶,张庆源.家电零售商能否重塑产业链[N].经济观察报,2005 年 9 月 17 日.

13. 王延春.燃气告急 发电厂倒逼发改委[N].经济观察报,2005 年 10 月 31 日.

14. 可口可乐总裁因为无望获任 CEO 而辞职[N].李裕译.金融时报,2004 年 6 月.

15. 哲尚.一造纸企业倒闭牵出 30 亿元连环担保金[N].钱江晚报,2005 年 9 月 12 日.

16. 石海平.啤酒花事件引爆新疆担保圈,问题频现考验监管[DB].ICE8000™信用机构全国信用信息库.

17. 庞义成.爱立信:灼热的转身[N].沈阳日报集团北方热线.

18. 厉蓓蕾.城市金融生态质量温州排第二.温州新闻网,2005 年 10 月 19 日.

19. 韩敏.彩电能效标准颁布企业从容对待.中国电子行业信息网.

20. 王存肃.数字电视市场需求分析.赛迪网,2004 年 2 月.

21. 黄启贤.汽车消费贷款中个人信用风险的管理.价值中国网.

22. 刘因.岁末将至沪上住房不良贷款上升[N].新闻晚报,2005 年 12 月 9 日.

23. 中国银监会.固定资产贷款管理暂行办法.

24. 中国银监会.流动资金贷款管理暂行办法.

25. 中国银监会.个人贷款管理暂行办法.

26. 么向华.商业银行贷款定价的简化型模型研究[D].

天津大学博士学位论文.2007.

27. 付群.商业银行信贷风险管理——H彩玻公司贷款案例研究[D].对外经贸大学MBA学位论文.2006.

28. 潘英丽,吉余峰.金融机构管理[M].上海:立信会计出版社,2002.

29. 张天星.商业银行信贷资产风险管理[M].郑州:河南人民出版社,1994.

30. 杨力.商业银行风险管理[M].上海:上海财经大学出版社,1998.

31. 史一萍,吴珂.论商业银行贷款风险管理策略[N].理论导报,2004年第10期.

32. 梁晓韫.商业银行信贷风险管理研究[D].西南财经大学硕士论文.2007.

33. 吕秀萍,杨春.商业银行的信贷风险管理策略研究[J].农村金融研究,1997年第6期.

34. 宋清华.论贷款风险管理的策略[J].中央财政金融学院学报,1996年第2期.

35. 李志刚.国外商业银行信贷风险管理组织架构[J].中国城市金融,2003年第11期.

36. 融金智略银行培训中心讲义.http://www.qiyeku.com/news/1325600.

37. 邱俊如,金广荣.商业银行授信业务[M].北京:中国金融出版社,2009.

38. 魏国雄.信贷风险管理[M].北京:中国金融出版社,2008.

39. 康移风.有问题贷款的发现和处理[J].上海金融,1998年第10期.

主
要
参
考
文
献

40. 罗希. 商业银行利率风险免疫策略实证研究[D]. 对外经济贸易大学硕士学位论文,2010.

41. 中国银行业从业人员资格认证办公室. 风险管理. 中国银行业从业人员资格认证考试辅导教材,2011.

42. 中国银行业从业人员资格认证办公室. 公司信贷. 中国银行业从业人员资格认证考试辅导教材,2011.

43. 朱忠明,张淑艳. 金融风险管理学[M]. 北京:中国人民大学出版社,2004

44. 赖嘉宁,全景网. 2011 年 6 月 23 日. http://www.p5w.net/kuaixun/201106/t3676398.htm.

45. 卢铮. 中国证券报. 2011 年 4 月 6 日. http://finance.stockstar.com/MS2011040600000024.shtml.

46. 樊宇,蒋旭峰. 新华网. 2012 年 1 月 24 日. http://news.xinhuanet.com/world/2012 年 1 月 24 日 c_122618523.htm.

47. 奥维咨询(AVC). http://www.avc-mr.com/.

网站:

中国银行业监督委员会网站:http://www.cbrc.gov.cn

中金在线:http://www.cnfol.com

中国农业银行网站:http://www.abchina.com

世界银行:《1999/2000 年世界发展报告》。

Third Consultative Paper on the New Basel Capital Accord,Basel Committee 2003 www.bis.org,Apr.